河南博物院院刊

Henan Museum Journal

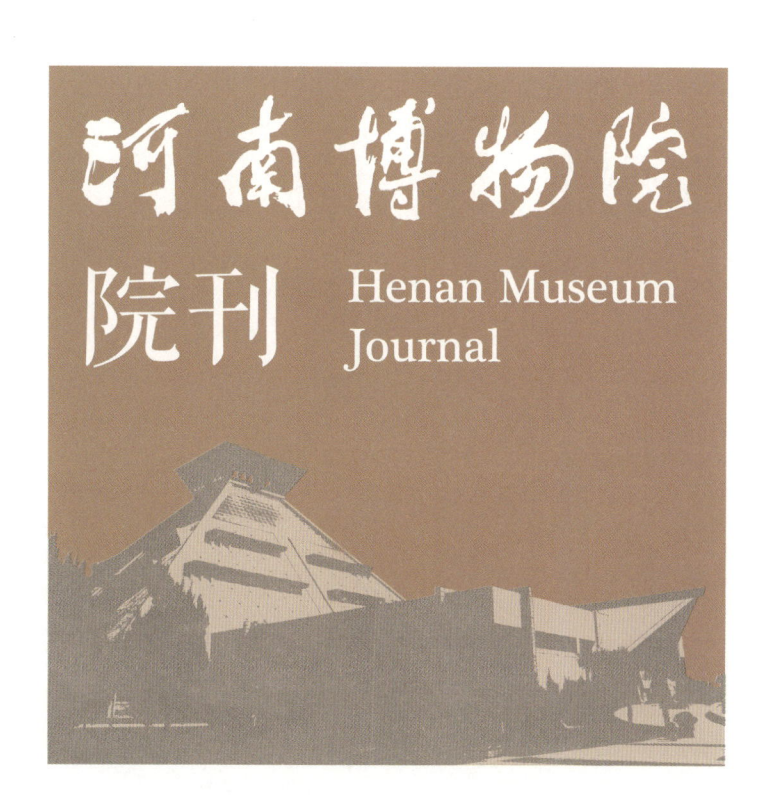

第五辑

河南博物院 编

中原出版传媒集团
中原传媒股份公司

大象出版社
·郑州·

图书在版编目(CIP)数据

河南博物院院刊. 第五辑 / 河南博物院编. — 郑州：大象出版社，2021.12
ISBN 978-7-5711-1287-5

Ⅰ.①河… Ⅱ.①河… Ⅲ.①博物馆-河南-丛刊
Ⅳ.①G269.276.1-55

中国版本图书馆 CIP 数据核字(2021)第 261531 号

河南博物院院刊（第五辑）
HENAN BOWUYUAN YUANKAN(DIWUJI)

河南博物院　编

出 版 人	汪林中
责任编辑	郑强胜
责任校对	牛志远
装帧设计	王　敏

出版发行	大象出版社(郑州市郑东新区祥盛街 27 号　邮政编码 450016)
	发行科　0371-63863551　总编室　0371-65597936
网　　址	www.daxiang.cn
印　　刷	河南瑞之光印刷股份有限公司
经　　销	各地新华书店经销
开　　本	890 mm×1240 mm　1/16
印　　张	10
字　　数	222 千字
版　　次	2021 年 12 月第 1 版　2021 年 12 月第 1 次印刷
定　　价	125.00 元

若发现印、装质量问题，影响阅读，请与承印厂联系调换。
印厂地址　武陟县产业集聚区东区(詹店镇)泰安路与昌平路交叉口
邮政编码　454950　　　　　电话　0371-63956290

《河南博物院院刊》编委会

主　任：万　捷　马萧林
委　员：（按姓氏笔画排序）
　　　　丁福利　王海锋　左俊涛　史自强　冯　威
　　　　司秀琳　刘　康　刘振江　李　琴　李政育
　　　　张建民　张得水　武　玮　林晓平　单晓明
　　　　荆书剑　信木祥　徐　雷　龚大为　葛聚朋
　　　　翟红志

主　编：马萧林
副主编：张得水　武　玮
编　辑：向　祎　王莉娜　贺传凯

彩陶双连壶

新石器时代
口径 6.4 厘米，底径 5 厘米，高 20 厘米
1972 年河南郑州市大河村遗址出土
河南博物院藏

目录 | CONTENTS

黄河文化研究专题

001 以全新视角彰显地方历史文化的特色与个性
——"崤函古韵——三门峡古代文明展"观后感　　张得水

006 打造精品展览，讲述黄河故事
——"黄河文明的标识——陶寺·石峁的考古揭示"展览内容概述　　崔跃忠

016 宋金元时期黄河中游地区饮食文化的考古学管窥　　陈汾霞

025 黄河流域博物馆联盟活动综述　　向祎

考古探索

036 彩陶历法闰月制度的象数研究　　索全星

049 嵩山地区陶瓷的起源与发展　　李景洲　王嫪彩　李肖睿

060 历代玉器中闪石玉的材质分析　　顾英华

文物品鉴

067 豫南、鄂北地区汉代墓门画像石研究　　殷红　黄芮

074 刍议郑州碧沙岗北伐军阵亡将士纪念馆的建筑特色　　宋锐

博物馆学

080 博物馆陈列展览中VR技术应用实践研究　　曲乐

084 博物馆公共讲座研究
——河南博物院公共讲座提升策略初探　　张滢

090 文旅融合下博物馆针对青少年讲解方式的探索
——以河南博物院"特约讲解"为例　　豆晓宇　王苏佳

096 谈谈豫博文创工作中的"孙子兵法" 宋 华

102 关于博物馆内图书阅览室的几点思考
　　——博物馆公共文化服务的另一种方式 李 悦

106 博物馆微信公众号运营策略研究
　　——以河南博物院为例 朱亚辉

112 浅谈新时代博物馆官方微博的推广传播策略
　　——以河南博物院官方微博为例 胡玲娣

史学发微

118 马戛尔尼使团访华赠送国礼及清政府前后态度变化初探
　　　　　　　　　　朱柏林　王冬冬　陈坤龙

文化遗产与保护

127 河南博物院藏葛陵楚墓出土竹简菌种的分离及鉴定
　　　　　　　　　　陈晓琳　常睿婕

133 战国蟠螭纹青铜鼎的修复研究 罗荣斌

137 河南博物院藏明代释迦牟尼画像的保护与修复 李耀华

书刊评介

141 求是唯实，一代宗师
　　——《荆三林文集》推介 王星光　张 帆

以全新视角彰显地方历史文化的特色与个性

——"崤函古韵——三门峡古代文明展"观后感

张得水

河南博物院

摘要："崤函古韵——三门峡古代文明展"是三门峡市博物馆基本陈列改造提升项目，其在有限的空间和展览经费条件下，因陋就简，因地制宜，通过明确展览主题和定位，加强对材料的取舍和把控，注重最新研究成果的运用，精心的形式设计，新出土文物和多媒体的综合展示，使展览融科学性、艺术性、知识性、趣味性、娱乐性为一体，打造了一个特色鲜明、令人印象至深的展览。

关键词：崤函古韵；三门峡市博物馆；基本陈列；提升

"崤函古韵——三门峡古代文明展"作为三门峡市博物馆基本陈列改造提升项目，经过近两年的精心打造，已以鲜明的主题、丰富的文化内涵、多样化的陈展形式向社会公众开放。展览开放以来，得到社会各界的积极评价，产生了广泛的社会影响，并获得河南省文物局颁发的 2019 年度河南省优秀陈列奖。

三门峡市博物馆此次对基本陈列的空间进行改造，展览面积由原来的 900 平方米增加到 1200 平方米，展线长度由原来的 220 米增加到 325 米（主展线 283 米、辅助展线 42 米）。即便如此，在目前博物馆新馆建设如潮、展厅面积不断扩大、硬件设施迭代更新的大背景下，仍显得太微不足道了。而且，展览经费也只有 300 多万元。然而，三门峡市博物馆正是利用这有限的空间和展览经费，因陋就简，因地制宜，打造了一个特色鲜明、观后印象至深的展览。

展览之所以获得成功，首先是其有一个准确的陈展定位，有着明确的主题。主题是陈列的灵魂和核心。作为一个地市级的综合性、史志性博物馆，如何通过基本陈列展现一个地区、一座城市的历史文化面貌，勾勒出具有区域特点的文发展脉络，突出文化个性，这既是地方性博物馆存在与发展的客观要求，也是满足观众参观需求的重要途径。三门峡市域东依崤陵之险，西据桃林之塞，北临滔滔黄河，南有巍巍秦岭，高亢平坦的陕塬横亘于大河雄山之间，孕育繁衍了勤劳、勇敢、智慧的先民。在中原文化、秦文化及晋文化的长期影响和不断交融下，形成了特色鲜明的地域文化。展览以"崤函古韵"为主题，以三门峡地区出土文物为基础，以历史发展脉络为主线，结合文献资料、考古实物资料、三门峡历史典故和历史人物，通过系列展品展示三门峡历史文化，透过地域文化元素折射出各个历史时期的社会状况，全面系统地展现了三门峡的历史文明。可以说一个展览，就是一部三门峡历史发展史的缩影；一个展览，尽现崤函独特的文化魅力和人文精神。

有了明确的主题和定位，接下来就是对材料的取舍和把控。三门峡市是1957年伴随着万里黄河第一坝——三门峡大坝的兴建而崛起的一座新兴城市，然而这座新城却是扎根在丰厚的文化土壤和悠久的文化根基之上的。得天独厚的自然地理环境和区位优势，传承数千年的文明基因，滋润了这座新兴而古老的城市。因此，历史的积淀，留下了无比丰厚的文物遗产。如何在这些浩若云海的文物史迹中理清线索，为社会公众提供一个可观可赏的展览，使观众既不被纷繁复杂的历史烟云所困扰，同时又能找到观赏的角度和兴趣点，这是策展人在总揽全局的过程中所要重点解决的问题。"崤函古韵——三门峡古代文明展"一改以往简单的文物陈列和通史陈列形式，重点在于从文物中发现故事，让文物说话，从文物中见精神，既对地方历史进行整体的解读，又从中体现鲜明的地方特点，彰显三门峡地区独特的文化个性。因此，在展览的设计中，一方面遵循区域历史文化发展的脉络，构成讲故事的时间线和逻辑线，同时又在华夏文明进程的大背景中凸显区域文化的特色和亮点，做到点面结合，但又不追求面面俱到。如在展示汉代三门峡历史发展方面，展览中不是大量汉代文物的堆砌，而是紧紧抓住汉代弘农郡的设置、弘农杨氏的兴起等，在中国历史文化大背景中寻找三门峡历史文化的个性，展示弘农杨氏家族墓群——灵宝张湾汉墓，弘农郡境内的冶铁作坊，带有"弘农"字样的瓦当、封泥，带有"陕""陕市""陕亭"字样的文物，汉代时期的货币，弘农杨氏名人杨震碑、杨修墓，密县打虎亭汉墓墓主弘农太守的《车马出行图》《仕女图》《宴饮百戏图》等，既有展现区域文化的历史文物，又有生活在这个时代的族群、名人，观后使人印象深刻，很容易产生共鸣。

基本陈列由人文初启、古国觅踪、崤函风雨、名州望郡、襟带两京、陕虢遗风六个部分组成。六个部分，就是三门峡历史发展的六个时间节点，通过这六个节点，能够系统地刻画地方的整体形象。三门峡，古为陕地，相传大禹治水时，凿龙门，开砥柱，在黄河中游这一段形成了"人门""鬼门""神门"三道峡谷，三门峡由此得名。闻名遐迩的"中流砥柱"黄河奇观，成为三门峡人文精神的重要象征。这里处于黄土高原边缘，襟黄河而塞崤函，依中原比邻秦晋，自古有"两京锁钥"之称。早在旧石器时代，秦岭与中条山之间良好的植被、适宜的环境和气候，便孕育出了早期的古人类。在黄河及其支流两岸，考古发现有近 20 处旧石器文化遗址。在人类的童年，先民依河而居，从附近的河滩上捡取砾石并就地打制石器，以渔猎和采集为生，留下了丰富的文化遗存。进入新石器时代，从距今 8000 年至 4000 年，三门峡地区经历了前仰韶文化、仰韶文化和龙山文化时期，古文化遗址密集分布于河流两岸和河谷阶地，文化内涵丰富，文化谱系清晰，文化序列一脉相承。尤其值得一提的是，位于渑池县的仰韶村，是仰韶文化的命名地，成为一个时代的标志，也是中国近代考古学诞生的标志。位于今三门峡市西南的庙底沟遗址，是仰韶文化庙底沟类型的发现地，它的发现，揭开了中原地区乃至早期中国文化圈从仰韶文化庙底沟类型、庙底沟二期文化、龙山文化以及夏商文化连续发展的历史面貌；以灵宝铸鼎塬为代表的金字塔式的聚落分布，以环壕、河流围合的严实的防御系统，由中心广场、超大房子组成的公共活动场所，以及公共墓地内随葬品的差异化，彰显王权的玉钺的出现，尤其是以双瓣式花瓣纹为代表的庙底沟彩陶，犹如一面鲜明的旗帜勾画出文化意义上早期中国的雏形，彰显仰韶时代强烈的文化色彩，掀起了史前中国的第一次艺术浪潮。庙底沟成为华夏文化第一次大融合的中心。夏商时期，三门峡属古豫州地，是夏商王朝控制西部地区的桥头堡和向西扩展的跳板。先周和周朝初期，这里又是周人东进的战略要地。周武王伐纣灭商后，神农之后受封的焦国，成为三门峡最早的封国。周召分陕，甘棠遗爱，成为千古佳话。西周末年，原位于陕西宝鸡一带重要的姬姓封国虢国迁移而来，灭焦国，建都上阳城。其疆域东起渑池，西至灵宝，南抵卢氏，北到平陆。虢国军力强盛，屡次参与周王室的重大政治、军事行动。虢都上阳城、虢国贵族墓地的系列考古发掘成果，再现了虢国"勋在王室，藏于盟府"的辉煌。公元前 655 年，虢国被晋国所灭，留下了"假虞灭虢""唇亡齿寒"的千古遗训。崤山高山绝谷，峻坂迂回，形势险要，自古以险峻闻名，是陕西关中盆地至河南洛阳盆地的天然屏障。因此，春秋战国至秦时期，分布于三门峡地区的险关要塞又成为各国交战、会盟的战略要地，如春秋时期的秦晋崤之战，战国时期五国合纵攻秦的函谷关之战、秦赵渑池会盟等，均发生在这里。大型秦人墓地的发现，再现了秦人不断东扩并最终统一六国波澜壮阔的历史画卷。灵宝境内的函谷雄关，素有"车不方轨，马不并辔"之说。传说老子西行，在函谷关留下了著名的《道德经》，因此，函谷关也成了道家后学们心中的圣地。汉武帝时期弘农设郡，这里经济、文化发达，是帝国的富庶之地，同时也是杨氏的重要发祥地，有"天下杨氏出弘农，弘农杨氏遍天下"之美誉，如杨震、杨修等成为一代名人。北魏孝文帝以来，废郡置州，古老的陕州故城承载并延续着千年的崤函文脉。尤为重要的是，汉唐以来，作为"两京锁钥"之地，三门峡地区在沟通洛阳、长安二京上起着至关重要的作用。由陕地至洛阳翻越崤山的南北二崤道以及黄河漕运，成为事关国家经济命脉、扼控两京水陆二运的交通枢纽，承东启西，转输东西，"江、淮水陆之运，皆经陕州而后至长安"。（《资治通鉴》卷二三一，贞元元年六月）黄河、秦岭、崤山、中条山等山河的拥戴，成就了秦晋豫三省黄河金三角的独特区位，古关、古道、古渡口连接三省，自古以来便形成了山水相连的文化金三角，具有深厚的地缘文化渊源。

如此众多的地域特色文化，是三门峡的魅力所在，也是展览中策展人重点梳理的对象。策展人抓住了三门峡历史上最为精彩的文化现象，最为关键的时间节点，并以此为划分展览部分和单元的依据，既突出了重点，又使整个展览逻辑清晰明了。

一次展览的提升，同时又表现为研究成果的集中展示。"崤函古韵"基本陈列除强调其知识性、趣味性之外，还更加注重最新研究成果的运用，注重多学科、多领域、交叉式的研究，使研究成果能够为博物馆展览提供多角度构建的依据，使展览建立在科学的研究成果之上。比如展览中对三门峡关键历史节点的把控，对文物展品的取舍，是建立在充分研究基础之上的，这样才能准确选择地方历史文化发展的典型性视角，从而使观众窥一斑而知全豹。在三门峡"两京锁钥"地位的解读上，策展人吸收了历史、地理、考古、文献等各方面最新的研究成果，将崤函古道、黄河漕运等立体化呈现。展览中不仅展示了与之相关的文物，而且利用照片、图表、模型、视频等多种手段展示二京之间的古道、关隘、古栈道、渡口、运河、古粮仓、古驿路、行宫别苑等。尤其是二京之间古道的研究与展示，凸显三门峡地理位置的重要性。古道分为函谷段和崤山段。其中函谷段从潼关至陕州，经桃林塞，过稠桑原，出函谷关，渡弘农涧河，经灵宝老城抵陕州；崤山段自陕州故城向东，至新安汉函谷关。崤山段又分成南北两道，崤山北道由陕州故城向东，沿青龙涧河，过交口、硖石，再沿涧河河谷，经渑池、新安东行，出汉函谷关至洛阳；崤山南道从陕州城出发沿青龙涧河东南行，过交口后，溯雁翎关河，越崤山，穿雁翎关，沿永昌河东南行，再循洛河谷地达宜阳，东行至洛阳。可以想象，千百年来在这道远且阻的狭长古道上，有不计其数的先民奔波于途，是他们将洛阳、长安两个丝绸之路的东方起点紧密地连接起来，创造了辉煌的都城文明。展览也正是通过这些人、地关系的研究，通过对特殊文化现象和特殊群体的研究，使我们能够深刻感悟三门峡历史变迁的动因。

除对展览内容的认真梳理、展览脚本的细致打磨外，在陈列形式上也进行了精心的设计。升级改造后的基本陈列，实现了多样化展示。除传统展示手段外，还利用场景墙、实景油画、影视播放、多媒体互动等辅助手段。观众还可以通过馆内设置的多媒体设备，以触摸的形式查询展品信息，了解历史遗迹，感受文化魅力。在形式设计和艺术制作上打破传统文物陈列模式，避免教科书式的单纯文物排列，以新手段、新思路，使展览融科学性、艺术性、知识性、趣味性、娱乐性为一体，达到新颖、活泼、雅俗共赏，满足观众多样化的精神需求。由于受到空间限制，展览中没有设置大体量的场景复原展示，如全景画、半景画、幻影成像等，而是因形就势地设计了"函谷雄关"造型墙和"虢君出征""秦晋崤之战"实景油画场景，其巧妙的构思、新颖的表现方式和艺术张力，使陈展内容同样鲜活。其中，"函谷雄关"造型墙的设计前后经过10余次修改，最终以汉代函谷关门画像砖拓片为蓝本，将"函谷雄关"的文化元素融入其中，形成了极具视觉冲击力的造型墙，最大限度地再现了历史上真实的函谷关景象。

此外，利用辅助展线的有限空间，以破题的

方式将"茶人茶事"和"弘农陶泓"两个专题巧妙展现,从而使观众了解唐宋时期人们的饮茶习俗,以及弘农砚瓦在中国砚文化发展史上的重要地位。"茶人茶事"展区,将与茶有关的文物和《唐人文会图》、南宋《撵茶图》相结合,形象生动地展示了古人饮茶习俗。"弘农陶泓"展区则展示了以"东汉盘龙石砚、唐代虢州紫石砚、唐代澄泥龟砚"等为代表的27方砚瓦,辅以不同历史时期与砚有关的壁画和书画展板,向观众直观展现出不同时期砚瓦的形制,反映出弘农砚瓦的辉煌历史。

提升改造后的"崤函古韵"基本陈列,展出总文物数量有690余件(套),其中有200余件(套)国家级珍贵文物为首次推出,有些还是近年新发现、新认识的文物,如元"长安牌地寄寄老人"款陶器、春秋时期的空首布币窖藏等。当然,由于展览经费有限,展厅的硬件设备诸如展柜、展具、灯光等很少使用一线品牌,地板属于旧物利用,使用的是其他馆替换下来的旧地板,也没有酷炫的声、光、电,但总体上显得自然和谐,氛围的营造恰到好处,反而使观众能够静下心来,徜徉其中,去细细品味、感悟。"崤函古韵"基本陈列的经验告诉我们,在陈展空间和经费有限的情况下,只要用心做,坚持以人民为中心的工作导向,依然能做出一个受观众喜欢的展览。

打造精品展览，讲述黄河故事
——"黄河文明的标识——陶寺·石峁的考古揭示"展览内容概述

崔跃忠
山西博物院

摘要：2020年9月18日，"黄河文明的标识——陶寺·石峁的考古揭示"特展开幕。此次展览在时间框架上确定为龙山时代，空间范围上锁定为黄河中游，展览围绕文明的特征、内涵、制度等相关内容展开，通过运用阐释、分析、比较等方法为博物馆观众勾勒出一幅波澜壮阔、跌宕起伏的史前社会场景，为传播黄河文化、传承黄河文明提供了有效途径。展览揭示和提炼了黄河文明的内涵和标识，展现出以陶寺和石峁为代表的黄河文明在最初中国形成时期的重要作用，是中华民族的根和魂。

关键词：黄河；文明标识；展览

2019年9月18日，习近平总书记在黄河流域生态保护和高质量发展座谈会上讲到，"黄河文化是中华文明的重要组成部分，是中华民族的根和魂"，并强调要推进黄河文化遗产的系统保护，深入挖掘黄河文化蕴含的时代价值，讲好"黄河故事"，延续历史文脉，坚定文化自信，为实现中华民族伟大复兴的中国梦凝聚精神力量。在习近平总书记讲话发表一周年之际，由山西省文物局、陕西省文物局、中国社会科学院考古研究所主办，山西博物院、陕西省考古研究院、山西考古博物馆、神木市石峁遗址管理处、临汾市博物馆、延安市文物研究所等单位承办的"黄河文明的标识——陶寺·石峁的考古揭示"展览于2020年9月18日拉开帷幕。这个展览是山西博物院在如何贯彻落实习近平新时代中国特色社会主义思想，如何深入挖掘和阐释文物资源中蕴含的优秀传统和精神价值，使之成为涵养社会主义核心价值观的源头活水；如何坚持合理利用，充分发挥文物资源在传承文明、服务社会、促进发展中的作用，实现中华优秀传统文化的创造性转化、创新性发展方面的一次积极探索。

一、展览的主题

博物馆展览不是一种简单的纯知识现象和认知行为，它在传播知识和娱乐服务的同时，不可避免地会呈现出一定的价值观念和价值倾向，对观众的价值观念、思维方式、行为模式、文化形态和生活方式产生启迪和引导作用，进而成为社会文化建构的工具。[1]因此，一个好的展览，应该在政治站位、文化站位、历史站位等多方面与现在的主流价值观和主流意识形态相符合。[2]

"中华文明探源工程"是以考古调查发掘获取相关资料为主要手段，以现代科学技术为支撑，采取多学科交叉研究，揭示中华民族五千年文明起源与早期发展的重大科研项目。2018年，"探源工程"成果公布，以考古资料实证中华5000年文明，实证了中华文明"多元一体、兼容并蓄、绵延不断"的总体特征。成果公布以后，引起了国内外的热议，成了考古界、历史学界最重要的一个学术热点。作为博物馆，陈列展示是其重要职能之一，通过对学术热点的追踪和文物的研究，将文物按照一定的故事线索或逻辑顺序展示给观众，可以实现博物馆教育和社会功能的最大化，因此，在2018年年底，山西博物院决定举办一场有关文明起源的展览。策展团队在广泛征求国内专家、学者意见的基础上，经与陕西省同人沟通，确定了以黄河中游的同一时代、同一文明进程的陶寺遗址和石峁遗址出土文物作为展示对象。[3]

在公元前3000年前后，以黄河流域和长江流域为中心，中国古代文明的发展进入一个新阶段，各地文化的地域性特征大为增强。以此为起点，一直到公元前1800年左右，在1000多年的时段里，各地方分别建立了自己的"国家"，初始文明社会进一步发展。这种诸多地方文明并立的现象与传说中的天下"万国"、天下"万邦"的情形相吻合。在中华文明探源工程中，考古学家借用这个意境，把这个时代称为"古国时代"。这个时期，黄河中游的晋陕高原上多种文化并立，不断碰撞、交融，重组格局。在这个风云激荡的时代，互相激发、带动变革，是早期中国文明形成的关键所在。陶寺遗址与石峁遗址所表现出的文明，在"古国时代"的黄河流域最为耀眼，围绕着这两个遗址来展示这个时代的文化面貌与当时邦国之间的交流冲突，表现中华文明多元一体的文明进程，进而实证黄河文明是中华民族的根和魂，便构成了这个展览的主题。（图1）

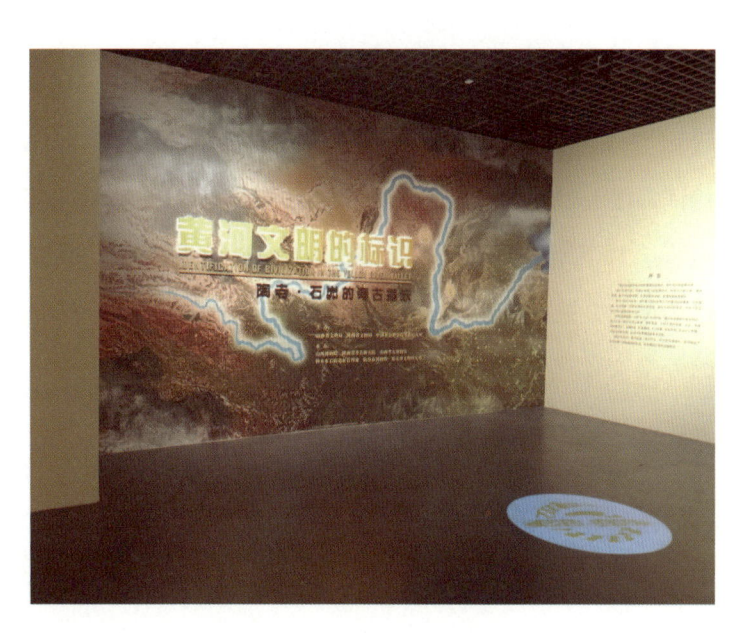

图1　展览序厅

二、展览的结构

围绕展览主题，展览主体分为两大单元："帝尧之都"与"王者圣城"。

第一单元"帝尧之都"，展示以陶寺遗址为主的晋南地区史前文明。分为三个小节："陶寺遗址""临汾下靳墓地"和"芮城清凉寺墓地"。

陶寺遗址位于山西省南部襄汾县城东北，自1978年以来，陶寺遗址出土了陶龙盘、陶鼓、鼍鼓、大石磬、玉器、彩绘木器等大量精美文物，还发现了规模空前的城址、世界上最早的观象台、气势恢宏的宫殿、独立的仓储区、官方管理下的手工业区等，有专家提出，陶寺遗址为帝尧都城所在，是最早的"中国"。这一单元选取陶寺文化的典型器物，以"城址""礼制""民生"三个主题将展品串联起来，全面展示了陶寺遗址的文明高度和陶寺遗址在探究中华文明起源工作中的重要性。（图2）

临汾下靳墓地处于临汾盆地中心，属陶寺文化分布范围。它与陶寺墓地早期中小型墓不仅时代相当，而且墓葬型制、葬式、随葬品等也基本相同，很大程度上代表了陶寺文化的葬制和葬俗。展览选取下靳墓地出土的典型玉石器和彩绘陶器作为展品。从这些器物可以看出当时有一种全新的外来文化迅速而深刻地改变着当地固有的传统理念，对旧有文化形成了强大的冲击。（图3）

清凉寺墓地部分展出了石刀、玉璧、玉琮、猪犬齿、彩绘高领罐等器物。清凉寺墓地的文化面貌虽然并不属于陶寺文化，但这两个文化又有许多相似之处。首先，两者所出玉器有很强的一致性，都出土了钺、多孔刀、璧、环、琮等器型，表现出了"文化汇聚"的进程；其次，清凉寺墓地同样出现了与陶寺遗址、下靳墓地性质近似的"毁墓"现象，毁墓的目的都不是为了获取玉石器等珍稀的随葬品，而是单纯的毁墓行为，这些文化现象，表明清凉寺墓地和陶寺遗址存在一定的关联。展览中加入这一部分，是为了更好地将这一时期晋南地区总体的一个文化发展面貌展现给观众。（图4）

在这一单元三个小节内容的编排上，充分考虑到较为严密的逻辑性。在各个遗址的顺序安排上，层层递进，体现一种逐级深入的理念。陶寺遗址是陶寺文化最有代表性的文化遗存，也是陶寺文化最中心的一个点。围绕陶寺遗址，考古工作者又发现了具有相同文化面貌的考古遗址上百处，临汾下靳墓地便是其中典型遗址之一，它与陶寺遗址一起，共同揭示了陶寺文化的内涵。清凉寺墓地的文化面貌虽不属于陶寺文化，但两者在地域上和文化上有着密切的关联。这种单元框架基本体现了从文化中心到文化边缘、从文化本体到文化周边的一个体例，重点讲述陶寺文化，但不拘泥于陶寺文化，使展览内容更加丰富，便于观众更全面地了解4000年前晋南地区黄河文化的演进过程和黄河文明的发展之路。

第二单元"王者圣城"，展示石峁遗址以及有关联的石城遗址，分为四个小节："石峁遗址""天峰坪东遗址""碧村遗址"和"芦山峁遗址"。

石峁遗址部分是这一个单元最重要的一个部分，该遗址是目前国内所见规模最大的龙山时期至夏阶段城址，是21世纪最新的考古成果。石峁遗址发现了由"皇城台"、内城、外城三座基本

图2 陶寺遗址出土文物展示

图3 临汾下靳墓地出土文物展示

图4 芮城清凉寺墓地出土文物展示

完整并相对独立的石构城垣组成的石峁城址，以及城外数座人工修筑的"哨所"类建筑遗迹，出土了大量重要遗物，对于进一步探索中华文明起源具有重要意义。同时，这一遗址规模宏大的石砌城墙与以往发现的数量庞大的玉器，显示出石峁遗址在北方文化圈中的核心地位。展览中共涉及文物200余件（组），包括玉器、陶器、骨器、铜器、壁画、纴木和石雕等，这是石峁考古成果第一次大规模对公众展出。超大型城址、宏大建筑、复杂宗教现象和与周邻聚落形成的多层级关系，都表明在4000年以前，以石峁遗址为中心的河套地区形成了高度复杂的社会文明。（图5）

天峰坪东遗址地处黄河入晋第一县偏关县黄河东岸，2019年，山西省考古研究院为配合黄河1号公路的建设，对该遗址进行发掘。从遗迹现象和出土的器物看，天峰坪东遗址属于史前时期南流黄河沿线石城防御链条的重要起点之一，在保障黄河两岸先民的发展和南北族群的融合方面，曾起到重要的支撑作用，是史前黄河文化中最有特色、保存最好的一类文化遗产，在弘扬、传承和利用黄河文化上具有重要作用。石城年代上限在公元前2800年，是晋陕内蒙古黄河沿岸地区最先兴起且年代最为明确的石城，也为中国北方以石城为代表的文明找到了源头。这个遗址学术价值重大，和本展览主题关系密切，加入这部分内容后，一方面使"王者圣城"这个单元在叙事上更加完整，另一方面也将最新的考古成果展现给了观众。（图6）

图5 石峁遗址出土文物展示

图6 天峰坪东遗址出土文物展示

碧村遗址是山西西北部目前发现龙山时期玉器最为集中的地点，出土玉器以琮、环、璧、玦、刀为主。围绕碧村遗址，在蔚汾河流域及黄河东岸还发现了9座石城。碧村遗址是黄河东岸龙山时代晚期的一个中心聚落，围绕碧村遗址，向南可至陶寺遗址，向西可望石峁遗址，向东可连其余石城，控扼四方，战略位置十分重要。这一发现不仅丰富了山西龙山时代玉文化的内涵，也对探索中华文明起源起到了积极的推动作用。（图7）

芦山峁遗址部分展出的文物包括玉器、石器、建筑构件等。这一遗址是认识龙山时代晋陕高原人群流动、社会变迁、中原与北方区域互动的一个重要节点，为探索中国史前社会复杂化和文明起源提供了重要资料。在发掘区域内的大型房址、院墙以及广场的夯土中，多次发现以玉器奠基的现象，与石峁遗址流行的以玉为礼的文化现象十分相似，可能二者在精神思想层面上有一定的价值认同。遗址中的其他发现，如展出的筒瓦和板瓦，将中国使用瓦的时间提前至庙底沟二期文化时期；而人工台城和规整院落的出现，似可视为中国最早的宫殿或宗庙建筑的雏形，对于研究中国聚落、都邑形态演变和早期礼制的发展具有重要作用。（图8）

公元前3000年后，中国北方地区开始以石材为原料并运用一定的技术砌筑建筑墙体，考古学界一般将这类遗址称为石城聚落。进入公元前2300年后，陕北和晋西北地区石城聚落大量出现，建筑规模和建造技术都达到了一个新的高度。到公元前2000年以后的青铜时代，在内蒙古东南部、辽西地区的夏家店下层文化，新疆西天山和东天山地区也发现数量较多的石城聚落遗址。这类用石材作为原料的建筑方式在中国北部地区是普遍存在的，且往往在一个区域、一个考古学文化或一个

图7 碧村遗址出土文物展示

图8 芦山峁遗址出土文物展示

遗址内集中分布。天峰坪东遗址、石峁遗址、碧村遗址，都属于这样的石城聚落。本展览将这一类型的遗址归为一类，按照时代顺序展出。芦山峁遗址中出现的大量遗物和遗迹现象，反映出它和石峁遗址千丝万缕的联系，故在展览中专门安排这一部分。同时，芦山峁遗址是连接陶寺和石峁的重要节点，通过对它的介绍，使割裂的两大集团在内容上有了互动，使观众了解陶寺和石峁两大文化主体之间的交流与融合。

文物承载着灿烂文明，传承着历史文化，维系着民族精神。以黄河为纽带形成的大河文化，在漫长的碰撞、裂变、融合中，产生了以陶寺和石峁等文化为代表的早期国家文明，推动了中华民族最早共同体——华夏族的诞生和最初中国的演进历程，奠定了中国社会"延绵不断、多元一体"的历史发展格局，成为中华文明的核心标识。

历史的脚步从未停止。新的时代，新的起点，不断深入的中华文明探源工程，必将使5000年文明的足迹越来越清晰，为中华民族伟大复兴积聚起越来越强大的精神力量。

三、展品的选择

某件文物能够在一个展览中被展出，最重要的是因为它要与这个展览的主题与内容相符合。[4] 因此，在展品的选择上，策展团队围绕展览的主题思想进行选取——即什么样的展品能够更好地阐释"黄河文明的标识"，能够更好地表现黄河文明的进程。

阐释文明的标识，表现文明的进程，首先要对"文明"做出一个定义。目前，国内外学界对文明的判定标准多种多样。在"中华文明探源工程"中，中国考古工作者从对古国时代各地方文明的考察中，认为中华文明的形成有自己的特殊规律，提出了符合中华文明特质的判断社会是否进入文明的标准，即：第一，生产力获得发展，出现社会分工。第二，社会出现明显的阶级分化，出现王权，并形成严格的社会等级制度及维护社会等级制度规范的礼制。第三，人口显著增加和集中，出现都邑性城市，并成为政治、经济、文化中心；出现反映王权的高等级大型建筑和需要耗费大量人力物力兴建的大规模公共设施；出现明显的城乡分化。第四，出现王所管辖的区域性政体和凌驾于全社会之上具有暴力职能的公共权力——国家，祭祀等礼仪活动在社会生活中占有重要地位。[5] 策展团队采用了"中华文明探源工程"提出的文明内涵的观点。

根据这个标准，策展团队对陶寺遗址和石峁遗址所出文物进行了挑选。如在陶寺部分，彩绘蟠龙盘（图9）、石磬、土鼓、玉器、彩绘陶器等器物表明陶寺遗址中阶级分化明显，王权和礼制诞生；陶瓦和陶排水管，用来证明陶寺城市和宫殿的存在；铜蛙和朱书扁壶的选取，用来证明陶寺文化中出现的冶金术和文字，等等。同样，在石峁部分，用建筑构件和石雕（图10）表现石峁城址的壮观巍峨；陶鹰、卜骨等文物来表现石峁文化中强烈的神权色彩；骨针、骨针管、骨料、石刀、石锛等说明社会的分工；铜刀、铜锥、石范等器物表明冶金术的出现，等等。整个展览共涉及文物433件（组），通过阐释内涵、讲述故事，组合表现等方式，一方面充分表现陶寺、石峁文化在碰撞与交融中，将东西南北的多元文明基因根植于黄河中游，最终成为中华文化总根系中一个最重要的组成部分；另一方面，从文明社会内涵的不同角度，向观众全面展示黄河文明的成就。

另外，展览中选取的文物大部分又是考古新

图9　彩绘蟠龙盘

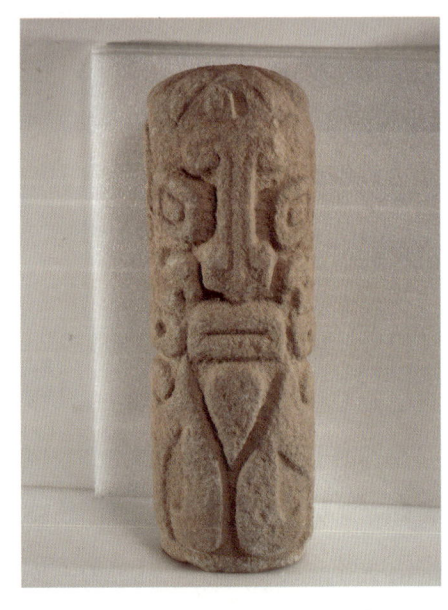

图10　双面人石雕

材料。石峁遗址是21世纪中国最为重要的考古新发现之一，在2012年、2019年两次入选"全国十大考古新发现"；芦山峁遗址在2018年入选"全国十大考古新发现"；天峰坪东遗址和碧村遗址是最近10年内山西省考古研究院重要考古发掘成果；陶寺遗址近年来对宫城的发掘，最新发现也层出不穷。这些重要的考古发现引发了学术界关于中国文明起源与形成过程多元性的再反思，对于探索早期国家的形成具有重要的启示意义。这个展览，从这些考古新发现选取文物，表达了策展团队一种想法：在展览中，不避学术热点，将一些问题提交给学术界和大众，以期引发更大的社会效应。

四、展览内容设计时的创新

精品展览是创意独特、设计新颖、制作精良、宣传推广等多个环节引进新理念，尝试新模式，运用新技术，做到导向正确、主题突出、手段先进、方法新颖，具有较高的思想性与艺术性、科学性与观赏性、教育性与趣味性，深入挖掘文物藏品的丰富内涵，反映最新研究成果、文化含量高、观众喜欢的陈列展览。为了把"黄河文明的标识——陶寺·石峁的考古揭示"展览打造成国内一流精品展览，在整个展览的内容编排上，创作团队不断推陈出新。

这个展览，围绕着两座中心城址"帝尧之都"和"王者圣城"展开，表现陶寺和石峁两个集团之间的碰撞与融合。从这样的选题上，首先可以看出这是一个对比展。对比展是进入21世纪以后国内博物馆举办临时展览的一种新模式，要求策展人必须有深厚的文化素养和专业基础，充分利用原有的丰富的文物资料作初始展品，在另一个地方寻找有某种相似度的文物资料作对比展品。[6]这种展览方式，最早应用于引进的国外文明展览中，如2009年由国家文物局和意大利文化遗产与艺术活动部举办、中国文物交流中心和中华世纪坛世界艺术馆承办的"文明的曙光——秦汉·罗马文明展"。该展览运用对比的展览方式，将不同地域、不同民族悠久的历史、伟大的文明展现给国内观众。此后，临时展览中的对比展层出不穷，南京博物院举办了"双城记""法老·王""浪漫苏格兰——诗意江南""帝国盛世——沙俄与大清的黄金时代"等多个对比展，国家博物馆也在2016年举办"东方画艺——15至19世纪中韩日绘画"展览。这些展览，都是对比展的成功案例，受到了社会各界的一致好评。[7]

"黄河文明的标识——陶寺·石峁的考古揭示"特展是一个对比展，却又不是一个单纯的对比展。首先，这个展览运用了宏大叙事的对比模式，将陶寺遗址与石峁遗址出土文物分别置于展厅的南北部分，南展厅提取陶寺的土层元素为概念，营造土城的氛围；而北厅石峁区域则选用偏冷色系的青灰蓝色调来体现石城的特色，从内容到形式，都可以看出强烈的对比。其次，在展览中，还运用局部对比的方式来凸显两个遗址在精神层面的不同。如在陶寺遗址中，策展团队将礼乐器、玉器、彩绘陶器等最能反映陶寺遗址中礼制的器物集中到一起，配合展板内容，在空间上形成一个讲述陶寺礼制文化的器物群，全面阐述陶寺社会"礼制初成"。（图11）而在石峁遗址部分，则将玉器、石雕、卜骨等器物集中在一个区

1

2

3

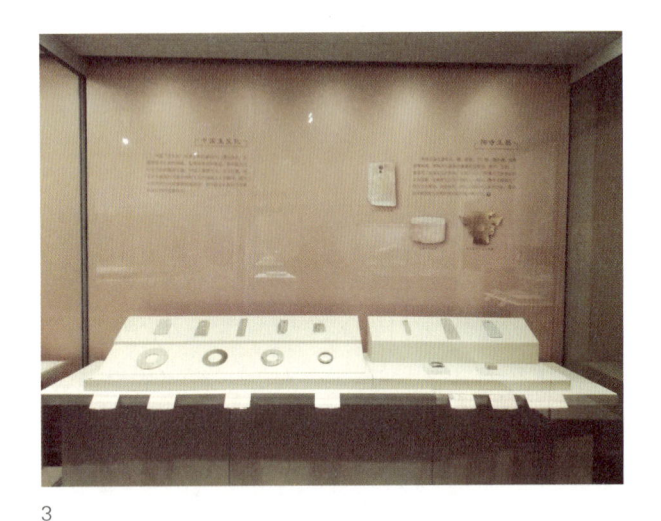

4

5

图11 陶寺礼制文化文物展示

域，加上藏玉于墙、杀戮奠基等展版内容，用来表明石峁人对宗教的重视。（图12）最后，展览中重点文物的对比展示，也是为了表现两种文化的不同。龙盘在陶寺遗址中是王权的象征，陶鹰在石峁遗址中更多地表现出神权的浓厚氛围。在展览中，将这两件文物单独展出，可以使观众感受到文化的强烈差异。两个特点鲜明的遗址，既有区别又有联系，在两个遗址有共同点的地方，展览中采用大量图版来突出说明。这个展览，在内容设计上从宏观到局部，再到个体，采用了"三重对比"的方式来讲述两个文明的不同，可以说，是对比展的一种发展。

在展览叙述上,"黄河文明的标识——陶寺·石峁的考古揭示"特展充分表达新观点。一个好的展览需要新的学术研究成果。该展览中既注重陶寺、下靳、清凉寺、天峰坪东、芦山峁、石峁和碧村等遗址考古发现与研究成果的展示,又引用最新的研究成果,注重对上述遗址所反映的社会制度、结构的比较与归纳,探寻社会发展阶段的共性以及时空上的差异,使展览个性鲜明,主题明确。

黄河是中华民族的母亲河。"中国川源以百数,莫著于四渎,而黄河为宗。"大河之魂留下太多的文化遗产,从物质和精神上永远深刻地影响、塑造着中华儿女。在流经晋陕大峡谷时,黄河浇灌出独特的文化。在这里,黄河根源文化厚重绵长;在这里,黄河主干文化兼容并蓄;在这里,黄河奋斗文化坚韧不屈。时代的使命与历史的厚重,要求我们去更多地了解黄河文化,宣传黄河文化。让历史说话,让文物说话,让更多的考古学成果成为博物馆展览的主题,并通过深入的研究挖掘、阐释宣传,策划更多兼具学术价值、艺术价值的精品展览,积极推动文物资源活起来,使考古学研究成果和文物保护成果更多惠及人民群众,使公众更好地认识源远流长、博大精深的中华文明,为弘扬中华优秀传统文化、增强文化自信提供坚强支撑,是新时代博物馆工作者义不容辞的责任和光荣使命。

图12 石峁宗教文化文物展示

---

[1] 骆伟雄. 作为大众文化的博物馆展览设计[J]. 大众文艺, 2017 (15).

[2] 王春法. 什么样的展览是好展览——关于博物馆展览的几点思考[J]. 博物馆管理, 2020 (2).

[3] 程武彦. 关于陈列展览精品的评价标准思考[J]. 博物馆研究, 2014 (2).

[4] 郝元琦. 物品·收集品·展品——论博物馆学的研究对象与研究方法[J]. 文物世界, 2019 (5).

[5] 王巍. 中华5000多年文明的考古实证[J]. 求是, 2020 (2).

[6] 龚良, 毛颖. 中国博物馆大型原创性特展之展览策划——以南京博物院为例专访龚良院长[J]. 东南文化, 2016 (6).

[7] 蔡智澎. 博物馆入境展览中的对比展览——以南京博物院"帝国盛世"展为例[D]. 南京: 南京师范大学, 2018.

宋金元时期黄河中游地区饮食文化的考古学管窥

陈汾霞
山西博物院

摘要：本文以山西、陕西、河南的考古发现为主要材料，结合文献资料，通过梳理考古发现的饮食文化相关图像信息，对宋金元时期黄河中游地区的饮食文化面貌进行了初步解读。

关键词：考古发现；图像；黄河中游；饮食

饮食，是人类赖以生存的最重要的活动。考古发现中，饮食器具一直占有很大的比重，然而关于这些饮食器具如何使用以及宴饮的更多信息，很多时候我们只能借助文献资料去查询和了解。

黄河中游地区（主要包括陕西、山西两省以及河南省西部）一直是中华文明的核心区域，地上、地下文化资源丰富。多年来，山西、河南、陕西的考古工作者先后发现了一批宋、金、元时期墓葬，大量直观生动的文物图像为我们传递出当时以富裕的市民阶层为主体的群体备宴、宴饮的丰富信息，也为我们更多地了解这一时期这一地区的饮食文化面貌提供了珍贵的材料。

一、黄河中游地区饮食文化的相关考古发现

从目前有限的资料来看，山西、河南、陕西地区与饮食有关的考古发现，主要有墓葬壁画、砖（石）雕、饮食器具三类，其中墓葬壁画、砖（石）雕以图像形式直接传递饮食文化信息。（表1）

此外，黄河中游地区同时期考古发现的各类饮食器具种类丰富、数量众多。整体而言，以陶瓷器具为主，铜器、铁器、锡器、漆器、金器、银器等为辅。因篇幅所限，不在此一一罗列。更重要的是，很多饮食器皿可以与墓葬壁画、砖

表1 黄河中游地区饮食文化图像信息相关考古发现简表

序号	壁画内容	时代	出土地点	资料来源
1	东北壁备宴图 东南壁对饮图	宋代	河南焦作小尚村 宋冀闰壁画墓	赵德才、赵德芳、韩长松、张丽芳、周长明：《河南焦作小尚宋冀闰壁画墓发掘简报》，《文物世界》2009年第5期
2	西南壁备宴图 西北壁宴饮图 东北壁育儿图	宋代	河南登封黑山沟 宋代壁画墓	李扬、汪旭、于宏伟、朱超峰、杨远：《河南登封黑山沟宋代壁画墓》，《文物》2001年第10期
3	东壁备宴图	宋代	河南新密市平陌村 宋代壁画墓	张建华、郝红星、李卫东、魏新民：《河南新密市平陌村宋代壁画墓》，《文物》1998年第12期
4	西北壁宴饮图 东壁备宴图	宋代	河南新密下庄河 宋代壁画墓	郑州市文物考古研究所、新密市文物保管所：《新密下庄河宋代壁画墓》，《中原文物》1999年第4期
5	西壁宴饮图	宋代	河南登封城南庄 宋代壁画墓	郑州市文物考古研究所：《郑州宋金壁画墓》，科学出版社，2005年，第124页
6	东北壁家宴图	宋代	河南登封箭沟 宋代壁画墓	郑州市文物考古研究所：《郑州宋金壁画墓》，科学出版社，2005年，第151页
7	北壁备宴图	宋代	河南荥阳市槐西村 宋代壁画墓	于宏伟、郝红星、刘良超、李扬：《荥阳槐西壁画墓发掘简报》，《中原文物》2008年第5期
8	西壁墓主人夫妇对坐像	宋代	河南禹州市白沙镇 宋墓1号墓	宿白：《白沙宋墓》，文物出版社，2002年
9	西南壁墓主人夫妇对坐像	宋代	河南禹州市白沙镇 宋墓2号墓	
10	东壁下部庖厨图	宋代	山西长治沁源县段家庄 宋代砖雕墓	王小红、王进先：《沁源县段家庄发现宋代砖雕墓》，《文物世界》2009年第5期
11	西壁食物家具场景 西南壁侍宴图	宋代	河南安阳新安庄西地 宋墓44号墓	唐际根、郭鹏：《河南安阳新安庄西地宋墓发掘简报》，《考古》1994年第10期
12	石棺前挡墓主人夫妇饮茶图	宋代	河南宜阳莲庄乡坡窑村 北宋墓	李献奇、张应桥：《河南宜阳北宋画像石棺》，《文物》1996年第8期
13	东、西壁供桌场景	宋代	河南洛阳涧河西岸 东方红拖拉机厂179号墓	张剑、王恺：《洛阳涧西三座宋代仿木构砖室墓》，《文物》1983年第8期
14	东、西壁供桌场景	宋代	河南洛阳涧河西岸 耐火材料厂13号墓	
15	东北壁砖雕备宴图	宋代	河南省洛阳洛龙区关林庙 宋代砖雕墓	张瑾、胡小宝、胡瑞、杨爱荣、马秋茹：《洛阳洛龙区关林庙宋代砖雕墓发掘简报》，《文物》2011年第8期
16	宋代厨娘剖鱼图画像砖	宋代	河南偃师酒流沟 宋墓出土的画像砖	邵晓峰：《中国宋代家具：研究与图像集成》，东南大学出版社，2010年，第368页
17	西壁烙饼图 西壁宴饮图 西北壁宴饮图 东北壁备宴图	宋代	河南登封高村 宋代壁画墓	郑州市文物考古研究所：《郑州宋金壁画墓》，科学出版社，2005年，第68—72页
18	石棺前挡墓主人赏乐图、进茶图、进酒图	宋代	河南洛宁县东宋乡 大宋村出土	李献奇、王丽玲：《河南洛宁北宋乐重进画像石棺》，《文物》1993年第5期

续表

序号	壁画内容	时代	出土地点	资料来源
19	北壁开芳宴图 东北壁尚酒图 东壁厨房侍宴图	宋金	山西盂县皇后村 宋金壁画墓	赵培青：《山西盂县皇后村宋金壁画墓》，《文物世界》2015年第1期
20	西南壁、东南壁备宴侍女图	宋金	河南登封王上村壁画墓	王彦民、姜楠：《登封王上壁画墓发掘简报》，《文物》1994年第10期
21	西北壁宴饮图	宋金	山西平定西关村 宋金壁画墓	商彤流、袁盛慧：《山西平定宋、金壁画墓简报》，《文物》1996年第5期
22	西南壁、西北壁侍女图	宋金	山西汾阳东龙观 宋金墓地2号墓	王俊、畅红霞：《2008年山西汾阳东龙观宋金墓地发掘简报》，《文物》2010年第2期
23	西北壁"香积厨"壁画 东北壁"茶酒位"壁画	宋金	山西汾阳东龙观 宋金墓地5号墓	
24	墓门右侧庖厨图 后壁假门之上"宴饮图"	金代	河南林州市金墓	张增午：《河南林县金墓清理简报》，《华夏考古》1998年第2期
25	东壁备宴图 西壁伎乐侍宴图	金代	山西大同南郊 金代壁画墓1号墓	王银田：《大同市南郊金代壁画墓》，《考古学报》1992年第4期
26	西壁侍宴图	金代	山西大同南郊 金代壁画墓2号墓	王银田：《大同市南郊金代壁画墓》，《考古学报》1992年第4期
27	开芳宴 备宴图 侍奉图	金代	山西省岚县北村金墓	刘吉祥：《岚县北村金墓发掘简报》，《文物世界》2010年第5期
28	东北壁男女对坐宴饮图 东北壁右侧男女对坐宴饮图 东南壁男女对坐宴饮图 东南壁右侧男女对坐宴饮图	金代	山西沁源中正村 金代砖室墓	崔跃忠、安瑞军：《山西沁源县正中村金代砖室墓壁画摹本考》，《国家博物馆馆刊》2008年第8期
29	西壁伎乐宴饮图	金代	山西大同市南郊 金墓1号墓	王银田：《大同市南郊金代壁画墓》，《考古学报》1992年第4期
30	西壁宴饮图	金代	山西大同市南郊 金墓2号墓	
31	墓室北壁左侧夫妻对坐图 北壁右侧夫妻对坐图 东壁左侧庖厨图	金代	山西屯留宋村 金代壁画墓	朱晓芳、杨林中、王进先、李永杰：《山西屯留宋村金代壁画墓》，《文物》2008年第8期
32	墓室北壁墓主人生活图	金代	山西长子县石哲 金代壁画墓	山西省考古研究所晋东南工作站：《山西长子县石哲金代壁画墓》，《文物》1985年第6期
33	北壁门两侧墓主人夫妇对坐图 东壁门南侧庖厨图	金代	山西长子县小关村 金代纪年壁画墓	长治市博物馆：《山西长子县小关村金代纪年壁画墓》，《文物》2008年第10期
34	东壁宴饮图 西壁宴饮图	金代	陕西甘泉县袁庄村 金代壁画墓1号墓	王勇刚：《陕西甘泉金代壁画墓》，《文物》2009年第7期
35	西壁宴饮图	金代	陕西甘泉县袁庄村 金代壁画墓3号墓	

续表

序号	壁画内容	时代	出土地点	资料来源
36	庖厨备宴图	金代	山西阳泉平坦垴金代墓	胡文英：《阳泉平坦垴金代墓葬壁画艺术浅析》，《文物世界》2020年第4期
37	北壁正中墓主人（男）宴饮图	金代	山西省侯马市牛村1号墓	山西省考古研究所侯马工作站：《侯马两座金代纪年墓发掘报告》，《文物季刊》1996年第3期
38	后室北壁墓主人宴饮图	金代	山西侯马102号金墓	山西省考古研究所侯马工作站：《侯马102号金墓》，《文物季刊》1997年第4期
39	墓主人夫妇宴饮图	金代	山西稷山县马村金代段氏墓地2号墓	山西省考古研究所：《山西稷山金墓发掘简报》，《文物世界》2014年第1期
40	墓室南壁侍宴图	金代	山西汾阳高级护理学校金墓4号墓	山西省考古研究所、汾阳县博物馆：《山西汾阳金墓发掘简报》，《文物》1991年第12期
41	墓室西壁正中墓主人夫妇宴饮图	金代	山西汾阳高级护理学校金墓5号墓	
42	西壁"开芳宴"	金代	山西汾阳高级护理学校金墓6号墓	
43	擎盘伎砖雕 切食物伎砖雕	金代	河南省荥阳杜常村金代砖雕墓	郑州市文物考古研究所：《郑州宋金壁画墓》，科学出版社，2005年，第204页
44	墓室东壁南侧壁与南壁甬道口东侧壁备茶备酒图 西壁南侧壁备茶图 墓室南壁甬道口西侧壁庖厨劳作图	金代	山西陵川玉泉金代壁画墓	山西省考古研究所、陵川县文物局：《山西陵川玉泉金代壁画墓发掘简报》，《文物》2018年第9期
45	宴饮图石质栏板2块	金元	大同兴云桥遗址	李树云、白勇：《大同兴云桥考释》，《文物世界》2006年第5期
46	备宴图2幅 献宴图1幅	元代	山西兴县牛家川元墓	郭智勇、李锐：《山西兴县牛家川元代石板壁画解析》，《文物世界》2015年第1期
47	西壁五女侍宴图 东壁侍女图	元代	西安韩森寨元代壁画墓	西安市文物保护研究所：《西安韩森寨元代壁画墓》，文物出版社，2004年，第27—29页
48	东壁侍女图 西壁侍女图	元代	山西屯留县康庄工业园区元代壁画墓2号墓	山西省考古研究所、长治市文物旅游局、长治市博物馆、屯留县文博馆：《山西屯留县康庄工业园区元代壁画墓》，《考古》2009年第12期
49	墓室第4幅备酒图 墓室第12幅备茶图	元代	山西兴县红峪村元至大二年壁画墓	韩炳华、霍宝强：《山西兴县红峪村元至大二年壁画墓》，《文物》2011年第2期
50	西北壁侍宴图 东北壁侍宴图 西壁和西南壁行别献酒图	元代	陕西蒲城洞耳村元代壁画墓	陕西省考古研究所：《陕西蒲城洞耳村元代壁画墓》，《考古与文物》2000年第1期
51	西壁五女侍宴图	元代	西安东郊元代壁画墓	西安市文物保护研究所：《西安东郊元代壁画墓》，《文物》2004年第1期
52	西壁墓主人夫妇宴饮图 西南壁备茶图 西北壁备酒图	元代	陕西横山县罗圪台村元墓	邢福来、苗轶飞：《雨惊燕居——陕西横山县罗圪台村元墓壁画》，《收藏》2017年第3期

（石）雕中的图像资料相互印证，为我们了解这些器具的使用提供了直接证据。

二、关于考古发现图像资料的认识

（一）高型家具与垂足而坐的起居方式已经定型

通过黄河中游地区考古发现的壁画、砖雕图像资料，我们能清晰地看到，当时的人们在饮食生活中（无论是备宴，还是宴饮）主要使用高型木制桌椅，以方形桌最为常见，其次是长方形桌，坐具多为木椅，偶见鼓形墩，以一桌二椅的组合最为常见。部分桌案有桌裙装饰。

山西大同齿轮厂金代阎德源墓出土有供桌3件，以及茶几、椅、木榻、炕桌等家具明器模型，为我们了解这一时期家具形制提供了珍贵资料。[1]

宋金元时期，我国古代高型家具迅速普及。自魏晋民族大融合之后，床榻、胡床、椅子、凳等相继出现，我国古代传统席地而坐的习惯逐渐被改变。在敦煌的唐代壁画上已经可以看到较早的桌子形象。到宋金元时期，人们已告别了低矮家具与跪坐起居方式，高型家具成为日常家居中的常见配置，人们也随之改换为垂足而坐，宴饮中分餐制改为合餐制。山西长子县石哲金代壁画墓、山西沁源中正村金代砖室墓、河南登封箭沟宋代壁画墓等考古发现的宴饮场景中都出现了夫妻、家庭多人共桌而食的画面。（图1）

（二）陶瓷器皿成为这一时期最主要的饮食器具品类

入宋以后，饮食器具的发展伴随着美食的不断涌现、科学文化与技术的进步而日臻丰富。通过黄河中游地区考古发现的壁画、砖雕图像资料以及大量墓葬、瓷窑遗址考古出土资料，我们可以看到陶瓷器具已经成为这一时期该区域最主要的饮食器具品类，以盘、碗、盏、瓶、注壶等最多也最为常见。当然，金、银、木、铜等质地的饮食器具也有使用。

以陕西省西安市蓝田县五里头村北宋吕氏家族墓地为例，该墓地共出土文物655件（组），包括陶、瓷、石、铜、铁、锡、银、金、漆、骨及珠贝类，皆为实用器。其中陶器数量较少，瓷器数量多、品相好，以陕西铜川耀州窑青釉瓷为主，铜器、铁器、锡器、漆器、金银器等少量。[2]

宋金元时期，政治和军事上的对立与冲突，导致人口流动与迁徙，南北窑业交流频繁，促进了中国古代陶瓷业的大发展，饮食器具烧造随之发展。按地域来分主要是北方瓷窑系和南方窑系为主，而北方瓷窑中的定窑、耀州窑、磁州窑等影响较为深远。

当时，黄河中游地区名窑众多，如河南的汝

图1 男女对坐宴饮图（摹本）（金代，山西沁源正中村金代砖室墓东北壁出土，山西博物院藏）

窑、钧窑，陕西的耀州窑以及山西的介休窑、怀仁窑、长治窑等，陶瓷产品种类繁多，各具特色，以日常生活用器为主。目前，仅山西发现的金代窑址就达70余处。饮食文化正是美食、美味与美器的完美结合，制瓷业的兴盛，大大丰富了人们的饮食生活。金元时期，山西烧造的黑釉油滴盏是同时期陶瓷产品中的翘楚，受到斗茶爱好者喜爱。（图2）

（三）面食成为这一时期黄河中游地区的重要食品

以蒸汽蒸熟食物，是东方饮食文化的一大特色。从宋金元时期考古发现的庖厨场景中，我们看到很多蒸制食物的画面。山西长治沁源县段家庄宋代砖雕墓东壁庖厨图中，一人在灶膛前烧火，灶上有五层蒸笼。（图3）山西盂县皇后村宋金壁画墓东壁厨房侍宴图，有一灶台，圆形火口，筒型烟道，灶台上有五层蒸笼，每层均有对称提手。（图4）山西屯留宋村金代壁画墓东壁左侧庖厨图，有一长方形灶台，上有8层蒸笼，一男子正在揭取笼罩，男子身侧还有一人正站于桌后和面。山西长子县小关村金代纪年壁画墓东壁门南侧绘庖厨图，画面有灶台、6层蒸笼、碗架及水缸等。山西阳泉平坦垴金代墓葬的庖厨备宴图中，一人正往大型方形大灶添柴，一人站在方桌旁，在小案上持刀切面团状物。（图5）通过这些画面，可见当时蒸制面食在该地区的普及程度，而多层蒸笼的形制，则说明家庭蒸制面食的需求量之大。

在以五谷为主要食物原料的黄河流域饮食文化区，种类丰富的面食一直是黄河中游地区的一大特色。通过考古资料，我们可以发现，宋金元时期面食在黄河中游地区居民的生活中占有重要地位，尤其是包子这种带馅面食尤其受到人们喜爱。山西沁源中正村金代砖室墓的4幅男女对坐宴饮图，都可

图2　黑釉油滴盏（金代，山西博物院藏）

图3　庖厨图（宋金，山西省沁源县段家庄工砖雕墓出土，山西博物院藏）

图4　厨房侍宴图（宋金，山西盂县皇后村宋金壁画墓东壁出土，山西博物院藏）

图5 庖厨备宴图（金代，山西阳泉平坦垴金代壁画墓出土）

图6 "香积厨"壁画（宋金，山西汾阳东龙观宋金墓地5号墓西北壁出土）

以看到长桌上高足盘内放着包子的画面。山西汾阳东龙观宋金墓地5号墓西北壁"香积厨"壁画，一侍女双手端着盛满包子的深腹圆盘。（图6）通过图像可知，当时包子的造型已和今天几乎一样。

在宋代孟元老的《东京梦华录》中，共有5处提及包子，分别是：《东京梦华录·卷二·宣德楼前省府宫宇》中提到的"王楼山洞梅花包子"和"鹿家包子"；《东京梦华录·卷二·州桥夜市》中提到的"梅家鹿家鹅、鸭、鸡、兔、肚、肺、鳝鱼包子，鸡皮，腰肾，鸡碎"；《东京梦华录·卷二·饮食果子》中提到的"软羊诸色包子"；《东京梦华录·卷四·会仙酒楼》中提到的"诸色包子"。由此可见，包子这种食物在各个阶层中的受欢迎程度。[3]

通过考古图像，我们从盛放包子等食物的圆盘上，还可以看到一种有保温、防蝇等作用的纱笼。大同市南郊金墓1号墓西壁的伎乐侍宴图、2号墓西壁侍宴图中，都出现了带纱罩的器皿，纱罩内放食物。山西汾阳高级护理学校金墓6号墓，墓室南壁绘一长桌，上置笼盖。

在蒸制面食之外，河南登封高村宋代壁画墓西壁烙饼图中还出现了三名女子正在烙饼的画面。由此可知，当时面食的种类丰富多样。

（四）茶和酒是饮食文化的重要组成部分

通过现有的考古资料，我们不难发现，茶与酒在当时的饮食生活中占有重要地位。

河南登封黑山沟宋代壁画墓西南壁备宴中，其中一妇人正在手持茶匙备茶。山西汾阳东龙观宋金墓地5号墓东北壁"茶酒位"壁画，有两位侍者备茶的场景。山西屯留县康庄工业园区元代壁画墓2号墓，东壁有一幅侍女图，左后侧地面有一石磨，画面右侧有一方桌，桌上放置罐、碗、盏托等，桌旁站立两侍女，手中握持碗、壶正在备茶。（图7）山西兴县红峪村元至大二年壁画墓，墓室壁画中有一幅备茶图，画中有一长方形桌，桌前站两女子，一女双手端盘，盘中置圆形盛具，桌上置盖罐、执壶、小碗、盏托、勺、圆腹小罐、函盒等。陕西横

图7 备宴图（元代，山西长治市屯留2号墓出土，山西博物院藏）

山县罗圪台村元墓，西南壁绘制备茶图，绘有三名持物侍女，一女手捧盏托及茶盏，一女手捧黑碗及茶筅，一女手持大盘，盘内盛水果。

西安蓝田县五里头村北宋吕氏家族墓地出土文物中，茶具是出土最多的一类，也是最为考究精美、最能显示墓主身份地位的器皿，表明品茶是当时贵族生活中相当重要的内容。关于饮茶的普及，据《金史·卷四九·食货志·茶》载：金朝北方"上下竞啜，农民尤甚，市井茶肆相属"。[4]据王祯《农书·卷三六·茶》载：元代茶业是"上而王公贵人之所尚，下而小夫贱隶之所不可阙，诚民生日用之所资"。[5]

根据考古发现的图像资料，当时黄河中游地区饮茶主要是饼状茶经过破碎、研磨后，取茶末放入碗中用于烹点，以茶筅搅拌。饮用时，还配以点心、果品等佐食。山西昔阳县博物馆所藏的7件一组的黑釉茶具，则为我们了解当时的饮茶方式提供了实物资料。（图8）

宋金元时期，黄河中游地区饮酒非常普遍，当时的酒多以小口酒坛盛放，以盏饮用。山西兴县红峪村元至大二年壁画墓，墓室有一幅备酒图，画面中间有一长方形桌，上放玉壶春瓶、罐、食盒等，三人正在筹备酒食，其中一女子正在斟酒。陕西横山县罗圪台村元墓，西北壁备酒图，绘三侍女，一女手捧白盏，盏下有托，一女手捧玉壶春瓶，一女手捧矮颈鼓腹罐。

饮酒，不仅出现于家庭宴饮中，也用于临别饯行等场合。陕西蒲城洞耳村元代壁画墓西壁和西南壁行别献酒图，表现的就是临行奉酒饯别的场景。

这一时期，尚有温酒之风。河南林州市金墓墓门右侧的庖厨图，其中一人正持扇扇火，在炭盆温酒。山西陵川玉泉金代壁画墓墓室东壁南侧壁与南壁甬道口东侧壁备茶备酒图，在画面中可以看到一男子正俯身在方形炉塘旁热酒的场景。（图9）当时饮酒时，还会以注碗和注壶相组合起到保温作用。河南禹州市白沙镇宋墓1号墓前室西壁、2号墓西南壁，河南安阳新安庄西地宋墓44号墓西壁，河南登封黑山沟宋代壁画墓西北壁，山西陵川玉泉

图8 黑釉茶具（金代，山西昔阳县博物馆藏）

图9 备茶备酒图（金代，山西陵川附城镇玉泉村金代壁画墓出土）

金代壁画墓东壁等均有注碗和注壶出现。

（五）饮食生活呈现出浓厚的生活气息和闲适的生活追求

在考古发现的宴饮图像资料中，不仅有妇女、儿童，还有猫、狗等家养宠物出现。山西沁源中正村金代砖室墓东北壁男女对坐宴饮图，旁边卧一花猫。河南登封黑山沟宋代壁画墓东北壁育儿图，两妇女各抱一小儿，以点心戏逗，方几上蹲一狸猫。河南登封王上村宋金壁画墓，东南壁备宴侍女图中出现一幼童。山西汾阳高级护理学校金墓5号墓，墓室西壁正中墓主人夫妇宴饮图下方台阶浮雕一小狗。山西长子县石哲金代壁画墓墓室北壁墓主人生活图，桌前有白黑猫各一，中卧一犬。陕西蒲城洞耳村元代壁画墓西壁和西南壁行别献酒图有追逐的两犬。河南荥阳市槐西村宋代壁画墓，北壁备宴图中蹲一花猫。

此外，戏曲表演形式和宴饮融为一体，传达出享受生活的氛围。山西稷山县马村金代段氏墓地2号墓南壁刻画有4个杂剧人物。山西沁源中正村金代砖室墓，东北壁男女对坐宴饮图画面下方有三人正在进行伎乐表演。大同市南郊金墓1号墓西壁伎乐宴饮图，其中四人演奏。河南洛宁北宋乐重进画像石棺前挡的墓主人赏乐图，有5人正站在桌旁进行散乐表演。

轻松交谈、妇儿嬉戏、猫犬相逐、乐舞伴奏，共同营造出浓郁的家庭氛围，传递出当时人闲适的生活追求。

三、结语

考古发现的图像资料传递的信息是多元的，大大丰富了我们对这一时期黄河中游地区饮食文化的认识。然而，本文仅是基于有限的考古发现资料进行的梳理和认知，难免挂一漏万。而已有的资料反映的内容也仅代表了这一时期市民以上富裕阶层的饮食文化面貌，无法覆盖当时社会的各个阶层，对一些饮食现象的认知恐有失偏颇。

另外，考古资料也反映出这一时期不同地域间人们的饮食习惯、餐饮器具等方面还存在差异，对这些地域差异的思考和认识还需要进一步的分析和探讨。

---

[1] 大同博物馆.大同金代阎德源墓发掘简报[J].文物，1978（4）.

[2] 陕西省考古研究院.陕西蓝田县五里头北宋吕氏家族墓地[J].考古，2010（8）.

[3] 孟元老.东京梦华录[M].北京：商务印书馆，1936.

[4] 脱脱.金史[M].北京：中华书局，1975.

[5] 王祯.农书译注[M].北京：商务印书馆，1937.

黄河流域博物馆联盟活动综述

向 祎
河南博物院

> **摘要**：黄河流域博物馆联盟自2019年12月23日在河南郑州成立以来，一直致力于黄河的保护、传承与弘扬，在社教、展示、宣传，学术研讨、文创等方面系统挖掘黄河文化所蕴含的历史价值、时代价值，为构建全方位、多层次、多角度的黄河文化价值体系，增强文化自信，繁荣社会主义文化贡献力量。
>
> **关键词**：黄河流域博物馆联盟；保护传承；黄河文化

2019年9月18日，习近平总书记在河南考察调研黄河时，在黄河流域生态保护和高质量发展座谈会上的讲话中，对保护、传承、弘扬黄河文化做出重要指示：黄河文化是中华文明的重要组成部分，是中华民族的根和魂。要推进黄河文化遗产的系统保护，守好老祖宗留给我们的宝贵遗产。要深入挖掘黄河文化蕴含的时代价值，讲好"黄河故事"，延续历史文脉，坚定文化自信，为实现中华民族伟大复兴的中国梦凝聚精神力量。

为贯彻落实习近平总书记关于文物工作和黄河文化的重要论述精神，2019年9月下旬，河南博物院向沿黄九省区博物馆征求意见，拟联合成立黄河流域博物馆联盟。九省区博物馆表示与此倡议不谋而合，欣然受邀，积极响应。以九省区博物馆作为联盟的发起单位，迅速开展筹备工作。这九家发起单位为：青海省博物馆、四川博物院、甘肃省博物馆、宁夏回族自治区博物馆、内蒙古博物院、陕西历史博物馆、山西博物院、河南博物院和山东博物馆。旋即，黄河流域博物馆联盟筹备工作组即向国家文物局、各省区文物局请示，得到了国家文物局、各省区文物局的大力支持与悉心指导。首先确定联盟是在国家文物局、沿黄九省区文物局的业务指导与监督管理下，由沿黄九省区的文博机构、科研院所和相关机构等共同建立，聚焦黄河文化的公益性非营利的合作组织。联盟将顺应中国文化繁荣发展的时代潮流，充分发掘区域文化内涵，积极发挥传统与现代文化的感召力和影响力，带动区域博物馆深入参与到黄河文化建设中，服务当代社会发展。

2019年12月1日，在国家文物局的支持与指导下，"黄河流域博物馆联盟"筹备会在河南郑州召开，会议旨在贯彻落实2019年9月习近平总书记在黄河流域生态保护和高质量发展座谈会上的重要讲话精神，筹备成立"黄河流域博物馆联盟"，以推动黄河文化的保护、传承、弘扬，促进黄河文明的传承发展和世界文明的交流互鉴。（图1）

国家文物局博物馆与社会文物司副司长金瑞国，青海省博物馆馆长董志强、四川博物院院长韦荃、甘肃省博物馆馆长贾建威、宁夏回族自治区博物馆馆长李进增、内蒙古博物院院长陈永志、陕西历史博物馆馆长侯宁彬、山西博物院院长张元成、河南博物院院长马萧林、山东博物馆馆长郑同修等沿黄九省区博物馆馆长，中央电视台《国家宝藏》节目组总导演于蕾等出席会议。会上，国家文物局博物馆与社会文物司副司长金瑞国对联盟成立的筹备工作予以肯定，指出成立黄河流域博物馆联盟是落实习近平总书记《在黄河流域生态保护与高质量发展座谈会上的讲话》的重要举措，此次参会的九省区博物馆在全国博物馆中占有重要地位，具有保护传承黄河文明的良好基础。对于今后联盟的工作，金瑞国提出了希望与要求：联盟今后的工作内容要实，定位要准，质量要高，方法要对；展览、社会教育、研究和文创要全面开花，充分展示黄河文明的历史与发展，体现黄河文明的精神；联盟要充分展示黄河文明的内涵，要有明确的规划；联盟要发挥带动示范作用，带动中小型博物馆高质量发展；同时可以借鉴已有的京津冀博物馆联盟、长三角博物馆联盟和珠三角博物馆联盟的模式和方法。

会上，沿黄九省区博物馆集体通过了《黄河流域博物馆联盟倡议书》，讨论了联盟成立大会的相关事项。在国家文物局的沟通与指导下，沿黄九省区博物馆与中央电视台《国家宝藏》节目组就"黄河之水天上来——国宝音乐会"的节目策划进行了充分的沟通与交流。

在国家文物局、九省区文旅厅、九省区文物局的大力支持与关怀指导下，2019年12月23日，黄河流域博物馆联盟成立暨黄河文化保护传承弘扬研讨会在河南郑州召开，来自国家文物局和黄河流域九省区文物局的领导，黄河流域40多家博物馆馆长和相关专家学者100多人共同见证了黄河流域博物馆联盟的成立。（图2）

成立大会上，与会代表集体表决通过了联盟9家博物馆发起单位、首批45家成员单位及《联盟章程》，并推选河南博物院为联盟首届召集单位、首届联盟秘书处所在单位。国家文物局副局长关强和河南省文化和旅游厅厅长姜继鼎致辞，并共同为黄河流域博物馆

图1 黄河流域博物馆联盟筹备会

图2　黄河流域博物馆联盟成立大会在郑州召开

联盟揭牌。

河南省文化和旅游厅厅长姜继鼎在大会致辞中指出，习近平总书记在郑州主持召开黄河流域生态保护和高质量发展座谈会并发表了重要讲话，就保护、传承、弘扬黄河文化提出了明确要求，把保护传承弘扬黄河文化提高到新的高度，并为黄河文化的保护、传承、弘扬提出了新思路，指明了新方向。黄河河南段占据突出的地位，黄河的历史地理枢纽在河南，河南是治黄历史主战场，黄河文化的根源性、延续性、融合性、核心性均与河南有着密切的关系。同时，河南作为黄河流域生态保护和高质量发展座谈会的召开地，应该在保护、传承、弘扬黄河文化方面有更大的担当。习近平总书记的重要讲话精神在河南全省各界引起了热烈讨论和积极响应，从河南省委、省政府到各地、各部门均召开了各种形式的座谈会，深入学习贯彻习近平总书记在黄河流域生态保护和高质量发展座谈会上的重要讲话精神，研究谋划推进黄河文化保护、传承、弘扬的重点措施。目前，河南省文化和旅游厅正着手河南省黄河文化保护、传承、弘扬专项规划的编制工作。黄河流域博物馆联盟的成立，是贯彻落实习近平总书记讲话精神的重要举措，必将进一步促进黄河文化的保护、传承、弘扬工作。他强调，河南博物院要在黄河文化保护、传承、弘扬工作中发挥龙头示范作用，以黄河流域博物馆联盟的成立为契机，争创世界一流博物馆。

国家文物局关强副局长在讲话中对黄河流域博物馆联盟的筹备和成立工作给予了充分肯定。他强调，国家文物局对黄河流域博物馆联盟的筹备和成立高度重视，黄河流域博物馆联盟的成立是文物博物馆界深入学习贯彻习近平总书记关于文物工作的重要指示精神、在黄河流域生态保护和高质量发展座谈会上的重要讲话精神，推进黄河文化保护、传承、弘扬的实际行动，具有重要的现实意义。他指出，黄河流域的历史文化资源非常丰富，也是我国博物馆发展起步较早的区域。丰富的文物藏品，承载着沿黄地区人民的共同历史记忆，能够全面系统地反映和展示黄河流域的物质文明、精神文明、制度文明和生态文明。黄河流域博物馆在保护、传承、弘扬黄河文化方面有着不可替代的作用。最后，他对黄河流域博物馆联盟的工作提出几点要求：一是要强化学术引领，要紧紧围绕黄河文化，加强相关学科领域的学术研究，深入挖掘黄河文化的科学价值内涵，夯实黄河流域博物馆联盟的理论研究基础；二是要加强联盟各项活动的规范管理，联盟自身要形成活泼有序、健康向上的协作机制，并主动接受当地文物主管部门的业务指导、监督和管理；三是推进黄河文化遗产的系统保护，要加快编制黄河文化遗产保护传承弘扬规划，不断提高黄河文化遗产保护水平；四是要推动博物馆区域创新系统发展，立足流域，辐射周边，面向全国，创新博物馆资源利用方式，全面提升黄河流域博物馆整体发展水平，更好地挖掘、传播黄河文化遗产所蕴含的历史价值和时代价值。

开幕式结束后，大会召开了"学习贯彻习近平总书记关于保护传承弘扬黄河文化重要论述精神座谈会"。国家文物局副局长关强，青海省文物局副局长马占庭，甘肃省文物局副局长白坚，宁夏回族自治区博物馆馆长李进增，内蒙古自治区文物局副局长赵建华，陕西省文物局副局长钱继奎，山西省文物局一级巡视员宁立新，河南省文物局局长田凯，山东省文化和旅游厅副厅长、山东省文物局副局长王廷琦围绕各省（区）历史文化资源、目前开展的学习贯彻习近平总书记关于保护、传承、弘扬黄河文化重要论述精神情况及未来工作打算进行了介绍和讨论。（图3）

马占庭提出青海省文物工作重点将着力区域化布局，以黄河流域文化保护为根本，结合青海省情因地制宜编制黄河流域文化遗产保护方案，加大对黄河文化保护和对黄河文物资源的利用，促进黄河流域源头的保护。白坚提出甘肃省文物局将重点研究黄河文化在中华文明起源演变、民族融合发展和国家统一进程中的地位和作用，加大黄河文化遗产的保护力度，构建黄河文化遗产标识，加强黄河文化遗产保护利用和展示弘扬，讲好"黄河故事"甘肃篇。李进增提出宁夏回族自治区文物局将加强黄河文化遗产保护顶层设计和规划，开展黄河文化资源普查，积极推进黄河文化遗产"活"起来。赵建华提出内蒙古自治区文物局在国家文物局指导下，启动建设长城文化公园规划编制工作，推进国家考古遗址公园的建设，做好文物保护利用基础工作。钱继奎发言表示，陕西省文物局将深入挖掘黄河文化的内涵外延，以项目为引领，推进黄河文化相关文化遗产保护利用，彰显弘扬黄河文化的核心价值。宁立新提出山西省文物局要加强文旅融合，以黄河、长城、太行三大旅游版块作为工作重点，加大黄河流域文物保护利用的深度和广度，把沿黄文物保护利用提升到黄河文化生态保护的高度来抓。田凯提出河南省文物局近期保护传承弘扬黄河文化的重点工作包括打造沿黄国家大遗址公园走廊、中华古都群文化复兴工程、沿黄博物馆体系建设提升工程等，在博物馆方面重点探索区域博物馆建设，提升博物馆智慧化水平，拓展博物馆文化

图3 学习贯彻习近平总书记关于保护传承弘扬黄河文化重要论述精神座谈会

传播途径。王廷琦发言强调山东省文物局将进一步统筹协调区域黄河文化遗产资源梳理工作，联合开展齐鲁文化与黄河文化研究，加强文物资源共享，推动黄河流域与其他区域的文化交流。

国家文物局关强副局长做总结发言：黄河文化是专项文化，把大黄河文化规划作为其中一项重点工作纳入各省文物局整体事业规划编制中；博物馆是向社会展示中华优秀先进文化的平台，要深入开展关于黄河文化的课题研究，将最新研究成果融入原创展览中，融合新媒体，积极向社会公众传播、阐释黄河文化；黄河文化是大文化概念，与中华民族息息相关，黄河文化研究要注重人与自然的关系，注重生态保护，注重农耕文化形成、国家形态起源、红色文化和社会主义先进文化等重要研究方向。

座谈会后，会议举行了"博物馆与保护传承弘扬黄河文化研讨会"，黄河流域九省区博物馆长围绕"博物馆与保护传承弘扬黄河文化"这一主题做了精彩的报告，以精心的准备、深入的思考、专业的研究为黄河文化保护传承弘扬事业建言献策，体现了博物馆的责任与担当，一些对专业问题的思考和研究极具前瞻性。与会代表在报告之余还对热点议题进行了集中探讨。

黄河流域博物馆联盟自成立以来，紧紧围绕推进黄河文化遗产的系统保护，深入挖掘黄河文化蕴含的时代价值与人文精神，讲好"黄河故事"，延续历史文脉，坚定文化自信，开展了一系列形式多样的展示、宣传与研讨活动。联盟全体成员不忘初心，牢记使命，克服了疫情下的种种困难，做出大量富有成效的工作，努力践行保护、传承、弘扬黄河文化。

一、解读新文化　打造弘扬与传承的新形态

2020年1月初，黄河流域博物馆联盟全体成员单位齐聚北京，参加《国家宝藏》团队全新打造的2020央视新春特别节目"黄河之水天上来"国宝音乐会，讲述文物与黄河文明的渊源。"黄河之水天上来"国宝音乐会不仅用文艺的形式展现绚烂的黄河文化，更携手黄河流域的48家博物馆从黄河主干分段取水，为观众展现当代黄河的模样，唤起大家对黄河生态保护的意识，坚定保护、传承和弘扬黄河文化的信心。

这是博物馆与影视媒体就黄河文化保护、传承、弘扬的第一次崭新结合与尝试，是对博物馆文化、黄河文化的又一次创新解读和演绎。用充满仪式感的采集黄河水行动、动人的音乐舞蹈，见证历史人物，讲述文物背后的故事，串联起黄河沿线的历史文化图景，对传播弘扬黄河文化带来诸多借鉴和启示。

2020年1月5日，黄河流域博物馆联盟发展推广研讨会在北京召开，黄河流域博物馆联盟全体成员单位代表出席，共同探讨"坚定文化自信　讲好黄河故事"的时代议题，倡议"黄河文化守护人人有责，从黄河沿岸辐射全国"，共襄黄河文化保护与传播盛举，共同助力黄河流域生态保护和高质量发展。会议以"认真学习贯彻习近平总书记在黄河流域生态保护和高质量发展座谈会上的重要讲话精神"为核心主题，探讨充分发挥黄河流域博物馆联盟的作用，系统发掘黄河文化所蕴含的中国精神、世界意义、时代价值，大力推动黄河文化民族化、科学化和大众化传播。

二、探索新技术 拓展传播与展示的新途径

2020年年初，受新冠疫情影响，全国博物馆都进入暂时闭馆状态，但公众和文化近距离接触的大门并未就此关上。为了更好地应对疫情，让大家能够足不出户参观博物馆，河南博物院作为黄河流域博物馆联盟召集单位，联合腾讯公司提出了"云上看博物馆"的创意，并很快得到了国家文物局的支持与指导，与黄河流域博物馆联盟八家省级博物馆一起，于2020年3月2日至4日，共同推出了"云探国宝——沿黄九省区博物馆带你畅游历史长河"大型直播活动。三天共吸引超过1200万网友在线观看。直播活动让反映黄河文明的国宝"活"了，让黄河沿线的博物馆"亮"了，更为热爱黄河文化的广大网友奉上一场学习国宝知识、感悟黄河文化的视听盛宴。（图4）

河南博物院首场直播，从新石器时代开始，以文物的视角，解读几千年来河南的发展变迁。5000多年前新石器时代的贾湖骨笛、2000多年前的云纹铜禁、汉代的画像砖、盛唐的三彩器物……让网友在线饱览河南的古老岁月，感受河洛文明的无穷魅力。

四川博物院在直播中邀请网友"走进"汉代陶石馆，感受汉代四川老百姓的"乐活"人生。四川博物院特别介绍了东汉七盘舞画像砖，画像砖刻画了两千年前黄河流域孕育出的乐舞艺术形式——盘鼓舞。舞者挥动长袖，脚踏象征日月星辰之盘起舞，使网友能够一窥汉代人大气的宇宙观和人生观。

青海省博物馆为网友带来舞蹈纹彩陶盆，让网友感受到在马家窑文化影响下产生的独特的青海地方文化，与先民一起在黄河岸边连臂踏歌；吐谷浑国金华饰件，让网友领略断代已久的鲜卑文化；明代的铜鎏金观音像，汉藏纹饰结合的造像形式，是明永乐年间内地与藏区文化交流与民族交融的历史见证。

甘肃省博物馆在直播中不局限于文物本身，以文物的历史文化背景讲述中华文明，并结合新时代下"一带一路"建设的文化方向，结合丝绸之路与甘肃省的特殊地理位置，为广大网友科普了丝路要道——甘肃的历史文化特色，让国宝更具时代亮点。甘肃省博物馆借助此次直播，实现了文物与现代动态展示技术的结合，让观众全方位感受了文物的器型及使用方式、黄河岸边的古老文物与现代社会的高新技术完美结合，为网友带来了全新的全息文物观赏体验。

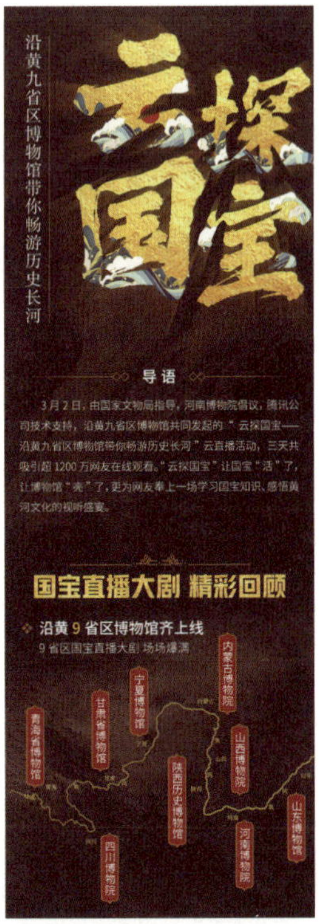

内蒙古博物院以夏家店上层文化的阴阳青铜短剑、鹰顶金冠饰、辽代契丹铜鎏金马饰件、陈国公主与驸马合葬墓水晶（玉）饰件、琥珀璎珞、吐尔基山辽墓彩棺、双凤纹青花高足杯等文物切入，娓娓谈起，呈现出河套地区具有完整历史链条的文物系列，展示了黄河哺育下的内蒙古草原灿烂的文明。

图4 "云探国宝"海报

陕西历史博物馆

带网友探秘何家村遗宝，领略华美的大唐神韵。来自唐代的镶金兽首玛瑙杯、鸳鸯莲瓣纹金碗、葡萄花鸟纹银香囊三件文物，以其精美的做工及完整的保存度再现了盛唐艺术的至高造诣。

山西博物院（山西青铜博物馆）将网友带进了中国青铜时代，展出了晋陕高原一带发现的大量商代晚期青铜器，带领网友近距离观察山西博物院（山西青铜博物馆）馆藏青铜与河南等地出土青铜器的区别。

山东博物馆以中英文双语的形式进行直播，将网友带进了齐鲁大地新石器时代的史前文明，从大汶口文化红陶兽形壶，到龙山文化蛋壳黑陶杯，让网友看到了齐鲁大地史前灿烂的文明曙光、中华文化的悠久历史。

宁夏回族自治区博物馆的直播选取宁夏党项族的高光时刻——西夏为切入点：世界上最早的木活字印刷实物，印刷着古老的西夏文字；名副其实的"重量级"国宝——西夏石雕力士志文支座……无数宝贵的少数民族历史文化遗产于网络方寸之间，尽收眼底。

黄河流域博物馆联盟为大力弘扬宣传黄河文明，组织贯穿黄河全部流域的联盟九家发起单位，选取来自黄河沿线博物馆的九件文物珍品，集合了青海省博物馆的舞蹈纹彩陶盆、四川博物院的南齐永明元年释玄嵩造像碑、甘肃省博物馆的旋纹尖底彩陶瓶、宁夏回族自治区博物馆的石刻胡旋舞墓门、内蒙古博物院的和林格尔汉墓壁画（摹本）、陕西历史博物馆的鎏金银龙纹竹节熏炉、山西博物院的晋侯鸟尊、河南博物院的彩陶双连壶、山东博物馆的红陶兽形壶等见证黄河文明发生、壮大、繁荣与辉煌的代表性文物，撰写了《文物珍宝讲述黄河文明》，讲述黄河文化的不同切面，深入挖掘黄河文化蕴含的时代价值与人文精神，讲好"黄河故事"，展示母亲河灿烂的文明，为中华民族培根铸魂。文章于2020年5月15日在《中国文物报》第2版"国际博物馆日特刊"全版专刊登发，引起业内极大关注。

2020年9月，时值习近平总书记《在黄河流域生态保护和高质量发展座谈会上的讲话》发表一周年之际，联盟秘书处对联盟成立以来就保护、传承、弘扬黄河文化所做的一系列工作进行了梳理与总结，对联盟的联合专题活动进行了回顾与总结，对联盟各成员单位在陈列展览、社会教育、学术会议等方面所做的大量工作进行优选与归纳。各成员单位在深入挖掘黄河文化蕴含的时代价值、推进黄河文化遗产系统保护等方面取得的成就与硕果，集合为《博物馆展示黄河文化新时代内涵》专题文章，于2020年9月22日专版刊登在《中国文物报》。这些成果集中展示了联盟成员单位在深入学习贯彻习近平总书记重要讲话精神后，着力指导推进工作的创新成果，为联盟成员单位继续携手共进，讲好"黄河故事"，延续历史文脉，坚定文化自信，为实现中华民族伟大复兴的中国梦凝聚精神力量、鼓舞力量夯实基础。

文创产品开发是近年各博物馆关注的热点。2020年10月，由河南省委宣传部、河南省文化和旅游厅、河南省商务厅、鹤壁市人民政府共同主办的第七届中原（鹤壁）文化产业博览交易会在鹤壁开幕。黄河流域博物馆联盟秘书处协同会务组，组织召开了"黄河流域博物馆联盟文创产业研讨会"，来自黄河流域博物馆联盟的30余家博物馆齐聚鹤城，就如何展示与利用文化文物IP衍生品，讲好

"黄河故事",传承好黄河文化展开积极的探索与交流。(图5)联盟成员单位集合了黄河沿线九省区博物馆的文化文物IP衍生品,以"我的黄河,我的家"为题,设计联展,联展展厅成为本次博览会的最大亮点。沿黄参展博物馆各具特色,文创产品目不暇接,展示当地特色文化符号。

2021年3月,联盟联合河南卫视推出《国宝说黄河》节目,推送沿黄九省区最具代表性的文物,介绍黄河文化,讲好黄河故事。

2021年4—5月,为庆祝"首届中国(郑州)黄河文化月",黄河流域博物馆联盟以#我心中的黄河#全新话题打造传播黄河文化,启动"线上联动发声+线下主题活动",开展"晒出我家的黄河宝藏""舌尖上的黄河美食""寻找黄河大锦鲤"等系列线上活动,成员单位集结助力,借助微博平台,展示沿黄馆院风采,宣传弘扬黄河文化。(图6)

2021年9月,黄河流域博物馆讲解员能力提升研修班在河南郑州举办,来自联盟的36家文博单位的近50名学员圆满完成培训,顺利结业。这是在文旅融合的大背景下,以黄河流域博物馆联盟为平台,成员单位间积极分享、整合讲解资源,探索如何把"黄河战略"背景下的黄河文化转化为符合时代需求的宣传教育内容,如何更好地发挥黄河流域文博合力,讲好新时代的黄河故事。

2021年10月,河南博物院作为黄河流域博物馆联盟首届召集单位,与联盟发起单位联合发售"探秘黄河流域博物馆——考古盲盒",共享网红IP,旨在"讲好黄河故事,向全世界传播中华文明"。该系列盲盒产品收录了现藏于青海省博物馆的"舞蹈纹彩陶盆"、四川博物院的"西周羊首兽面纹铜罍"、甘肃省博物馆的"人头形器口彩陶瓶"、宁夏回族自治区博物馆的"西夏鎏金铜卧牛"、内蒙古博物院的"单于和亲瓦当"、陕西历史博物馆的"皇后之玺"、山西博物院的"鸮卣"、河南博物院"武则天金简"及山东博物馆的"蛋壳黑陶杯",共计9件馆藏级珍品(仿制品),是迄今为止收录镇馆之宝最多、谱系最完整的一套考古盲盒产品,也是黄河流域博物馆联盟共同打造的首款联名文创产品,为未来黄河流域博物馆联盟持续打造更多优秀的联名文创产品开创良好开端。

2021年10月至11月,黄河流域博物馆联盟举办了"黄河流域博物馆可移动文物修复保护培训班"。培训班的举办旨在推动深入、持久贯彻落实习近平总书记关于保护传承弘扬黄河文化重要论述精神,同时通过倡导在黄河流域博物馆联盟建立常态化的可移动文物修复保护培训机制,源源不断地为黄河流域博物馆培养可移动文物保护的骨干

图5 黄河流域博物馆联盟代表参加研讨会启动仪式

图6 "寻找黄河大锦鲤"海报

人才，共同提高沿黄流域博物馆可移动文物的保护效率，将黄河宝贵的文化和历史传承好。

三、立足新主题　呈现理论与实践的新繁荣

联盟成立以来，成员单位认真贯彻落实习近平总书记在黄河流域生态保护和高质量发展座谈会上的重要讲话精神，开展了丰富多彩的展示与社会教育活动，百花齐放，异彩纷呈。

在青海省文化和旅游厅、青海省文物局的指导下，青海省博物馆主动作为，深入挖掘河湟文化蕴含的精神内涵和时代价值，讲好黄河故事，弘扬河湟文化。青海省博物馆积极推出"河湟文化五千年"图片展览，展览从"彩陶意蕴""古道文华""河湟锦绣""采撷拾萃"四个方面，介绍河湟历史文化和地域文化特色。2020年6月在海南州民族博物馆举办了"百年翰墨传风雅——河湟历史名家书画展"，展现了青海河湟地区广大人民的精神追求和审美情趣。

2019年12月—2020年12月，"国色初光——甘肃彩陶艺术展"在国家博物馆隆重展出。展览由甘肃省文物局、甘肃省博物馆、临夏回族自治州博物馆等十几家文博单位共同举办，展览分为"黄土下的彩色世界""笔画与色调的奏鸣""大自然的生命组歌""精神的家园"四个单元，系统地展示甘肃彩陶文化的特征与内涵，体现甘肃彩陶艺术，这是甘肃彩陶类文物在国家博物馆最大规模的一次展出，也是黄河上游彩陶类文物最为集中与宏大的展示之一。

2020年1—5月，甘肃省博物馆紧紧围绕习近平总书记在兰州考察的讲话，精心策划了"黄河之滨也很美"主题展览，希望引发人们去发现、了解、认识兰州这座城市。一段段历史往事、一张张老照片、一个个留存遗迹……为观众解读了黄河滨城兰州的人文风情、历史面貌，述说着兰州的前世今生。

2020年6月习近平总书记视察宁夏时明确指示，要"努力建设黄河流域生态保护和高质量发展先行区"。宁夏回族自治区党委在第十二届委员会第十一次全体会议上通过《关于建设黄河流域生态保护和高质量发展先行区的实施意见》，明确提出大力实施黄河文化遗产保护系统工程，推进建设黄河文化遗产廊道，构建维系黄河文化认同感的有效载体。出台《宁夏回族自治区引黄古灌区世界灌溉工程遗产保护条例》，加大对贺兰山岩画等文化遗产的整体性保护和修复力度。宁夏博物馆"石刻史书——宁夏岩画展"以来源于贺兰山上剥落下来的石头岩画为内容题材，用山体的磅礴气势，多媒体的视觉效果，衬托展品的

原始与质朴的特殊风格。让观众在特定的自然环境中真正感受到刻在山石上岩画的深刻和不朽，从而感知宁夏黄河文化遗产的魅力。

为推动和促进黄河文化的研究与传承，展示多元一体中华文明的内在价值和形成轨迹，由内蒙古博物院、鄂尔多斯博物馆联合自治区文物考古研究所、内蒙古沿黄区域各博物馆，共同筹备了"黄河从草原上流过——内蒙古黄河流域古代文明展"，2020年9月在鄂尔多斯博物馆首次展出，全方位展现中国古代北方草原文化在黄河文化形成过程中所起到的重要推动作用，诠释中华文明融合包容、多元一体的形成轨迹。展览期间还举办沿黄七盟市博物馆文化创意产品新品发布会、黄河文化学术研讨会及内蒙古中西部博物馆联盟会议等相关活动。

为贯彻落实习近平总书记提出的"对历史文化要注重发掘和利用，溯到源，找到根，寻到魂"重要讲话精神，传承弘扬中华优秀传统文化和璀璨的黄河文明，将最新考古发现与研究成果转化成群众喜闻乐见的文物展览形式，展示我国古代彩陶在早期中国形成中扮演的重要角色，彰显黄河流域在孕育中华文明过程中所发挥的主根脉地位，2020年1月，陕西历史博物馆精心策划推出大型原创主题"彩陶·中华——中国五千年前的融合与统一"展览。展览在深度挖掘中国彩陶历史文化内涵的基础上，以陕西地区出土彩陶为主，同时借展甘肃、河南等16省市区、36家文博单位的296件（套）文物精品，是迄今中国博物馆涉及彩陶分布范围最广的一次集中展示。展览分"艺术·源流""观念·社会""寻根·中国"三部分，勾勒出5000年前中华大地上文化融合、社会统一的壮丽图景，探索中华文明尤其是黄河文明的渊远源头与华夏民族的深厚根脉。配合本次展览，陕西历史博物馆组织了20场系列讲座，先后邀请了20位国内著名专家学者，围绕彩陶学术研究的最新成果为公众授课，全方位、多角度、深层次地解读了彩陶文化的内涵与外延。

2020年9月18日，山西博物院联合临汾市博物馆等多家文博考古单位，围绕陶寺与石峁两处遗址，举办"黄河文明的标识——陶寺·石峁的考古揭示"展览。展览分为"帝尧之都"与"王者圣城"两大版块，展示了"古国时代"黄河流域的晋陕高原上各种文化的面貌与碰撞，展现出中华文明多元一体的发展进程。

2020年12月26日，河南博物院立足深入挖掘黄河文化，突出一山（嵩山）、一河（黄河）、一中原的概念，筹建的"泱泱华夏 择中建都"大型原创基本陈列全面向社会开放。展览记述了"黄河九曲，在中条山和崤山之间，冲开三门，一泻千里"的恢宏姿态，展示了黄河这条母亲河及其所形成的广阔的冲积平原上的文明进程。中华文明的先源无疑是满天星斗式的，但在后期的汇流中，黄河流域文明占有根源性与主导性，展览深入挖掘黄河文化蕴含的时代价值与人文精神，最大限度地体现了其作为中华文明主根脉的地位。

2020年9月，山东博物馆联合联盟成员单位孔子博物馆，共同举办"衣冠大成"展览，以服饰为切入点，展示黄河文明的礼制观念、伦理习俗与审美情趣。并以展览为依托，积极开展中国传统服饰文化研学之旅，深入探寻中国传统服饰背后的故事。

2021年5月，由郑州市人民政府和河南省文物局主办，黄河流域博物馆联盟协办的"黄河珍宝——沿黄九省区文物精品展"在郑州博物馆（新馆）隆重开幕，聚集了黄河流域博物馆联盟成员单位的42件（套）文物珍品，成为"首届中国（郑州）黄河文化月"的一大亮点，引发参观热潮。

2021年11月，河南博物院将联合联盟成员单位，举办"沿黄九省区金玉特种工艺瑰宝展"，展览筹备期间，得到了联盟成员单位的大力支持，在展览筹划方案、联展合作事宜等方面进行了深入的探讨交流，做了大量有益的探索，体现出联盟深化合作办展的优势与特色，是凝聚联盟力量、深入挖掘黄河文化蕴含的时代价值、讲好黄河故事、延续历史文脉、坚定文化自信的一次成功实践。

四、梳理新思路 谋划发展与创新的新征程

2020年12月26日，黄河流域博物馆联盟在郑州召开了"黄河流域博物馆联盟专题研讨会"，联盟发起单位的主要负责领导参加了会议。（图7）会议对2020年黄河流域博物馆联盟所做的工作进行了梳理与总结。会上，与会嘉宾围绕2021年联盟工作要点展开讨论，就陈列展览、图书出版、社会教育、文物保护等方面的合作与交流进行了沟通与规划：联合策展"大黄河文明"系列原创展览；出版集中反映黄河文明的普及图书《大河瑰宝》；举办黄河流域博物馆讲解员讲解大赛；推进"黄河故事"博物馆优秀讲解案例的宣传与推介；加强联盟成员单位间可移动文物修复与保护的深度合作与交流。

2021年5月，联盟秘书处在全体成员单位的大力支持下，编制刊印了《黄河流域博物馆联盟通讯（第一期）》，集中展示了联盟成立以来各成员单位在保护传承弘扬黄河文化中的丰硕成果。（图8）

涓流以浸江河，爝火卒能燎原。黄河流域博物馆联盟不忘初心，同舟共济，开拓创新，联络各成员单位形成合力，系统挖掘黄河文化所蕴含的历史价值、时代价值，为构建全方位、多层次、多角度的黄河文化价值体系，增强文化自信，繁荣社会主义文化贡献力量。

图7　黄河流域博物馆联盟专题座谈会

图8　《黄河流域博物馆联盟通讯》（第一期）

彩陶历法闰月制度的象数研究*

索全星
郑州市文物考古研究院

> **摘要**：彩陶历法是彩陶文化的重要组成部分，开一代中华历法之源。彩陶历法有"三年一闰"和"十九年七闰"的闰制，是最早的阴阳合历。彩陶实物的象数研究揭示了历法闰月制度的科学内涵，进一步拓展了中华文明起源研究的新视野。
>
> **关键词**：彩陶历法；岁差；闰月；象数

我国传统历法遵循朔望月制拟合地球与太阳公转的黄道年周期，以年、月、日、时为时间元素，参考其他天文星象与气候、物候的自然现象制定的纪年历法。历法方便日常生活，适于农业生产，一般称为农历、黄历、华历等。1912年以来引进颁行纯黄道年周期的格里高利历以纪年，称为阳历，规定农历配合阳历使用称为阴历，在我国农业型经济社会中仍发挥着极为重要的作用。农历属于阴阳合历，因为与黄道年周期365.24日相差近11日，古代历法学家就使用"闰月法"拟合黄道年周期。传统历法是建立在科学观察和掌握太阳、月亮等天体运行规律之上，以月相定日序，以中气定月序，这样就形成平年和闰年的历法现象。采用三年一闰，大致十九年七闰形成一个大的回归年历法周期。中国农历特有的闰月、二十四节气等历法原则，一般认为是秦汉以来形成的比较规范的历法制度。但彩陶历法在5500年前不仅有节气的划分，并且还有成熟的闰月制度，丰富的彩陶历法实物展现了远古社会文化的别样风采，进一步拓展了中华文明起源研究的新视野。

从彩陶历法看，在仰韶时期的公元前4000年之前就有了天文历法雏形，大约在公元前3500年天文历法已臻成熟。彩陶历法"法于阴阳，和于术数"，不仅是中华思想和社会实践的文明概括，也是中华文明产生和形成的重要标志，是"中华""中国"名称的核心内涵。本文以彩陶实物为例，结合象数思维阐述彩陶历法的闰月制度问题。

一、彩陶的岁差

中华古代天文历法者通过对天象观察和立杆

---

* 本文为郑州中华之源与嵩山文明研究会2019年"彩陶古易文化研究"（Y2019-11）课题的研究成果之一。

测影研究，获得了比较精确科学的天文数据。在制定历法实践中，很早就发现了历年、阴历年存在的"岁差"，并用彩陶图文作了记载。当然，这是祈告天神或尊信天道的彩陶图文（也可说是天书），并非是为我们今天博物馆陈展和研究之用，但我们因此知悉了远古天文历法者精益求精的科学探索精神。

彩陶盆（姜寨遗址 T276M159：2）[1]。泥质红陶，卷沿，敞口，腹略鼓，凹底，底部有一周凸棱。口径27.2厘米，高12.8厘米，底径11.2厘米。（图1-1）沿面饰黑彩，露白相对四个箭头，形成"四正"，有四季之"二至二分"之意。内壁绘五鱼四组，其中两鱼一组，作游水状，形象生动。盆沿一周宽带黑彩为黄道（阳历年），四箭头以方位为"四正""四向"，以历法为"二至二分"。盆内壁之鱼对照"二至二分"，鱼象阴阳，左向旋动。鱼与月同属阴性事物，类比为阴历年。其中一组多鱼为双，鱼音谐"余"，相对阳历年这多出的"鱼"就是岁差。沿面"四正"虽与腹内四组游鱼分开绘画，但还是一幅阴阳合历的简图。以四组五鱼阐述"天道有余"，俗语"连年有鱼"乃远古老话，由来久矣。后世将"连年有余"谐音为吉祥语"莲年有鱼"，没有了"天道"的神秘，却增添了生活的乐趣。

彩陶盆（姜寨遗址 T52W50：1）。泥质红陶，圆唇，敞口，深腹，凹底。口径32厘米，沿宽2.4厘米，高14.4厘米，底径12.8厘米。沿面近平，饰黑彩，露白竖直线段分隔五组花纹。四组相同，每组为三个露白菱状方形或三角形；另一组为单独的露白菱状方形。（图1-2）盆沿一周宽带黑彩寓意黄道（阳历年），相同的四组（每组三个露白图形属阴性，表述三个朔望月）为阴历年四季十二月，一组露白图形的单独纹饰则为岁余。这样的图形显然是一幅阴阳合历的简图。我们将彩陶盆口沿纹饰进行图表分解，也可以验证它是一幅阴阳合历的精简模式。（图1-3）如果没有疑古思想，这个彩陶图式是比较容易理解的一种。

彩陶钵（下王岗遗址 M563：10）[2]。泥质红陶，圆形，敛口，鼓腹下收，平底，外壁饰一周黑彩，口径22厘米，高10.3厘米。腹部彩绘精美，运用了贴片印制图技法，黑彩红地。腹部中线细致入微，以直角三角作架构，应有"立杆测影"取"道"的内涵，箭头所向即有求索之意；如果以左右纵向的隔断与上下箭头作四组单元图形，即地纹"米"字形，应是"四向八方"的宇宙观模型；如果以箭头纵向中线分为四组单元，又成为四季历法模式。其中一个隔断显得宽大，自成一组，看似颇不协调，实为历年与阴历年"天道有余"存在岁差的客观反映。以往都将宽大的隔断

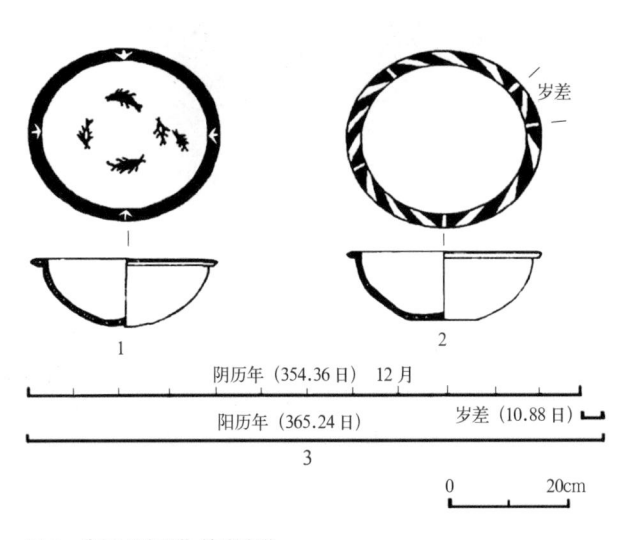

阴历年（354.36日）12月
阳历年（365.24日） 岁差（10.88日）

0   20cm

图1 表述"岁差"的彩陶盆
1.彩陶盆（T276M159:2）；2.彩陶盆（T52W50:1）；3.彩陶盆（T52W50:1）的线段图

作为彩陶绘图失败所致，不予示人，现在看应是特意留出的彩陶历法岁差，实乃彩陶亮点，足见当时画师也是一位天文历法高手。彩陶钵"四向八方"图，看似十分简单，其实是建立在"立杆测影"背景下的历法图式，揭示了天道的实质内涵，可见彩陶文化的无穷魅力。（图2）

庙底沟遗址曲腹盆（02SHMT25H108：34）。泥质姜黄陶，平沿方唇，上腹圆鼓，下腹斜收，平底，口径35厘米，底径12.2厘米，高25.8厘米。唇部绘一周黑彩，上腹绘四组开光合月纹黑彩一周，其中一组合月纹右侧月纹半漏底色。唇部一周旋纹黑彩为"道"的义项，腹部椭圆形开光为历年（四季）之象，合月纹本义为朔望月时，这里有"季"时延伸义项，其中一组半漏底色的合月纹乃有不实、不足之意，指明了阴阳合历岁差之象。（图3）

二、平年、闰年与闰月

大汶口遗址的一件彩陶钵，泥质红陶，敛口圆唇，宽圆肩，腹壁斜直内收，小平底，口径18.6厘米，腹径27.8厘米，高11.2厘米。肩腹部白彩底色，形成黑彩圆形露底开光六组一周纹饰带，开光内绘红色合月纹和上下圆点，合月内又加绘两道黑色竖线（表示复指或重复）。三大月、三小月的图式和图内两道竖线的复指，构成了"六六之制"的远古数学模式，是十二月规制的历法范式。这种纹饰也称"圆灯笼样"图形，但从仰韶文化的时代背景看，这种大小相间的开光图式与合月纹十二月内涵应是表述大月、小月

图2 表述"岁差"的彩陶钵（淅川下王岗 M563：10）与彩陶图案解析

图3 表述"岁差"的彩陶盆（庙底沟遗址 02SHMT25H108：34，采自《华夏之花：庙底沟彩陶选粹》）与彩陶图案解析

的历法简图。（图4）

我们知道，朔望月周期为29.53日，但因历法的特殊性和实用性需要，只能取整数而不能有余。按照人们的生活习惯，采用大月30日、小月29日相间的月序排列。由此可知，彩陶历法是采用大月30日、小月29日、每年十二月的历制。因为地球与太阳公转的黄道周期约365.24日为历年，这与十二个朔望月存有"岁差"，为确保四季气候的应时如节，常年不乱，远古历法专家就在"岁差"积满一个朔望月的年份增加一个月，称之为"闰月"。每次闰月的余数作为"闰余"，进入下一年历法。彩陶历法的历年365.24日是个非常重要的常数，代表天道的根本，是闰月制度必须参考的基数。十二个朔望月拟合历年，是天道大纲，闰月也要保持月相（朔望月）完整，以体现天道自然。一般把设置闰月的年份称为"闰年"，没有闰月的正常年份称为"平年"。彩陶历法除大月小月规制之外，还用闰月法把阴历、阳历协调统一，汲取阴阳合历的优点，为人类社会所用，充分显示了中华先人的聪明智慧和创新才能。

彩陶盆（庙底沟遗址02SHMT35H106:11）。泥质黄陶，侈口窄折沿，曲腹，小平底。口径28厘米，底径10.6厘米，高16.6厘米。口沿唇部绘一周黑彩窄带纹；腹部绘一周两组黑彩纹图纹带，表述没有闰月的年份叫平年，有闰月的年份叫闰年。第一组图案的椭圆形露白开光内的两点为春分、秋分，标示平等，会意为平年的义项。右侧鱼形露白开光内有一圆点，是岁差（闰余）之意。第二组左下角标示一个小型单月图形，表示闰月，与第一组的岁差（闰月）相呼应；椭圆形露白开光内除了春分、秋分两点，又多出了一个单月图形，显然是闰年之意。这是彩陶历法自称"平年""闰年"的彩陶记载。（图5）

彩陶盆（山西省吕梁市方山县采集）。泥质红陶，口沿平折，圆唇，上腹弧鼓，下腹斜收，平底。口径38厘米，高24厘米。口沿及唇部施黑彩。上腹绘黑彩两组纹饰一周，一组为眉月、背月与合月的纹饰，表述平年的义项；一组为平

图4 大月、小月图式的彩陶钵（大汶口遗址出土，采自《大江上下：黄河流域史前陶器展》）与彩陶图案解析

图5 平年、闰年图式彩陶盆（庙底沟遗址02SHMT35H106:11，采自《华夏之花：庙底沟彩陶选粹》）与彩陶图案解析

年加闰月，表述闰年的义项，并在闰月月相的圆点上画一段水平直线作出"衡"的特别标识。这件彩陶盆腹部图案应是彩陶历法平年、闰年的简介。(图6)

那么，在什么情况下会产生闰月？对此彩陶也有比较客观的表述，就是当历法岁余或闰余足够一个月，将无中气月设置为闰月。闰月是根据历法守恒原则，把相应的月份增加一个月的特别的历制方法，实际上是一种双月制。彩陶闰月一般以某种符号特别标出，并且清楚详明地记载了闰月产生的条件和设置的情况。这些历法细节都有可靠的彩陶文献支持，殊为难得。

曲腹彩陶盆（02SHMT35H106：10）。泥质红陶，大口折沿，圆唇，上腹圆鼓，下腹曲折斜收，小平底。口径27厘米，底径9厘米，高17.8厘米。绘黑彩，口沿唇部绘一周窄带纹，上腹部绘平年、闰年历法图式一周。(图7)这个图式分为前后两组。前一组图案包含有岁差、大月、小月、平年和中气月的图记内涵，尾部的叶形开光内有一条中线，应是平年每月都含有"中气"的图示，这是平年历法的特点。后一组图案包含有闰月、大月、小月、闰年和无中气月的图记内涵，应是闰年历法的彩陶特点。其中，闰年是平年图形缺少了一个圆点（秋分点），表示闰年与平年相异；

其尾部的叶形开光是空白的，是闰年出现无"中气"月份的图示；闰月图形上面则多加了一个圆点用以特别提示，而这个圆点是向闰年图形借来的。后一组图案是讲述产生闰年的历法条件，即历法岁差足够一个月，历年内出现无中气的月份，无中气月则设置为闰月。

曲腹盆（02SHMT21⑧：33）。泥质黄陶，折沿方圆唇，上腹微鼓，下腹曲折斜收，小平底。口径27厘米，底径9厘米，高17.8厘米，整器略残。绘黑彩，口沿唇部绘一周窄带纹，上腹部绘平年、闰年历法图式一周。(图8)闰月为两个覆月，中间加一圆点表示关联，并以侧月和弧三角的闰月符号进行复指。这个历法图式的重要性在于，闰月是两个月，并以闰月符号对闰月进行特别标注。参照图7，前一个月应为中气月的"某月"，后面则为无中气月的"闰某月"，指明了闰月在彩陶历法的排序问题。

古人以易理思辨世界万物，认为事物具有变化、联系、互动和周期的属性，历法亦然。通过长期的天象测验、历算和历法研究，中华古人使用"闰月"之制智慧地解决了"岁差"问题，使阴阳合历这部人类文化瑰宝得以传承至今，为世界天文历法发展做出了卓越贡献。现在的农历也有闰月，一般年份称为"平年"，设置闰月的年

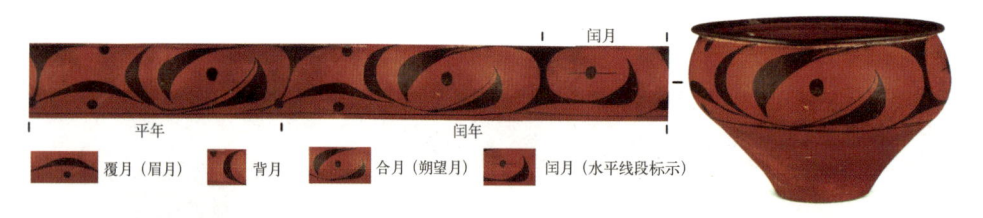

图6 平年、闰年图式彩陶盆（山西吕梁市方山县采集，采自《彩陶中华：中国五千年前的融合与统一》）与彩陶图案解析

图7 平年、闰年图式彩陶盆（02SHMT35H106：10）与彩陶图案解析

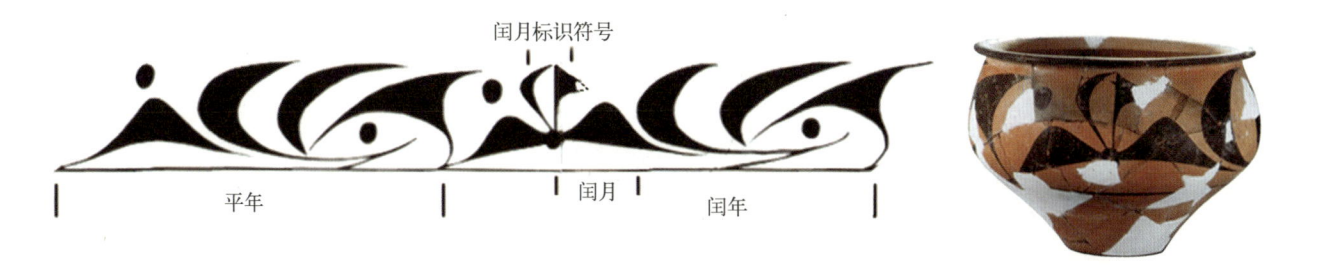

图8 平年、闰年图式彩陶盆（02SHMT21⑧：33）与彩陶图案解析

份为"闰年"，这是彩陶历法历制的传承和发展。彩陶历法是阴历年拟合黄道年周期，运用闰月制度，从而构建了以太阳、月亮、日（白天、黑夜）、时辰为主体，参考气候、物候现象形成天、地、人为时空的历法系统，这在世界天文历法史上可谓空前壮举。

三、三年一闰

《尚书·尧典》"期三百有六旬有六日，以闰月定四时成岁"[3]，这是最早记载"闰月"的历史文献。古代是按照太阳视运动的黄道周期确定的历年，"月"是根据朔望月周期划分的，积月为"岁"是阴历年。历年与岁二者有时差，需要用"闰月定四时成岁"，所以《尧历》属于阴阳合历。古代历法的闰月制度源远流长，早在新石器时代仰韶时期就有彩陶文本的文献记载，特别是"三年一闰"的彩陶表述尤为详明。

三年一闰的彩陶标本，在陕西泉护村遗址，河南庙底沟遗址、双槐树遗址都有出土，为研究彩陶历法提供了可靠的实物依据。在研究过程中，我们发现可爱的"泉护村人"，还在彩陶瓮（泉护村遗址 H107 ③ a：82）"闰月"图符上作了红圈黑点的特殊标记，这为我们破译彩陶历法秘密提供了绝佳的灵感和启示，解决了长期困扰学术界彩陶历法闰月制的难题，这个重大突破将中国农历的形成时间上溯到距今6000年以前。

泉护村遗址彩陶瓮（H107 ③ a：82）[4]。泥质红陶，敛口，圆广肩，下腹内曲，底略凹。口径25厘米，底径10.4厘米，高16.1厘米。口部沿面及沿内饰一周黑彩窄带纹。上腹部白色陶衣上饰黑彩和红彩，图案由三组单元图形构成。单元图以两条红色斜线作为单元分隔，前后两个黑彩弧边三角构成大的四季历法图式。其中，包含大月、小月图形两组和大月、小月、闰月图一组，指代两个平年的"岁"和一个闰年的"岁"。特别是在闰年"岁"的闰月上，用毛笔在其左下方反捺了长点，还嫌主题不明，又用红笔画出一个"C"形圈加以提示，进一步点明它的"闰月"性质。（图9）这个独特的标点符号，凸显了彩陶历法的主题效果，增加了彩陶画面的趣味。

合月纹是朔望月的月相，弦月是朔望月左部分的减省，据图像而言就有多少、大小、主次的阴阳内涵。大月、小月的历法内涵可能是创作合月纹、弦月纹图形并联的思想初衷，但从整个图案看，是用这个并联图像表述阴历年月相，从本义延伸为阴历年。延伸义项在中国文化里面并不鲜见，比如汉字里面就有很多。那么阴历年十二个朔望月（29.53日）即为354.36日，取整为354日。我国传统历法采用历年为365.24日，这是闰月制度必须参考的基数。除了历年常数，还有一个闰余（闰月整取之后的余数），在彩陶图形中难得一见，也算是个隐数。阅读彩陶要有彩陶图形之外的功夫，这些常数、隐数应了然于心，否则很难读懂彩陶文化这部"天书"。历年比阴历年多了10.88日的岁差，两年则有21.76日，三年就有32.64日，可折合一个朔望月成为闰月（30日），合闰年十二月计384日，闰余进入次年历法。多一个合月纹的单元图，符合中国农历闰月、闰年的历法现象。世界上只有中国农历采用闰月制，闰月是中国特色历法的标记，由此可见中国农历形成历史之久远。

依据泉护村彩陶瓮图形可归纳出的历法内容为：

图像元素：朔望月29.53日，阴历年354.36日，闰月提示符，次序，循环；

隐形元素：历年365.24日，日12时（时辰），闰余（2.64）；

平年：大月30日、小月29日相间，十二月，354日；

闰年：大月30日、小月29日相间，三年一闰月（30日），十二月，384日；

闰制：阴历年拟合历年，三年一闰，闰余归入次年；

象数：三个阴历年（二个平年、一个闰年）加闰余等于三个历年，

即（354.36×2）+（354.36+30）+2.64 = 365.24×3

下面我们介绍一件庙底沟遗址出土的彩陶盆，也是"三年一闰"的图形内涵。

庙底沟遗址彩陶曲腹盆（02SHMT38H408：44）[5]。泥质红陶，下腹斜收，小平底。口径32.5厘米，底径11.5厘米，高20.6厘米。唇部外侧绘黑彩窄带纹，上腹部绘黑彩三组月相图形一周，单元图以对顶三角形交午以示连续和分隔。其中，两组单元图相同，均为合月纹；另外一组为合月纹和并立的弦月。（图10）

这件庙底沟彩陶盆图案与泉护村遗址彩陶瓮比较，显然简单了一些，但却表述了三年闰月制度的历法主题。两组单元图形的合月纹为平年月相，指代彩陶历法的两个平年；合月纹与并立的弦月组成闰年的月相，并立弦月的图形（不是合月纹，应是特别强调的标示）显然表示多出一个月。合月纹本义是一个朔望月月时，由此延伸出平年的12个朔望月（即阴历年）的义项。可见图形的本义和延伸义项是彩陶表述常用的手法。每

图9 彩陶瓮（泉护村遗址 H107③a:82，采自《彩陶中华：中国五千年前的融合与统一》）闰月图形展示

图10 彩陶曲腹盆（庙底沟遗址 02SHMT38H408:44，采自《华夏之花：庙底沟彩陶选粹》）展示图

个朔望月时长29.53日，那么合月纹代表一个平年则是：29.53×12＝354.36日。曲腹盆整个图案的象数形式是：合月纹（平年）+合月纹（平年）+合月纹（平年）又朔望月（闰月）+闰余＝三个历年，即（29.53×12）+（29.53×12）+（29.53×12＋30）+2.64，这个时长正好与三个历年（365.24×3＝1095.72日）相合。"三年一闰"法则在现行农历中仍然沿用，可见这种闰月制度不仅科学还很实用，是经过历史岁月检验的历法精华。

泉护村遗址彩陶瓮（H118⑥:9）[6]。泥质黄褐陶，敛口圆唇，沿内有一周凹槽，颈部略外弧，鼓腹，口径21厘米，高20.6厘米。沿面饰一周黑彩，肩腹部绘一周黑彩纹饰带，三组图形以交午形纹分隔，下部绘粗线段一周为界。（图11-1，图11-2）纹饰带三块露地椭圆形开光，其内绘黑彩椭圆形与内置对立弧边三角形的四季图式，椭圆与弧边三角相交的上下两处各施加一圆点，以标识节点"二分"（即春分、秋分，另外三角顶点所示为"二至"即冬至、夏至），其中一个单元图的四季图式内又横置一组以线贯心的小型四季图式。（图11-3，图11-4）"分、至者，中也"，古人制历"时（季）中必在正数之月"[7]。这幅彩陶在强调了"二分"的同时，闰月的小型四季图式特意加了一条横线且与"二至"方向一致，表明彩陶历法在朔望月制的前提下，还要以冬至、夏至为基准保持历年的四季范式。小型四季图式内的一横细线，具有"中"的意涵，可以视为"中"。结合下王岗遗址彩陶钵，这个图案虽侧重对季节的校验，但和上面介绍的"闰月"图式不仅历理相通，而且象数内涵一致，应是一幅"三年一闰"的彩陶象数形式。（图11-5）。

巩义双槐树遗址2016年出土一件彩陶罐（T4608H330:1）[8]，泥质红陶，口径23厘米，

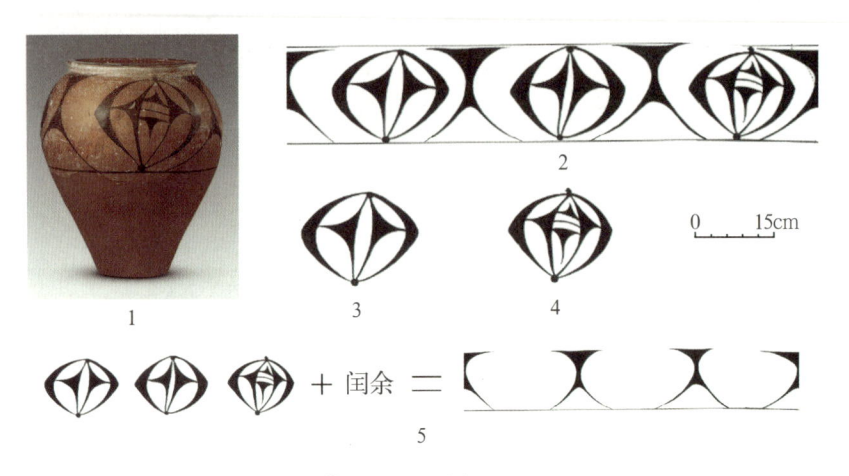

图11 彩陶瓮（泉护村遗址 H118⑥:9）闰月图式解析
1.彩陶罐（泉护村遗址 H118⑥:9）；2.图案展示；3.单元图（四季图式、平年）；4.单元图（四季图式、闰年）；5.闰月图案的象数解析（采自《华县泉护村》）

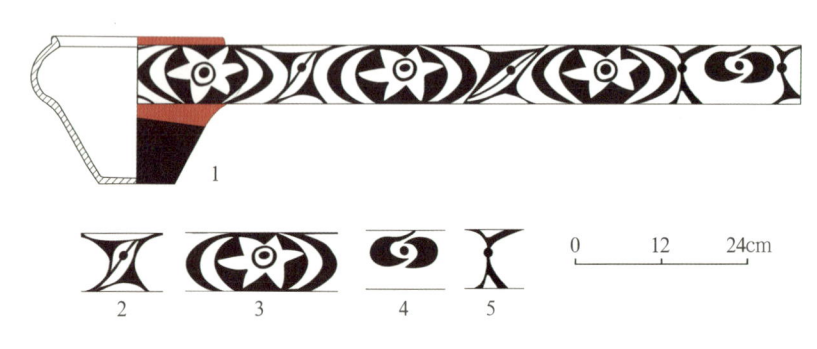

图12 彩陶罐（双槐树遗址 T4608H330:1）图案展示与分解

平年　　　　平年　　　　闰年（平年+闰月）
354.36日　　354.36日　　354.36日　　30日+3.11日 = 3×365.24日

图13 彩陶罐（双槐树遗址 T4608H330:1）象数解析

底径10厘米，高20.5厘米。鼓肩部位绘白地黑彩纹饰一周，由三组六角星纹、一组合月纹，分别以两组交午点纹、叶片中字纹为间隔。（图12-1）下面我们对这组图案作一个分解，就会领略其中内涵。六角星纹则是一个小单元图形（图12-3），居中的圆圈、圆点为太阳，六角形则为

其光芒，这光芒与黑色背景啮合，则寓意阴阳抱合一体，其外包以阴形的对月，是一个复杂的日月天相组合。因为太阳、地球运转的原因就有了冷热、气候的变化，应是历法理念"五日谓之候，三候谓之气，六气谓之时（季），四时谓之岁"[9]的气候反映。六角星纹就有了表示阴历年内涵。合月纹就象数而言则表示朔望月（平均29.53日），具体到此图则是代表闰月。（图12-4）交午点纹则是气候时序连续、交替之意。（图12-5）叶片"中字纹"应是四季图式的变体，在图中的位置是以四季交替的形式连接六角星纹，是辅助性的，与六角星纹相呼应。但叶片"中字纹"是个内核，这应是测量太阳影长仪器"中"的标识，是权威、品牌的标志。（图12-2）审视整幅图案，三个六角星和合月纹是主题，这与前面介绍的闰月图案的义理相同，也应该是一幅"三年一闰"的历法图记（图13），其中的历法元素更加丰富多彩。通过分解，双槐树彩陶罐图案概括了月时、气候、四季、闰月等历法制度，应是一幅纯正中国特色的阴阳合历，即农历。应该说，这是中国历法比较完美的实物见证。

四、十九年七闰

中华古代天文历法家按照历制闰法，经过测验和推算发现，十九年加七个闰月就能很好把黄道年和阴历年协调一致，形成一个"（冬）至朔（朔望月）同日"的闰年周期，称为"闰周"。现在农历就是采用"十九年七闰"的古法，在彩陶实物中也有这样的图记内容发现。

杨官寨遗址的彩陶壶（M64:1）[10]，泥质橙黄陶，敞口方唇，高颈扁鼓腹，底微凹。口径9厘米，底径11厘米，高13厘米。腹部绘黑彩纹带一周，五组漏地开光内分别绘立式对反三角的四季图纹，两侧三角与开光交合处加圆点指示二至（冬至、夏至），每组以交午纹为分隔。（图14-1）其中四组开光内的16枚漏地叶纹均以细线贯中，另1组开光内的3枚漏地叶纹细线贯中、一枚漏地白叶，而四季图纹的对反三角间补以"｜"纹。线纹移位变作"｜"纹，使整幅图案盎然生趣。

杨官寨彩陶壶（M64:1）图式以往出土较多，一般叫作"花瓣纹"，现在看这是错误的，应该加以纠正。参考本文泉护村遗址彩陶瓮（H118⑥:9）、双槐树遗址彩陶罐（T4608H330:1）的图形，它应是彩陶历法的四季图式。但杨官寨这个图形除了表述四季历法之外，还告诉人们一个历法道理，即"十九年七闰"的闰年周期。五组开光的四季图形，形成20个漏地叶纹循环模式，其中19个叶纹有"中"线贯通，一个空白叶纹，这个"中"线却画在留白的隔断内，表示下一个历法周期开始。（图14-3）"｜"纹乃中华古人用以立杆测量日影的木杆，称为"中"，古尚天道，认为是通天圣物。历法以闰月制度十九年闰尽，以白叶、"｜"纹加以

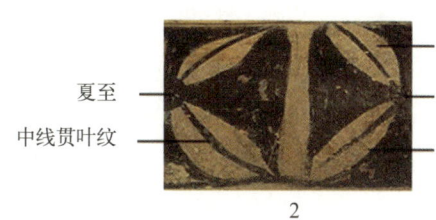

图14 彩陶壶（杨官寨遗址 M64:1）图案展示与解析
1.彩陶壶（杨官寨遗址 M64:1）；2.四季单元图式；3.图案展示与单元图内涵解析

指示，说明"至朔同日"，天道复始。这应是"十九年七闰"法则的彩陶记载。象数形式为：十九个阴历年加七个闰月（朔望月），即 354.36×19 + 29.53×7 = 6939.55 日，这和十九个黄道年（365.24×19 = 6939.56 日）仅有 0.01 日的微差。历数计时皆为取整，这个微差是可以忽略的。

考古发现的彩陶历法实物，可以确认早在 5500 年前中华天文历法学者已创立精密成熟的闰月制度，并进行三年一闰、十九年七闰的历法实践。前后《汉书·律历志》称十九年七闰的周期为"章"，十九年闰法为章法，这是我国自古以来传统的历法制度。据有关资料记载，公元前 5 世纪左右的雅典人梅屯设置了十九年七闰，而我国完备具体、传承有序、记载详明的十九年七闰的彩陶记载要比梅屯早了至少 3000 年。究其原因，可能还是我国学者低估了对彩陶文化的认识，不知道彩陶历法，多侧重研究美术艺术史而误入歧途。

五、相关问题讨论

（一）关于象数的数据说明。本文历数用整数，历法数（历算）采用小数点后两位。主要有这样的考虑：许多彩陶图案都有"中"纹的不同表述，"中"是古代测日影、定方位、候风向的多功能天文仪器，应用立杆测影获得高精度天文数据并不是太难，此其一；除了大量的测验工作，还有月相、二至二分和四立、黄道及黄赤夹角的彩陶记载，这都是长期天文学研究的知识积淀，是制定天文历法的基础，种种迹象表明彩陶历法已颇成熟，此其二；秦汉时期记载的许多天文历法元素，在彩陶历法体系中都得到印证，因此我们对中华先人的天文历法成就还有很大的认识空间，过高或过低估价都不妥当，此其三。《道德经》"执古之道，以御今之有，能知古始，是谓道纪"[11]。这些数据在实际运用中，十分合乎彩陶历法的历理规范，长时段"十九年七闰"只有 0.01 日的闰余，精度之高，让人惊叹。因此，说明这个数据对彩陶历法是适合的，也印证了彩陶历法的始源性质。

（二）彩陶历法是中华历法的祖源。彩陶历法是现存最早的历法图文实物，奠定了中华历法制度的基础。彩陶历法的阴阳法则、闰月制、十二月制、大小月制、节气制、等分制等在中国农历上得到充分的传承和发展。《汉书·律历志》记载，西汉颁行《太初历》前，有黄帝历、颛顼历、夏历、殷历、周历、鲁历等六个版本的阴阳合历约略可考，但因年久舛误皆不可用。据考订《黄帝历》以黄帝登基为元年（公元前 2698 年），如果情况不错，那么彩陶历法是《黄帝历》之前、未见文献记载的更古老历法。

（三）彩陶历法与农历的闰月、月历排列问题。我国现行的紫金本农历，平年 12 个月，闰年是历年（以冬至为周期）出现 13 个月，无中气月设置为闰月，通常十九年七闰。闰年虽实有 13 个月，因为闰月但仍行 12 月之制。月历虽有大月、小月之分，为了拟合朔望月和节气，一般排序以正月、三月、五月、七月、八月、十月、腊月为大月（30 日），其余为小月（29 日）。彩陶历法的月历可能为大小月相间，闰月的位置也是明确的。农历一般将闰年的"无中气"月份设置为闰月，应是一种双月的特殊历制。庙底沟遗址曲腹盆（02SHMT35H106：10）有"白叶闰年"的记载，杨官寨彩陶壶（M64：1）也有"白叶闰尽"的图记，

"白叶无中线"应是特别提示无中气闰年闰月的现象，这与现行农历是一样的。

（四）彩陶历法的阴阳合历属性，具有广泛的实用性，是高层次社会意识形态和大格局文明社会架构的产物，展现了中华文明博大深厚的共同体意识。中华先人崇尚天道（古易），远古时期就科学地认知了太阳、月亮等天体运行规律，制定并尊奉天文历法以规范生产生活，在今黄河中下游交界和嵩山区域形成了旷古未有的中华"大同"盛世。[12] 彩陶能够迅速传播大半个中国并曾影响及中亚、东欧的异域他乡，应与记载的历法知识有关。

（五）彩陶历法体现古易思想内涵，是中华元典文化的瑰宝，彩陶研究任重道远，文以载道，道以致用。彩陶记事、述功、明理、阐道的图文形式，是中华思想文明的载体，成为催化中华文明起源发展的机制和动力，揭示了中华文明起源和发展连续不断的思想密码。彩陶历法除历法意义还有重要的思想文化价值，深刻影响了仰韶时期的社会发展，成为点燃中华文明起源的星火。"中华""中国"是远古文明社会的典范，源于遵行天道，历法图治，志于社会大同。中原区域内，如郑州大河村、荥阳青台、三门峡庙底沟等代表性遗址，没有或极少随葬品的土坑墓葬形制，可能反映了"天道平等""大公无私"的德治理念，生成了中原社会薄葬简祀、崇德重礼的新型社会风尚。司马迁《史记》开篇"五帝本纪"，已是古易、历法、农业、城建、饲养、纺织等十分成熟的社会，也有了较大战争规模，文化影响遍及黄河、长江流域，与彩陶文化相似但尚有许多区别。文献记载的"大同"盛世可能是真实事件，这和彩陶文化及其社会背景的契合程度极高，但黄帝文化可能是彩陶文化的继承发展。

（六）彩陶图文遵循基本的图记规制，一些单元图形约定俗成，属于早期文字的"文"化阶段。[13] 彩陶图案一般为：主题→象→理（道）→数，有的彩陶还在口沿或其他部位作彩陶序题，提示义理原则。从彩陶历法和闰月制度看，符合一般的象数表述，揭示了闰月制度的科学内涵。彩陶文化背景下，郑州西山遗址的版筑夯土城墙，[14] 荥阳青台遗址的纺织丝绸，[15] 郑州大河村遗址（第四期）、[16] 后庄王遗址的禾苗纹陶碗，[17] 汝州洪山庙遗址的"手耒"字纹陶缸，[18] 伊川水寨遗址的"中"纹陶豆，[19] 展示了原初"中国"的内核力量，由"文"而文化、由"文"而文字、由"文"而文明，中华文明步入了"华夏"模式的发展之路。（图15）

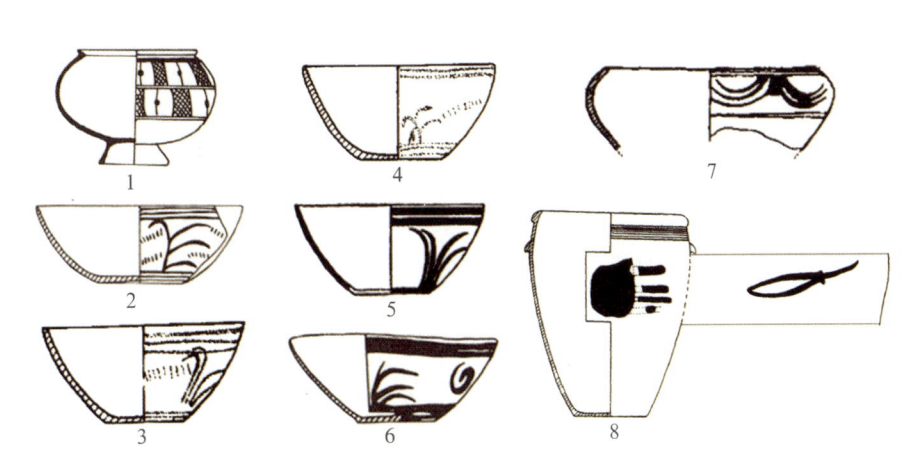

图15 郑洛地区禾苗纹、"中"纹、"手耒"纹彩陶
1."中"纹陶豆（伊川水寨遗址）；2-5，6.禾苗纹陶碗（郑州大河村遗址第四期、后庄王遗址）；7.禾苗纹陶钵（郑州大河村遗址第四期）；8."手耒"字纹陶缸（汝州洪山庙遗址 W104:1）

六、结语

"三年一闰"和"十九年七闰"的闰月制度，说明彩陶历法是目前最早的集天文科学观察、历法学研究、精确历算等于一体的天文历法成果。从"三年一闰"到"十九年七闰"，反映了彩陶历法逐步科学、日臻成熟的过程。

彩陶历法是彩陶文化的重要组成部分，开一代中华历法之源，也是世界天文历法史上的重要篇章。彩陶历法创立的一套历法规制，成为后世中华历法体系所遵循的基本范式，我国现行的紫金本农历的许多历法元素就是彩陶历法规制的继承和发展。

---

[1] 西安半坡村博物馆. 姜寨——新石器时代遗址发掘报告[M]. 北京：文物出版社，1988.

[2] 河南省文物研究所等. 淅川下王岗[M]. 北京：文物出版社，1989.

[3] 慕平译注. 尚书·尧典[M]. 北京：中华书局，2009.

[4] 陕西省考古研究院，渭南市文物旅游局等. 华县泉护村[M]. 北京：文物出版社，2004.

[5] 河南省文物考古研究院. 华夏之花：庙底沟彩陶选粹[M]. 上海：上海古籍出版社，2013.

[6] 陕西省考古研究院，渭南市文物旅游局等. 华县泉护村[M]. 北京：文物出版社，2004.

[7] 班固. 汉书·律历志上[M]//二十五史. 上海：上海古籍出版社，上海书店影印，1988.

[8] 双槐树彩陶罐图[J]. 黄河·黄土·黄种人（华夏文明），2019（16）.

[9] 啟玄子，王冰注. 黄帝内经·素问·六节藏象论[M]//二十二子. 上海：上海古籍出版社，1986.

[10] 王炜林. 彩陶中华：中国五千年前的融合与统一[M]. 西安：陕西师范大学出版社总社，2020.

[11] 李耳. 道德经[M]//二十二子. 上海：上海古籍出版社，1986.

[12] 陈戍国点校. 周礼·仪礼·礼记[M]. 长沙：岳麓书社，1989.

[13] 许慎《说文解字·序》将中国文字的发展分为"文"和"字"两个大的阶段。

[14] 国家文物局考古领队培训班. 郑州西山仰韶时代城址的发掘[J]. 文物，1999（7）.

[15] 张松林. 荥阳青台遗址出土纺织物的报告[J]. 中原文物，1999（3）；张松林，高汉玉. 荥阳青台遗址出土丝麻织品观察与研究[J]中原文物，1999（3）.

[16] 郑州市文物考古研究所. 郑州大河村[M]. 北京：科学出版社，2001.

[17] 河南省文物研究所. 郑州后庄王遗址的发掘[J]. 华夏考古，1988（1）.

[18] 河南省文物考古研究所. 汝州洪山庙[M]. 郑州：中州古籍出版社，1995；索全星，刘文科. 华夏文明起源的考古学观察[M]. 北京：科学出版社，2020.

[19] 洛阳市第二文物工作队，伊川县文化馆. 伊川土门、水寨新石器时代遗址调查简报[J]. 中原文物，1987（3）.

嵩山地区陶瓷的起源与发展*

李景洲　王嫪彩　李肖睿
登封窑博物馆

摘要：嵩山地处中原腹地，历史悠久，是华夏文明的发祥地之一；这里还是具有二千年的京畿之地，从夏代到北宋几乎一直是政治中心。繁荣的文化为陶瓷发展创造了有利的条件，促使嵩山地区不断提高工艺水平；可以说，适宜的自然条件、特殊的地质因素、优越的区位优势、浓厚的文化氛围为陶瓷的发展创造了良好的社会条件，造就了嵩山地区发达的陶瓷业。自商周至唐宋，嵩山地区一直是中国陶瓷生产中心，为宋元北方瓷业的繁荣奠定了基础。

关键词：嵩山地区；陶瓷；起源；发展

嵩山地区有36亿年的地质历史，曾经历过三次大起大落、海侵海退的地壳构造运动。多次的火山和地壳运动，地表蚀变形成大量的火成岩、沉积岩和断层，成就了嵩山地区丰富的岩矿资源。在其后数千万年的漫长岁月里，周围的长石类矿物发生变质，从而形成大量优质的次生黏土，富含熔剂的高岭土，为陶瓷生产提供了得天独厚的条件。可以说，嵩山地区悠久的地质史孕育了大量的优质石英、长石等瓷器生产原料和大量的优质次生黏土，丰富的制瓷原材料以及丰富的煤炭资源，为嵩山地区的陶瓷发展提供了必要的条件。

一、旧石器时期至新石器时期：陶器的出现和发展

随着原始人类掌握了火的使用方法，通过不断的摸索尝试，出现了最早的陶器。陶器的大发展是在新石器时代，1975年，嵩山地区发现了最早的裴李岗文化遗址，出土有大量的陶器，尤其是新郑裴李岗遗址还出土了完整的红陶双耳壶。该壶高18厘米，口径5.5厘米，呈球形，直口，短颈，肩部有对称的月牙形双耳，耳部有圆形穿孔，质地为泥质红陶，呈橙红色。该壶系手工捏

---

*本文系郑州中华之源与嵩山文明研究会资助课题（课题编号：Y2020-6）的阶段性成果。

制而成，烧制的温度较低，陶质疏松，是裴李岗文化的典型器物。（图1）据碳14测定，其年代约为公元前6500—前4900年。另外，嵩山地区还出现了迄今为止最早的窑炉。[1]

到了新石器晚期，嵩山地区的制陶技术已经发展到很高的水平，陶器的种类逐渐增多，从泥质和夹砂红陶发展到彩陶（图2，图3）、灰陶、黑陶和白陶。嵩山周围地区的仰韶文化遗址星罗棋布，有近300处之多。彩陶是仰韶文化最具代表性的陶器，河南渑池仰韶村发现的彩陶，制陶工艺相当成熟，器物规整精美，彩绘细腻，内容丰富。汝州阎村出土的彩陶缸，高47厘米，口径32.7厘米，底径19.5厘米，上绘有"鹳鱼石斧图"，是仰韶文化的典型代表。（图4）经碳14测定，距今已有6000年左右的历史。[2]

河南龙山文化距今约4000年，分布在以嵩山为中心的周围地区。这时候社会生产力提高，制陶技术有了很大改进，陶轮的使用已较普遍，后期部分陶器已采用模制成型，并有明显的时代风貌。嵩山地区的龙山文化陶器，以砂质灰陶和泥质黑灰陶的数量最多，黑陶、棕陶与红陶次之，并有一些白陶。如河南荥阳点军台遗址出土的龙山文化时期的红陶鬶，高19.5厘米，口径8.7厘米。（图5）早期陶器的烧成温度约为840℃，后

图1 红陶双耳壶（郑州博物馆藏）

图2 彩陶标本（登封窑博物馆藏）

图3 白衣彩陶钵（郑州博物馆藏）

图4 《鹳鱼石斧图》彩陶缸（国家博物馆藏）

图5 红陶鬶（郑州博物馆藏）

期达到平均1000℃，烧成温度较高，有些白陶击之可以发出类似瓷器的金石声。

由此可见，新石器时代的制陶术从选择原料，到成型、装饰、烧成等各个工序，通过不断地改进技术，陶器的质量不断提高。如果把黄河、长江流域新石器时代文化进行对比，就会发现，黄河中游的嵩山地区彩陶文化发展不但远远早于长江流域，也比长江流域丰富，而且发展更为充分，红陶、彩陶、灰陶、黑陶、白陶的出现，表明烧陶技术不断进步。（表1）

表1：黄河、长江流域新石器时代文化年代表和彩陶发展状况[3]

时代\分区	黄河上游	黄河中游	长江中游	黄河下游	长江下游	公元前
青铜时代	四坝文化○	商	商	商	商	1000年 2000年
	齐家文化○	龙山文化	龙山文化	良渚文化+		3000年
新石器时代	马家窑文化●	龙山文化+	屈家岭文化○	大汶口文化○	马家浜文化+	4000年
		仰韶文化●	大溪文化○	青莲岗文化+	河姆渡文化+	5000年
		大地湾文化+	裴李岗文化+	磁山文化+		6000年

● 彩陶丰富　　○ 彩陶少量　　+ 个别的彩陶

二、新石器末期至夏商周秦汉：由陶向瓷的过渡

瓷器是在陶器基础上产生的，由陶到瓷的过程，需要解决胎质致密、烧成温度和釉三个问题。嵩山地区的工匠经过长期的实践，在原料的选择和精制、炉窑的改进、烧成温度的提高、釉的发现和使用等方面，实现了工艺技术的重大突破。嵩山地区这一过程经历了三个阶段——白陶、原始瓷器、釉陶，分别解决了瓷土原料、烧制温度和釉的问题。

（一）新石器时代末期至夏商：白陶

彩陶是用黏土制作的器物，质地疏松，还会渗水，但白陶以白色黏土或高岭土作胎，因其胎料所含氧化铁仅在1.6%左右，比一般黏土低了许多，所以烧制后呈白色，称为白陶。白陶盛行于龙山文化时期和夏商文化遗址中。嵩山地区已成功烧制出白陶，如在龙山文化时期的王城岗遗址和登封君召南洼遗址都发现了白陶，二里头遗址中发现有白陶斝与白陶盉，足以说明这里就是中国陶瓷之鼻祖。商代早中期，白陶发现较少，商代晚期是白陶高度发展时期，尤其以安阳殷墟遗址出土数量最多，大多出于殷墟大中型墓葬。西周时期，由于印纹硬陶和原始瓷的普遍使用，白陶即告衰落。

白陶是制陶工艺的新成就，是由陶到瓷的过渡。白陶采用含铁量低的瓷土或高岭土（俗称"坩子土"）制作，烧成温度达1000℃以上，强度、耐火性、吸水率与陶器相比，有了质的飞跃。白陶一般是作为礼器使用，白陶对原料的淘洗要求极高，如2004—2006年登封君召南洼遗址出土的白陶鬶（图6），胎质洁白细腻，质地坚硬，纹饰精美，制作相当规整、精致。[4]

（二）夏商时期：原始瓷器

夏商时期，陶器开始有釉，釉的出现改善了陶器渗水、易污的缺陷，于是原始瓷出现了。可以说，原始瓷的发明与创烧，实现了从陶到瓷质的飞跃，在中国乃至世界瓷器发展史上具有划时代的意义。

在距今约4000年的河南洛阳偃师市二里头夏代中晚期都城遗址中，出土了中国最早的原始青

图6　白陶鬶（登封君召南洼遗址出土）

图7　原始瓷盉（中国社会科学院考古所藏）

瓷器标本——原始瓷盉（图7）。盉形器薄胎，胎骨为青灰色，器表涂有一层薄薄的青褐釉，质地致密，硬度较大，吸水性弱，已明显具有瓷器的基本特征。[5] 它的出现，标志着嵩山地区是我国乃至世界上最早生产瓷器的地区，反映了我国陶瓷发展史进入了新阶段，开创了新时代。

商代的原始瓷用瓷土作坯，外施薄釉，并在较高的温度下烧成，已具备了瓷器的特点。不过，原始瓷制坯的原料未经处理，胎质较粗，釉层厚薄不均，胎釉结合较差，容易脱釉。商代的偃师商城遗址、郑州商城遗址、郑州二里岗、郑州小双桥遗址中，都发现了大量商代的原始瓷。如郑州铭功路西和人民公园遗址各出土1件折肩深腹原始瓷尊[6]（图8），南顺城街一窖藏出土3件完整的原始瓷尊。[7] 商代原始瓷大量出现，而且绝大部分发现于郑州、安阳、洛阳等商代都城遗址

图8　原始瓷尊（郑州博物馆藏）

与奴隶主的墓葬中。

综上所述，夏商周时期的原始瓷是陶器发展到一定阶段自然产生的，是在选料和制陶技术进步的基础上发展起来的，是制陶技术的重大进步。作为陶器向瓷器过渡时期的产物，原始瓷虽然与

成熟的瓷器相比，烧成温度偏低，胎体没有完全烧结，吸水率和显气孔率都比较高，釉层薄而且容易剥落，制作工艺比较原始，但与之前的陶器相比已经有着本质的区别。

（三）汉代的低温铅釉陶

两汉是我国陶器制造发达的时代，这时各地已设置制陶工场，大量生产陶器。尤其是釉陶，已发展到很高的水平。汉代的烧陶工艺吸取了原始瓷器器表着釉的经验，又创烧了低温铅釉陶，主要以CuO作为着色剂，成分以PbO、SiO_2为主，用来作为葬丧的明器。釉陶也起源于环嵩山地区，两汉时期，以洛阳为中心的广大地区都烧制低温釉陶器。釉陶上的灰青釉是一种高钙石灰釉，CaO的含量在20%。随着使用原料的选择和精制、烧成温度的提高，又使用了石灰釉。汉代末期的釉陶已向胎质更致密、釉层更光亮、透明而均匀、胎釉结合更好的瓷器过渡。汉代的釉陶与历代各窑烧造的青瓷，在化学组成上和胎、釉外貌特征上有着许多共同之处，为后来瓷器的出现与发展奠定了基础。

三、魏晋南北朝至隋唐时期：白瓷的创烧和成熟

北方瓷器大致是从北魏晚期至隋统一前的近百年中发展起来的，虽晚于南方数百年，但通过改进生产技术，迅速提高工艺水平，后来居上。北朝晚期，河南巩县（今巩义市）北魏白河窑和安阳北齐相州窑，同时在青瓷的基础上相继烧造出白瓷，为中国南青北白瓷器烧造局面的形成奠定了基础，对以后中国瓷器烧造有着深远的影响。

（一）魏晋南北朝时期：青瓷的完善，白胎白瓷的创烧

东汉末年以来，历时400年的分裂割据，中原地区陶瓷生产基本陷入停滞。一直到北魏时期，拓跋焘统一北方，孝文帝进行改革，北方经济才逐步得以复苏和发展。与南方相比，北方的青瓷晚了大约300年，北方烧制青瓷的历史虽然较南方晚，但发展迅速。

直到南北朝以前，瓷器都是以青瓷为主，原因就是原料中含铁量过高，这一技术难题直到南北朝的北齐才解决。若想烧成白瓷，关键是降低胎、釉中铁的含量，须使之在1%以下。随着对原料的需求日益提高，胎、釉中铁的含量逐渐减少，经过长期反复实践，白瓷终于诞生。北朝时期，嵩山地区的一大贡献就是出现了白瓷。巩义白河窑在生产青瓷的同时，率先烧制出了我国最早的白瓷（图9），这批北魏白瓷因胎体原料的含铁量较低，故胎色白，胎质细腻，白釉微泛青，釉面光润纯净，颜色白中泛青，普遍存在着积釉和开片现象，显示出过渡期白瓷的典型特征。[8] 河南

图9 白釉碗（河南省文物考古研究院藏）

安阳北齐武平六年（575年）范粹墓出土的白釉瓷器（图10），已经初步具备白瓷的特点，但也保持着一些青瓷的痕迹，说明白瓷是由青瓷发展而来。[9]这批早期白瓷胎料比较精细，没有挂化妆土，釉呈乳白色，釉质光润匀净，显然脱胎于青瓷，但还不够成熟。

综上所述，北方的瓷器不及南方发达，因此早期陶瓷生产不如南方，但北方陶瓷工艺技术提高较快，尤其是北齐末年白瓷创烧成功，堪称是一大创举。[10]北方白瓷相对于青瓷来说，尽管出现较晚，烧造也不普及，但在陶瓷史上具有重大意义，是瓷器史的一大突破，为以后彩瓷的发展奠定了基础。白瓷脱胎于青瓷，而且可与青瓷同窑烧制，这一制瓷技术的重大突破与进步，从根本上改变了东汉以来青瓷一统天下的局面。嵩山地区丰富的高岭土资源、原料的精选以及化妆土的使用，颇为成熟的青瓷烧制技术，为白瓷的诞生提供了技术条件。

（二）隋唐时期：化妆白瓷的完善

白瓷在北朝已经出现，至隋代质量有了显著提高，不仅质地坚硬，且釉面洁白光润，白瓷的烧造真正成熟。河南安阳隋开皇十五年（595年）张盛墓出土了一批略带青釉瓷特征的白瓷。（图11，图12）据化验，胎中铁的含量只有1.12%，烧成温度达到1170±20℃，瓷质细腻，釉层较薄，洁白匀净，胎质较白，是相当成熟的白瓷器。[11]

图11　白釉带柱碗（河南博物院藏）

图10　白釉刻花四系罐（河南博物院藏）

图12　白釉贴花带盖壶（河南博物院藏）

唐代进入了真正的瓷器时代，胎体瓷化程度高，机械强度增加，孔隙度及吸水率降低，釉色晶莹，透光度好。

隋唐时期，由于政权统一，经济繁荣，嵩山地区的制瓷业十分发达，区域扩大，产品增多。唐代普遍使用匣钵装烧，加之装窑工艺的改革，为烧制高档白瓷创造了条件。唐代，嵩山地区成为当时生产白瓷的中心，不仅生产窑口较多，而且质量也高。如河南巩义白河窑、登封窑、密县窑、郏县窑、荥阳窑、鹤壁集窑、安阳窑等，均大量生产白瓷，形成了南青北白的陶瓷生产格局。尤其是当时登封地区的神前窑，[12]生产规模庞大，堪称为"中原民间第一窑"。[13]安廷瑞认为以前庄为核心的古瓷窑群，就是传说中的神前窑。神前窑首先烧制出了化妆白瓷。唐代嵩山地区普遍使用"化妆土"，如巩义小黄冶、铁匠炉村窑、登封曲河窑等。陶与瓷的分野关键在于烧成温度，唐代"半倒焰式窑"显著提高了烧成温度，达到1200℃以上，瓷器的质量大大提高，烧窑时可控制氧化和还原气氛，因此可以把握釉料中元素的呈色。

唐代巩义窑的精细白瓷始烧于初唐，盛唐时颇兴旺，而后渐趋衰微。巩义窑白瓷胎质细腻纯净，施釉薄而均匀，釉色纯白或微微闪青。巩义窑的瓷胎比较细腻，色调有白色和灰白色多种，釉的呈色也有纯白、白中闪青或白中泛黄等多种。精细白瓷碗、盘均用匣钵装烧，因此釉色比较纯净。《元和郡县志》卷五和《新唐书·地理志》曾有河南府在开元年间贡白瓷的记载，陕西西安唐长安城西市遗址和唐大明宫遗址出土的白瓷，确有巩义窑的产品，说明唐代巩义窑曾生产贡瓷。（图13，图14，图15）

嵩山地区的瓷土多是二次黏土，原料中常含有杂质，因此烧出来的白瓷带有杂质黑点和缺陷，坯面也较粗糙，为了覆盖、弥补这些缺陷，常采用施加化妆土的方法。化妆土是用较纯净的瓷土加工而成，洁白细腻，施于坯体表面。化妆白瓷就是采用化妆土装饰的白瓷，因此，嵩山地区的白釉不

图13　白釉双系罐（河南省文物考古研究院藏）

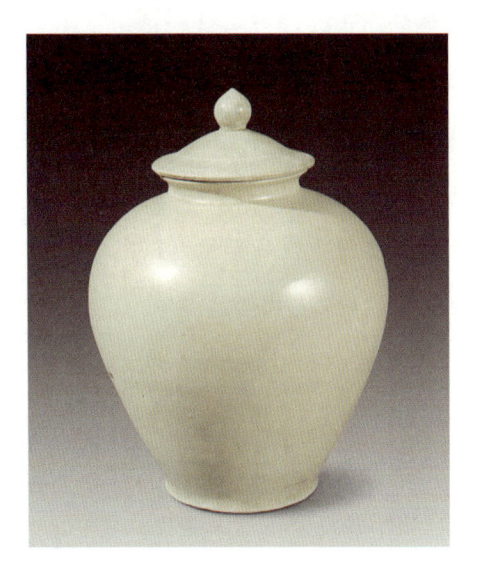

图14　白釉盖罐（河南省文物考古研究院藏）

图15　白釉三足炉（河南省文物考古研究院藏）

图16　灰白斑花瓷罐（登封窑博物馆藏）

是直白，而是釉色偏黄，呈象牙白，更显沉静、自然。嵩山地区本是为了适应北方的瓷土原料特点，弥补原料缺陷而施用化妆土，但工匠反而利用这一特点，创造出了剔、刻、划等丰富多样的装饰效果。秦大树先生将白瓷分为"白胎白瓷"和"化妆白瓷"两大系统，将化妆白瓷作为一个单独类别的存在，肯定了嵩山地区化妆白瓷的独特性。[14]

另外，盛唐时期，唐三彩的烧制风起云涌，主要集中在环嵩山的两京地区，其中以巩义窑烧造绚丽的三彩陶器产品最为出色。唐三彩是一种低温铅釉陶器，胎料多系白色瓷土，采用二次烧成法，即先烧胎，温度在1150℃左右，然后施釉再烧，温度约900℃。这一时期的花瓷和绞胎工艺，都起源于环嵩山地区。尤其是鲁山段店窑生产的花瓷，作为最早的窑变瓷器，深受唐代宫廷喜爱。（图16）曾作为贡瓷，被《羯鼓录》所记载，同时辐射周边地区，于是登封神前窑、郏县黄道窑、内乡大窑店窑和禹州下白峪窑也都有生产花瓷的记载。鲁山花瓷的出现，为钧瓷窑变找到了渊源。绞胎也是唐人的创造，是以白、褐或白、黑两种不同颜色的瓷土先分别制成泥条，然后拧到一起出现的花纹。总之，唐代陶瓷业的成就，如烧造开始使用匣钵，形成南青北白的格局，青瓷质量大大提高，白瓷逐步发展完善，开创釉下彩、花瓷与三彩等新品种，几乎全部在环嵩山地区得以实现。由此可见，嵩山地区的陶瓷业在唐代具有压倒性的优势。

四、五代至北宋时期：青瓷釉色完备，化妆白瓷装饰多种多样

五代，柴窑的创立对北宋陶瓷业的大发展具有极大的促进作用，柴窑也因此成为中国陶瓷史上的一座里程碑。五代时期，嵩山地区出现了中国最早的官窑柴窑，是以五代时后周皇帝周世宗柴荣命名的窑口，是历史上著名的御窑。柴窑由于烧造时间短，生产瓷器很少，产量有限，很难获得，故有"片柴值千金"之说。

宋代300多年的历史，是我国陶瓷业发展最为鼎盛的时期。北宋结束了五代十国的分裂局面，

由于社会安定，经济发达，文化昌盛，迎来了陶瓷艺术的黄金时期。两宋时期，陶瓷烧造工艺达到顶峰，生产规模、制作技术、艺术水平达到空前的程度。北宋时，北方陶瓷后来居上，中原陶瓷文化达到了鼎盛，以嵩山地区的河南禹州、汝州地区为中心，呈放射状向四周辐射，波及全省乃至河北、陕西等邻省，成为著名的陶瓷制作业中心。各种名瓷窑场汇集中原，瓷艺交流，相互竞争。两宋陶瓷品类丰富，成就辉煌，这集中体现在名窑的创造中。北宋时期，出现了汝、钧、官、哥、定五大名窑，其中有三个窑口位于环嵩山地区：汝窑、钧窑和北宋官窑，先后为皇家垄断或指定烧制御用瓷器。除官窑外，宋代民窑也得到充分发展。宋代瓷器质量的提高与窑炉、烧成技术的改善有密切关系。北方馒头窑已经用煤作为燃料，在装烧工艺方面发明了覆烧工艺，采用支钉装烧的方法。从唐代瓷器的雍容浑厚，发展到五代瓷器的优美秀致，不仅是审美趣味的变化，更是工艺技术进步的表现。

东汉一直到唐五代时期，南北方青瓷使用的都是高钙石灰釉，由于石灰釉利用氧化钙作助溶剂，透明度强，在1200℃高温下，釉的流动性很大，又由于施釉较薄，黏度很差，因而烧成后极易产生流釉现象，常呈流珠状。宋代已不用过去传统的石灰釉，而改用石灰—碱釉，釉中钙含量较以前大为降低，而钾、钠含量显著提高，达到4.8%—7.6%。石灰—碱釉的主要特征是高温黏度比较低，釉面光泽好，因此釉的黏度显著提高，釉面光泽柔和，没有刺目的浮光。[15]所以青瓷釉厚而不致垂流，气泡不致过大，从而获得如美玉一般的釉质。含P_2O_5高的草木灰用于高硅质釉中，如钧釉会引起釉中的分相，而产生乳浊效果，形成釉的特殊装饰和质感。（图17，图18）

五代到宋，嵩山地区的青瓷达到最高水平，其中汝瓷、官瓷、钧瓷均属于青釉系官窑，说明嵩山地区的青瓷烧制质量已经超越了南方。釉料中铁元素的含量多少、烧窑的火候以及窑火的还原气氛等因素，都决定着瓷器釉色的好坏，而宋代的工匠已经能够很好地掌握这些环节，尤其青瓷工艺更是出神入化。钧瓷是我国第一次使用氧化铜作为釉的着色剂，铜呈现红色，对温度的要求很高，低于1250℃或高于1300℃都很难呈现红色，因此铜红釉的烧成，是一个很大的成就。除了釉色的变化，宋代还利用釉层厚度、纹片大小，

图17　天青釉印花盏托（河南省文物考古研究院藏）

图18　钧釉红斑印花棱口盘（河南省文物考古研究院藏）

以及釉中析晶、气泡和分相、窑变等的控制，来作为装饰手段，如汝窑就是利用釉层厚度来装饰，官窑则是利用纹片大小来装饰，钧瓷则是利用分相、窑变来进行装饰。由此可见，到了宋代，嵩山地区的青瓷釉色已完全超过南方。

北宋时期，嵩山地区的陶瓷装饰有了很大发展，集北方民窑装饰之大成，所有装饰品类齐全，如点彩、划花、刻花、剔花、印花、绘花、贴花、堆花、雕塑等，应有尽有，最有代表性的是珍珠地划花和白釉剔、刻、划花。尤其细线划花是北宋早期的装饰，风格清新淡雅。剔花在嵩山地区比较流行，剔刻较深，深及胎体部分，纹饰往往具有一定的浅浮雕感，对比效果强烈。珍珠地划花是将唐代金银器的錾金技艺，创造性地运用到陶瓷装饰上，这是登封窑的一大特色。(图19) 另外，还有把各种装饰技法进行综合运用，如一件产品往往采取多种技艺，剔、刻、划花综合使用，可以加强装饰效果，使纹饰层次分明、主体感强。总之，北宋时期，陶瓷装饰技法更加多种多样，装饰更具有综合性、创新性，使纹饰层次分明、对比强烈，表明北宋时期嵩山地区陶瓷的装饰技术逐渐走向成熟。

如果说，唐代南方陶瓷和北方陶瓷各领风骚的话，那么，在北宋时期，嵩山地区的陶瓷业已经处于领先地位，尤其是官窑，如钧官窑、汝窑的设置，更使陶瓷工艺精益求精，相对于南方陶瓷而言，已经具有绝对性的优势。由此可见，到了唐宋时期，嵩山地区的瓷业曾长期处于引领地位，成为中国陶瓷业的中心，窑场遍布。[16] (图20) 遗憾的是，南宋政权南迁，宋末金初由于战争原因，中原地区的陶瓷业生产遭到破坏，许多工匠纷纷逃亡南方，促进了南方陶瓷工艺的发展。

图19　珍珠地划花双虎纹瓶（故宫博物院藏）

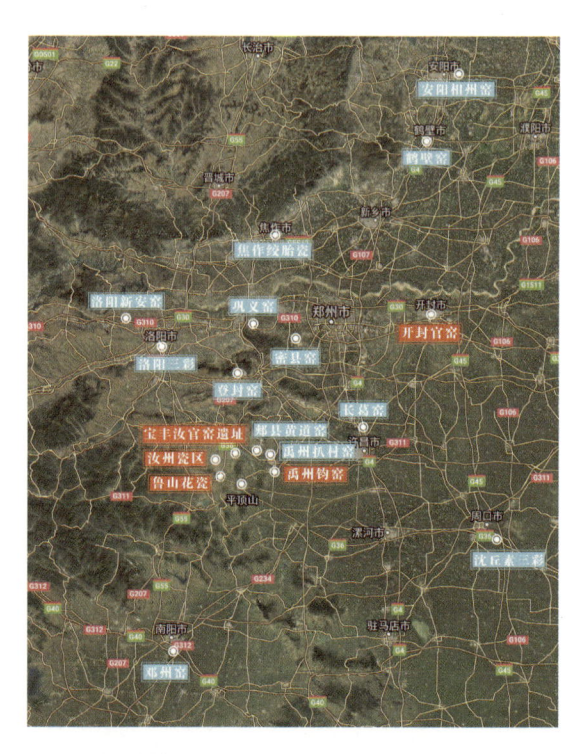

图20　唐宋时期嵩山地区窑场分布图

五、结语

嵩山地区有着悠久的制陶历史和灿烂的陶瓷文化，绵延不断，具有五千年人类文明史，三千年的陶瓷发展史，而且陶瓷发展历史脉络清晰，文化内涵丰富，工艺技术精湛，发展体系完整。嵩山地区在中国陶瓷史上有着极其重要的地位，自商周至唐宋一直是中国陶瓷制造中心，在由陶到瓷、由青瓷到白瓷的发展过程中，嵩山地区实现了重大的工艺技术突破，在早期瓷器发展（宋以前）中具有决定性的影响。

早期嵩山地区的陶瓷工艺是独立发展起来的，在原料的选择和淘洗、釉料的完善、窑炉的改进和烧成温度提高等方面，嵩山地区都取得了重大进展，处于领先地位。虽然嵩山地区的青瓷成熟没有南方早，但南北方的交流促使北方陶瓷技术迅速发展起来，后来居上，在青瓷的基础上创烧了白瓷。到了宋代，嵩山地区的汝瓷、钧瓷已经超过了南方的青瓷系。嵩山地区的化妆白瓷独具特色，并在原料的基础上发展出了一系列装饰技法，尤其是把各种装饰技法如剔、刻、划花综合使用，具有综合性、创新性，可以加强装饰效果，使纹饰层次分明、对比强烈，表明装饰技术逐渐走向成熟。

由此可见，早期陶瓷烧造工艺技术的重大进展，均起源于嵩山地区。总的来说，嵩山地区的陶瓷业大部分时间处于领先地位，或与南方同时发展；只有战乱时期，由于地处中原的原因，生产力受战争破坏暂时落后于南方，一旦社会恢复正常秩序，又会很快恢复领先地位。从登封窑收藏的陶瓷标本也可以看出，从旧石器时代一直到新石器时代，从裴李岗文化时期的红陶、仰韶文化时期的彩陶、龙山文化时期的白陶，一直到夏商的原始瓷、汉代的釉陶、魏晋南北朝的白瓷，到唐宋的百花齐放，形成了一条由陶到瓷完整的发展链条。可以说，这些标本足以证明，嵩山地区的陶瓷发展八千年不断代，不缺环，是中国陶瓷文化发展的缩影。综上所述，嵩山地区是中国陶瓷文化的发源地之一，开启了中国陶瓷文明的滥觞，成为中国早期陶瓷文化的摇篮。

---

[1] 中国社会科学院考古研究所二里头工作队. 河南偃师二里头遗址中心区的考古新发现[J]. 考古, 2005 (7).

[2] 临汝县文化馆. 临汝阎村新石器时代遗址调查报告[J]. 中原文物, 1981 (1).

[3] 尚刚. 中国工艺美术史新编[M]. 北京：高等教育出版社, 2007.

[4] 冯先铭. 中国陶瓷[M]. 上海：上海古籍出版社, 2005.

[5] 中国社会科学院考古研究所. 偃师二里头[M]. 北京：中国大百科全书出版社, 1999.

[6] 河南省文物考古研究所, 郑州市文物考古研究所. 郑州商代铜器窖藏[M]. 北京：科学出版社, 1999.

[7] 中国科学院考古研究所安阳工作队. 1975年安阳殷墟的新发现[J]. 考古, 1976 (4).

[8] 李鑫. 白瓷起源问题研究再思考[J]. 华夏考古, 2018 (4).

[9] 李知宴. 谈范粹墓出土的瓷器[J]. 考古, 1972 (5).

[10] 冯先铭. 中国陶瓷[M]. 上海：上海古籍出版社, 2005.

[11] 中国科学院考古研究所. 安阳隋张盛墓发掘记[J]. 考古, 1959 (10).

[12] 宿白. 白沙宋墓[M]. 北京：文物出版社, 2002.

[13] 安廷瑞. 登封市王村乡大型唐宋古瓷窑群"神前窑"址发现与研究[J]. 许昌师专学报, 1999(3).

[14] 秦大树. 早期白瓷的发展轨迹[C]. // 中国古代白瓷国际学术研讨会论文集. 上海：上海书画出版社, 2005.

[15] 叶喆民. 中国陶瓷史[M]. 上海：三联书店出版社, 2013.

[16] 赵青云. 河南陶瓷史[M]. 北京：紫禁城出版社, 1993.

历代玉器中闪石玉的材质分析

| 顾英华
| 河南博物院

摘要：中国近万年的玉文化史以闪石玉、蛇纹石玉、绿松石和玛瑙为四大主要材料来源，其中闪石玉数量最多，长期占据主角地位，贯穿整个玉文化的发展中。界定玉器的材料来源很重要，因为它关乎玉器的起源、古人判断玉材的标准、和田闪石玉何时进入中原、史前的交通运输及族群的迁徙等信息。本文分析了目前所了解的八种闪石玉的不同特质及在各个历史阶段的应用，并总结和田闪石玉的历史地位。

关键词：闪石玉；蛇纹石玉；和田闪石玉

玉，在中国被启用的时间上限目前所知为距今12000年之前，辽宁省海城市孤山镇青云山脚，海城仙人洞旧石器时代晚期遗址出土了三件玉片——玉制砍斫器。

2017年9月，黑龙江省饶河县小南山出土了数百件玉器、陶器和石器等。其中玉器30多件，有工具、装饰品和礼器，包括玉斧、玉管、玉珠、玉佩、玉璧等。这个遗址的时间早于兴隆洼文化（距今约8200—7000年），属于新石器时代早期，距今9000年左右，将玉器在中国的使用提前了1000年。

界定玉器的玉质、玉料的来源非常重要，它关乎玉器的起源、用玉是否"就地""就近"或"就近地区"取材、对玉材价值的判定、史前的交通运输情况、是否存在商贸、族群的迁徙等各方面信息，并且能够对玉器的断代及估值起到决定性作用。玉按矿物岩石学的概念分类为：闪石玉、蛇纹石玉、绿松石、玛瑙、玉髓、萤石、水晶、煤精和滑石等。

一、各历史阶段玉器的材质概况

（一）旧石器时代

旧石器时代晚期海城仙人洞遗址出土的玉器，如果不将其看作是"玉质石器"，而是"玉器"，这三件玉制砍斫器就是目前发现的中国最早的玉器。玉料为深绿色，来自辽宁省岫岩闪石玉。

（二）新石器时代

兴隆洼文化的玉器玉料大部分为闪石玉，也见蛇纹石玉、玉髓、玛瑙、滑石、煤精等。红山文化的玉器主要是闪石玉，少量是蛇纹石玉。裴李岗文化的玉器有绿松石、萤石和个别水晶。仰韶文化的玉器有闪石玉、绿松石和独山玉。大汶口文化的玉器有闪石玉、绿松石、水晶等。龙山文化的玉器主要是闪石玉和绿松石，其次为蛇纹石玉、玉髓等。齐家文化的玉器有闪石玉、蛇纹石玉、绿松石、叶腊石等。河姆渡文化的玉器多为萤石，也有玛瑙和叶腊石，未见闪石玉。马家浜文化的玉器有闪石玉、石英岩质玉、蛇纹石玉、萤石、玛瑙。崧泽文化的玉器主要是闪石玉。良渚文化的玉器主要是闪石玉，其次为蛇纹石玉、玉髓、萤石、绿松石。北阴阳营文化的玉器以闪石玉为主，其次有蛇纹石玉、玉髓、绿松石等。薛家岗文化的玉器多为闪石玉。凌家滩文化的玉器有闪石玉、蛇纹石玉、石英岩质玉、绢云母质玉、玉髓、玛瑙、水晶、煤精、绿松石等。大溪文化的玉器除绿松石外，其他的玉质有待鉴定。屈家岭文化的玉器以河南南阳出产的独山玉为主；其他地方出土的玉器除玛瑙之外的有待鉴定。石家河文化的玉器以闪石玉为主。宝墩文化的玉器只有一件蜗旋状器是闪石玉制作，此外有蛇纹石玉和石英岩质玉。石峡文化的玉器有闪石玉、蛇纹石玉、绿松石、水晶。

（三）夏商周时代

夏代（即二里头文化一期至三期）的玉器有闪石玉、独山玉、绿松石等。夏代普遍使用绿松石，尤其是河南地区。商代玉器以闪石玉为主（不见岫岩闪石玉），其次有独山玉、蛇纹石玉、绿松石、玛瑙，少量滑石、孔雀石、叶腊石、大理石、水晶，以及罕见的磷铝石和磷铝锂石等。其中河南殷墟妇好墓的玉器以和田闪石玉为主，少量独山玉。江西新干大洋洲的玉器为和田闪石玉。四川省广汉三星堆的玉器原料可能一部分来源于"龙溪玉"或"珉玉"，一部分来源于和田闪石玉。周代玉器分西周和东周（春秋和战国）。西周玉器以闪石玉为主，其次有蛇纹石玉、玛瑙、绿松石、煤精、萤石、滑石、料、砗磲、水晶、玉髓、鸡血石、石英岩质玉、天河石等。西周早期的襄县霍庄、平顶山应国墓地（M230、M231）、鹿邑县太清宫镇长子口墓、扶风黄堆村（M22）、宝鸡竹园沟，西周中期的扶风黄堆村（M1、M4）、扶风齐家村、扶风强家村、扶风北吕村、岐山贺家村、宝鸡茹家村、洛阳北窑村、平顶山应国墓地（M84），西周晚期的三门峡上村岭虢国墓地，其出土的玉器经专家鉴定确定闪石玉基本上都是新疆和田闪石玉，其他尚待鉴定。春秋时期的玉器以闪石玉为主，其次有蛇纹石玉、玛瑙、绿松石、水晶、煤精、琥珀、料、石髓、玉髓、孔雀石、蛋白石等。闪石玉大部分为和田闪石玉。战国时期的玉器有闪石玉、大量的绿松石和玛瑙，也有水晶、琉璃、蛇纹石玉、玉髓、煤精、琥珀等。闪石玉以新疆和田闪石玉为主。

（四）秦汉时代

秦代历时仅十几年，出土玉器不多。汉代玉器以和田闪石玉为主，还有玛纳斯碧玉、蛇纹石玉（多用于殓玉）、玛瑙、绿松石，其次是石英岩质玉、水晶、滑石、琥珀、大理石、煤精、琉璃、萤石、石榴石、玳瑁、青金石（镶嵌物）等。

（五）魏晋南北朝时代

以和田闪石玉为主，其他有玛瑙、绿松石、青金石、琥珀、煤精、滑石、大理石等。

（六）隋唐五代十国

隋代以和田闪石玉为主（多为优质白玉、青白玉），其他有玛瑙、青金石、水晶、绿松石、玉髓、蛋白石、琥珀、琉璃等。唐代以新疆和田闪石玉为主，少量域外的闪石玉如骨咄玉，其他有玛瑙、水晶、绿松石、滑石、汉白玉、珊瑚、琥珀、蓝宝石、黄宝石（广义的玉概念包括宝石）、绿玉髓、琉璃等。五代仍重视和田闪石玉，其他有玛瑙、料等。

（七）宋辽金时代

宋代以和田闪石玉为主（羊脂玉占较大比重），其他有玛瑙、水晶、绿松石、琥珀、滑石、琉璃等。辽代以和田闪石玉为主（尤喜用羊脂白玉），其他有琥珀、玛瑙、水晶、碧玺、绿松石、蜜蜡、青金石、珊瑚、滑石、玉髓、琉璃等。辽代出土的玉器多分布在内蒙古和东北地区，但玉料主要来自新疆等地的诸小国进贡，并未用岫岩闪石玉。金代以和田闪石玉为主（春水玉多用优质白玉），其他有玛瑙、水晶、琥珀、料等。

（八）元明清时代

元代以和田闪石玉为主，其次有玛瑙、水晶、绿松石、青金石、蛇纹石玉、煤精、琥珀、宝石等。特殊的一件是渎山大玉海，用河南南阳独山玉制成。明代以和田闪石玉为主，其他有玛瑙、绿松石、水晶、琥珀、东陵石、尖晶石和各类宝石等。清代出土玉器较少，传世玉器主要集中在宫廷和皇家园林中，以和田闪石玉为主，其他有玛瑙、蛇纹石玉、水晶、翡翠、青金石、绿松石、芙蓉石、琥珀、珊瑚、珍珠、象牙、煤精及各类宝石等。[1]

闪石玉、蛇纹石玉、绿松石和玛瑙为制玉四大主要材料来源，其他材料均为配角。蛇纹石玉、绿松石和玛瑙都曾在早期的某一历史阶段大放异彩，但蛇纹石玉、绿松石由于硬度低、不耐用性，其被使用率非常低；玛瑙硬度很高，可以用作磨制雕刻玉器的解玉砂，但由于产量过大，不具有稀缺性，所以其价值低，不被重视。相反，硬度高、耐用耐磨、具备稀缺性的闪石玉在整个玉文化中无论从数量还是质量上都长期占据着主导地位。

透闪石矿物的隐晶质块体在成矿地质条件下达到温润细腻的才是闪石玉，有两种地质产状。一是产于镁质大理岩，即与花岗岩相关的富硅流体经接触交代变质作用替代镁质大理岩形成，主要产出白—青白—青色系列，如新疆昆仑山一带的和田闪石玉、青海格尔木闪石玉、俄罗斯贝加尔湖闪石玉、溧阳小梅岭闪石玉、辽宁岫岩闪石玉、四川汶川闪石玉、河南栾川闪石玉、福建南平闪石玉等；二是产于蛇纹石化超基性岩，即蛇纹岩与富硅质的岩石接触时经富钙流体交代变质作用形成，主要产出碧玉，如新疆玛纳斯、河南淅川、四川石棉、台湾花莲等。前者以 Zn、Mn、Zr 为主要微量元素，Cr、Co、Ni 很少或全无，而后者 Cr、Co、Ni 的含量较高。我国多处有这两类玉的成矿条件。不同质地产状的透闪石，其主体成分的总体特征存在差异。蛇纹石化超基性岩中的透闪石，相对于镁质大理岩中的透闪石，通常富含 Fe，加上其原岩的铁含量也较高，因此，其颜色容易偏深。

二、不同产地闪石玉的特质

（一）和田闪石玉

和田闪石玉产于新疆昆仑山，以著名产地和田命名。原生矿多在海拔 4000 米的高山上，经剥蚀、冲刷，有些矿块落入附近河流或山前戈壁滩上。因此，昆仑山北坡的主要河流，玉龙喀什河、喀拉喀什河、克里雅河成为出产玉石的主要河流。

现代宝石学中将它定义为在地质作用过程中形成的、达到玉级的透闪石和（或）阳起石矿物集合体，几乎全部由细晶和微隐晶质、隐晶质结构的透闪石组成，一般占 96%—99%。有纤维状、针状、少数叶片状、隐晶质状。柱状晶粒长宽为 0.0046 毫米 ×0.0013 毫米到 0.0063 毫米 ×0.0036 毫米之间；叶片状晶粒长宽为 0.01 毫米 ×0.0028 毫米到 0.004 毫米 ×0.0008 毫米之间；纤维状晶粒长宽为 0.0004 毫米 ×0.000021 毫米到 0.0021 毫米 ×0.00007 毫米之间。[2] 主要结构为毛毡状变晶结构，其次为放射状变晶结构和纤维状-柱状变晶结构，同时向隐晶质结构过渡。毛毡状变晶结构是和田玉最主要的一种结构，透闪石的颗粒非常细小，粒度比较均匀，颗粒之间的空隙很小，纤维均匀无定向地紧密交织在一起，呈团簇状放射分布，好像绒毛相互交织而成的毡毯一样，表现为致密块状构造和片状构造。这种典型的、独特的结构使和田闪石玉拥有高度的致密性、韧性、温润性、雕琢性、耐用性、不易损坏性。具有如下性质：微透明至不透明，油脂或蜡质光泽，摩氏硬度 6.5—6.9 之间，韧性相对于其他宝石是比较高的，仅次于黑金刚石。按产出状况可分为山料、山流水和籽料三类。按颜色分为白玉（包括羊脂白玉）、青白玉、青玉、黄玉、墨玉、碧玉和糖玉。籽料的皮色也是油润光亮的，很薄的一层，与玉体紧密结合，皮的颜色很多。用硬物敲击，"其声清引，绝而复起，残音远沉，徐徐方尽"。

（二）岫岩闪石玉

产于辽宁省岫岩县，也称"河磨玉"。组成矿物透闪石占 95% 以上。以纤维交织变晶结构为主，半定向排列，粒度一般在 0.01—0.1 毫米之间。硬度为摩氏 6—6.5。玻璃光泽—油脂光泽。微透明至不透明，以微透明为主。按产出状况分为山料、河料、山流水三类。有黄白玉（白色中总带有淡黄绿色调）、绿玉（浅豆绿色）、青玉（偏灰）和少量墨玉，没有白玉和黄玉品种。史前玉文化中海城仙人洞遗址、兴隆洼文化、查海文化和红山文化的玉器原料大部分是岫岩闪石玉。河料块度大，皮厚。许多红山文化的玉器保留有河料的皮色。

（三）溧阳小梅岭闪石玉

小梅岭闪石玉矿床位于江苏省溧阳市平桥乡小梅岭村的东南部。主要矿物组成为透闪石，大部分透闪石颗粒已纤维化，具纤维状变晶结构，呈长纤维状相互交织，颗粒长 0.01—0.015 毫米，宽 0.001—0.002 毫米，较和田闪石玉粗，颗粒度不均匀，粗细长短不一，定向性不明显，交织结构不紧密，空隙较多，局部可见剪切作用的痕迹，呈现出内部微裂隙发育的特征。各地闪石玉的红外光谱结果显示，仅有梅岭玉出现和 Na 和 K 相关的 3691cm-1 的吸收峰。[3] 另外，所含微量元素 Sr、Na、K 的含量明显高于其他产地的闪石玉，这些使得梅岭玉自成一类，这是可以用以区别产地的两个指标。颜色种类相对较少：有白色、灰白色、青白色和青色等，且都带有不同程度的灰色调。半透明至不透明，光泽较弱，大多数呈现弱玻璃光泽，硬度为摩氏 6.39—6.76。其内部结构尚未达到和田闪石玉典型的毛毡状结构，显得质地较粗糙，并且影响了表面光泽，达不到完美温润的油脂光泽，而是玻璃光泽，而且结构较松散，有较多绺裂，韧性也相应低些。

良渚文化出土的玉器主要以闪石玉为主，其玉料来源最初认为是岫岩闪石玉，因为颜色、透明度等相近，后来在发现了溧阳小梅岭闪石玉之后，认为来源于小梅岭的可能性更高。有学者从良渚文化庄桥坟遗址出土的玉器中抽样测试，微量元素 Sr 含量在 0.24—28.6μg/g 之间，与小梅岭玉器经测试两件玉器的 Sr 含量 306、498μg/g 相去甚远[4]；两者的稀土元素配分型式图也不一致，良渚文化玉器与新疆和田闪石玉的稀土元素配分型式图大致趋于一致。从肉眼判断，庄桥坟玉器的颜色主要有黄色、褐色、深绿色，颜色比较鲜艳；小梅岭的闪石玉颜色为白色、青白色、青色，多带有灰色调，不够鲜艳。两者差异也比较明显。[5] 另外从江阴高城墩遗址和浙江余杭反山遗址出土的玉器抽样检测，Sr 含量分别在 0—17μg/g 和 3—20μg/g 之间，也不支持良渚文化玉器就近取材于小梅岭闪石玉的说法。[6] 这一测试结果推翻了前人的两种判断，但随着太湖区域新玉矿的不断发现，也许会有新的论断。

（四）青海闪石玉

产于青海省格尔木市西南，产出地带属于昆仑山脉东缘入青海省部分，与和田闪石玉处于同一山系成矿带，均产于昆仑造山带，构造背景及成因相似，是含镁碳酸盐岩与中酸性侵入体相接触交代变质而形成的闪石玉，但成矿母岩有明显差异。与和田闪石玉的化学成份基本相同，主要化学成分为 SiO_2、MgO、CaO，但 SiO_2、CaO 含量比和田闪石玉高。透闪石含量多数在 95% 以上，杂质矿物成分较少。最早什么时候开采使用还未有任何资料可以证明，目前所知道的是于 1992 年在东昆仑山中段海拔 4000 米以上的高山地区发现了青海闪石玉，所以史前玉文化及各朝代尤其是齐家文化的玉器原料是否来源于青海闪石玉，尚有待研究。

青海闪石玉主要为显微纤维—隐晶质、显微叶片状结构，多呈长柱状、针状、纤维状、微细纤维状。毛毡状显微变晶结构非常罕见，仅在糖包白玉中的白玉和糖包青玉中的青白玉部分可见。矿物颗粒较粗，一般在 0.1—0.015 毫米至 0.03—0.005 毫米之间。颗粒大小较为均一，呈长纤维、显微叶片状平行排列，交织结构不如和田闪石玉紧密，表现明显的定向性排列，呈现"水线"的特殊外观。主要构造为块状构造。常为玻璃光泽或蜡质光泽，透明度较高呈微透明到半透明，略显"嫩"感，色调偏冷，不柔和。这是由于当中的成分硅灰石造成的，硅灰石含量越高，透明度越高，同时降低了油润度。大部分青海闪石玉呈现灰白色或蜡白色，白中透着灰色调，不明快感。硬度为摩氏 5.5—6。用硬物敲击，其声沉闷。以山料为主，少量山流水，没有籽料，这与它地处深山，远离水源有关。有白玉、青白玉、青玉、碧玉、黄玉、墨玉，还有独特的翠青玉和烟青玉。

（五）俄罗斯闪石玉

俄罗斯闪石玉也称西伯利亚闪石玉。其玉矿主要分布于西伯利亚的东、西萨彦岭。此外，在南乌拉尔、外兴安岭及中间地带也有闪石玉产出。以显微纤维状为主，含隐晶质、显微片状，放射状纤维呈团块状分布。颗粒较和田闪石玉粗，一般在 0.01—0.03 毫米之间。多数具有显微鳞片—片状变晶结构，硬度为摩氏 5.2—5.4。质地较粗糙，不够细腻，油性很差。微透明或不透明。光泽偏向玻璃光泽和蜡质光泽之间。有山料、籽料。按颜色有白玉、青白玉、青玉、糖玉、碧玉等。白玉品种的颜色虽白而不润，且无神，略带瓷性，显得直白、干白、浆白。色调偏冷、僵硬。韧性也较高，但比和田闪石玉韧性差，因此雕刻性也较和田闪石玉弱，在铊具下容易起"性"，雕刻细部时容易崩裂出小的裂口，有不易加工、不易打磨的特点。用硬物敲击，其声沉闷。籽料的皮层较厚，皮层周围的玉质比玉料中心的质地差，皮色比较单一，多见糖色、褐色、黄色等。

（六）龙溪闪石玉

产于四川省汶川县龙溪乡直台村。透闪石含量为90%—98%，结构为显微似平行纤维变晶结构，结构不均匀，颗粒长0.01—0.05毫米，较粗。以黄绿色为主，呈现出浅绿—深绿—青灰—灰黑的对称色环，基础色调都是浅淡的黄绿色。外环玉质相对较好，内环玉质较差。颜色比较浅、不够鲜艳，色泽暗淡不够滋润，质地不够细润。硬度在摩氏5.25—5.7之间。由于其受挤压、褶皱、断裂等发育形成的独特的成矿因素，导致龙溪闪石玉组构的裂纹多，容易破碎，块度较小。[7]因此玉料的质量普遍较差。已有学者通过稀土元素特征证明四川金沙遗址出土的玉器玉料来源于龙溪闪石玉。四川三星堆的玉器原料也有来源于龙溪闪石玉的可能性。

四川省石棉县也产出闪石玉，是一种绿色碧玉，属于"蛇纹石型闪石玉矿床"。

（七）河南栾川闪石玉

2003年在河南省伏牛山腹地的栾川县陶湾镇发现古代采玉矿，称为"伊源玉"。古书中有一些伊源玉的记载，说明古代早已经开采使用，但具体时间尚待考证。伊源玉主要矿物是透闪石，一般含量在95%以上，部分大于99%。次要矿物为蛇纹石，量较少，一般不超过5%。大部分透闪石颗粒较粗大，较大的透闪石斑晶直径可达5毫米，结晶很细的透闪石，粒径不超过0.02毫米。形态主要呈纤维状、针状、柱状。主要结构多为放射状结构、毛毡状纤维交织结构和交代筛状结构。由于内部组成透闪石颗粒粗大，大小不均匀，结合力小，因此结构不太致密，质地不够细腻。为微透明至不透明，蜡质光泽。硬度为摩氏5.5—6。有白玉（纯白色较少，白色中有明显灰色调的月白和灰白占大多数）、青白玉、青玉、黄玉、糖玉。河南地区出土的玉器在商之前绿松石占主导地位，尤其是新石器时代占60%以上。商代开始透闪石玉占主导地位，商代占70%以上，然后一直延续至后期各个朝代。[8]这些透闪石玉的玉料（尤其是商代之前的玉器）是否有部分来源于伊源玉，有待证明。

（八）玛纳斯碧玉

玛纳斯碧玉矿位于新疆玛纳斯县南面的天山北坡，属于"蛇纹石型闪石玉矿床"。据史料记载，清代乾隆年间开始开采，并设置了官办的绿玉厂，于乾隆五十四年封矿。清嘉庆年间《三州辑略》载："玛纳斯城百余里，名清水泉。又西百余里，名后沟。又西百余里，名大沟，皆产绿玉。乾隆五十四年（1789年）封闭绿玉矿，禁止开采。"直到1973年国家轻工业部又重新开采。

玛纳斯碧玉按地质产出状况分为山料、山流水，籽料几乎不见。组成矿物主要为透闪石，占75%—90%。颜色以绿色为主，分为浅绿、深绿、墨绿等，色调不均匀，常以团块状的绿色出现。含有团状和条带状的白斑，同时还存在黑色点状杂质。质地不如和田碧玉细腻，裂隙较多，微透明至不透明，蜡质至油脂光泽。《西域图志》载："准噶尔部玉名哈司，色多青碧，不如和阗远甚。"

三、和田闪石玉优于其他闪石玉的特性总结

（一）结构最致密

和田闪石玉的主要结构为毛毡状纤维交织变

晶结构，由细小的透闪石变晶以不同角度相互交织缠结而成，纤维长而纤细，多呈翻卷扭曲状，延伸方向杂乱无章，相互穿插、镶嵌，细密地缠绕在一起，犹如毛毡毯。透闪石晶体完好，矿物成分较纯净，颗粒细小，通常小于0.01毫米，且颗粒之间的空隙较小，决定了玉石的细腻程度很高，细腻程度越高，结构越致密，玉石的质量就越高。仅青海闪石玉、俄罗斯闪石玉、岫岩闪石玉中存在少量这种结构，但颗粒都大于和田闪石玉，且纤维粗、纤维之间空隙大，杂质矿物较多，达不到和田闪石玉的致密程度。其他闪石玉不具备这种结构。

（二）硬度和韧性都高于其他闪石玉

和田闪石玉坚韧耐用、日久弥新的特点从古至今被中国人崇尚，这一点已经被现代科学研究所证实。其摩氏硬度达到6.5—6.9之间，大于钢材、玻璃、普通岩石等常见的硬物。特有的毛毡状纤维交织变晶结构，纤维相互交织使颗粒之间的结合力加强，使得它在雕刻中加工性能好，需研磨时间最长，在使用中不易磨损破裂，耐使用。白玉的韧性尤为突出，其韧性在自然界矿物中排行第二，仅低于制作高级车刀工具用的黑金刚石。

（三）玉质温润

和田闪石玉的温润是它独有的特征，有经验的文物工作者不用借助工具，用肉眼就可以判断它的产地。它的温润、油性是由内而外的，如果经过长期佩戴，接触皮肤，会越来越温润。所以说和田玉会给人带来惊喜的变化，并达到"人养玉，玉养人"的境界，这一特点贴合了中国人希冀玉有灵性的愿望。这是其他产地的闪石玉统统都不具备的。其他产地的闪石玉往往过于灵透，或者很干、没有润度，且经过长期盘玩仍然不会变得油润，有的甚至会随着佩戴的时间增长，颜色反而发灰。

（四）白玉质量最好

小梅岭、青海、栾川闪石玉的白玉白中带灰色调。俄罗斯闪石玉的白玉颜色干、僵，略带鸭蛋青色。岫岩、龙溪闪石玉没有白玉这个品种。

（五）籽料（子儿玉）数量多、质量高，著名的"羊脂玉"为其独有的品种

和田闪石玉的籽料数量比较多，块度小，皮很薄，皮色多。俄罗斯闪石玉籽料块度较大，皮厚，皮色单一。岫岩闪石玉籽料（河料）块度很大，皮厚，皮色分层。其他闪石玉没有籽料这个品种。

正是由于和田闪石玉这些特质，在中国长达万年的用玉过程中，它很早就被先人发现，并将它推崇至近乎神圣的地位，赋予它"五德""九德""十一德"等社会道德属性，成为"帝王玉"。

---

[1] 栾秉璈. 古玉鉴别[M]. 北京：文物出版社，2008.

[2] 唐延龄，刘德权，周汝洪. 论透闪石命名及分类[J]. 矿物岩石，1998（12）.

[3][5] 李晶. 中国典型产地软玉的宝石学矿物学特征及对良渚古玉器产地的指示[D]. 北京：中国地质大学，2016.

[4] 张朱武，干福熹，承焕生. 不同成矿机理和地质环境下形成的软玉的化学成分特征[J]. 矿物学报，2010（3）.

[6] 顾冬红，干福熹，承焕生. 江阴高城墩遗址出土良渚文化玉器的无损分析研究[J]. 文物保护与考古科学，2010（4）.

[7] 王春云. 龙溪软玉矿床地质及物化特征[J]. 矿产与地质，1993（35）.

[8] 凌潇潇，吴瑞华，白峰. 河南栾川透闪石玉的化学组成特征研究[J]. 岩石矿物学杂志，2008（3）.

豫南、鄂北地区汉代墓门画像石研究

殷红 黄芮
四川博物院

摘要：本文搜集了豫南、鄂北地区通过田野考古发掘的、具有代表性的墓门画像石资料，利用考古学、文献学及图像学的方法，结合前人研究成果，对本区汉代墓门画像石进行了分期，总结了不同时期墓门画像石的特点以及形成的规律，讨论了门楣、门柱、门扉画像的组合意义。

关键词：汉代；墓门画像石；分期；图像组合

豫南、鄂北地区是我国汉代画像石集中分布的区域之一，地跨河南、湖北，涉及范围约以南阳为中心，东到唐河、桐柏，北到叶县、襄城，南抵长江北岸的当阳、随州一带。自20世纪30年代起，该地区陆续发现了一些汉代画像石墓。新中国成立之后，随着大规模基础建设的展开，一大批画像石墓也随之面世，为该区的汉画研究提供了丰富的资料。墓门区域是汉代墓葬中最早出现画像装饰的区域，具有特殊的意义。本文研究对象是豫南、鄂北地区已发掘的汉代画像石墓的墓门画像石，具体包括门楣画像石、门扉画像石及门柱画像石。

一、墓门画像石的分期

第一阶段：西汉中期。该时期为豫南、鄂北区墓门画像石发展的起始阶段，已知的画像石墓数量比较少。从整个墓葬来看，这个时期有画像的石材占所有石材的比例较低，大概在四分之一左右。画像集中在墓门区域，主要分布在正面的门楣、门扉和门柱上。墓室内很少甚至不雕刻画像。画像的题材也比较简单，主要为装饰性的几何图案及建筑题材的图案。几何图案以菱形纹为主（图1），画像题材主要以楼阁、门阙及人物为主，后期门扉上最核心的铺首衔环形象尚未出现。门楣、门柱、门扉的图像配置并没有形成一定规律。杨官寺画像石墓建筑和人物故事较多，而且在同一石面上多刻二组或者三四组不同的画像内容（图2），这种零散的构图与后期墓门画像石的图像特点区别极大。[1] 雕刻方法主要是阴线刻和凹面阴线刻，单一式和两者混合式均有。

第二阶段：西汉晚期到新莽时期。本阶段为豫南、鄂北区墓门画像石的发展期。本时期的画像石墓与前一阶段相比，数量增多。画像石的数量大大增加，石材的利用率也显著提高，石材正反两面均刻画像的现象出现。本阶段，虽然在墓室中也开始凿刻画像，但墓门正面的门楣、门柱、门扉仍然是刻绘画像的重要区域。墓门画像的配置在此时开始呈现出有规律的趋势。

西汉晚期，门扉上开始出现铺首衔环图像，与其组合的图像包括白虎、朱雀及人物。唐河石灰窑画像石墓的西门扉上，中间一人头戴武弁大冠，正襟危坐。其左一人躬身拜谒，其右一人头戴尖冠，肩扛一棒，应为侍卫。东门扉上刻二女，应为侍女伺主。两道门扉中的楼阁、几案、树木、凤鸟、铺首衔环基本相同。[2]（图3）对比后期，朱雀、白虎在门扉上有规律出现，此道门扉具有过渡阶段承上启下的特点。

到新莽时期，墓门的图像配置已经规律化。门扉一般为白虎与铺首衔环、朱雀与铺首衔环。（图4）孙文青认为："铺首之上，每刻鸟兽，两相对称，其鸟具冠展翼，若凤凰为女墓，其兽张口扬尾，若奔虎为男墓。"可见门扉之上的画像具有区别墓主人性别的作用。门楣的画像一般为趋吉避凶、崇力尚武的题材，如驱魔辟邪、逐疫升仙、

图1　河南唐河湖阳画像石墓墓门

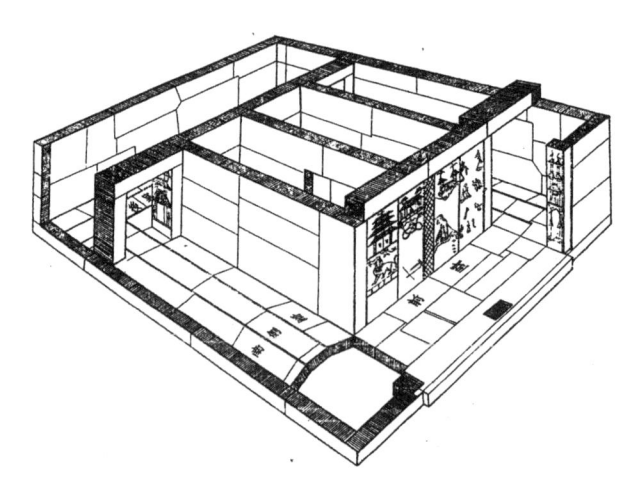

图2　河南杨官寺画像石墓墓门及墓室透视图

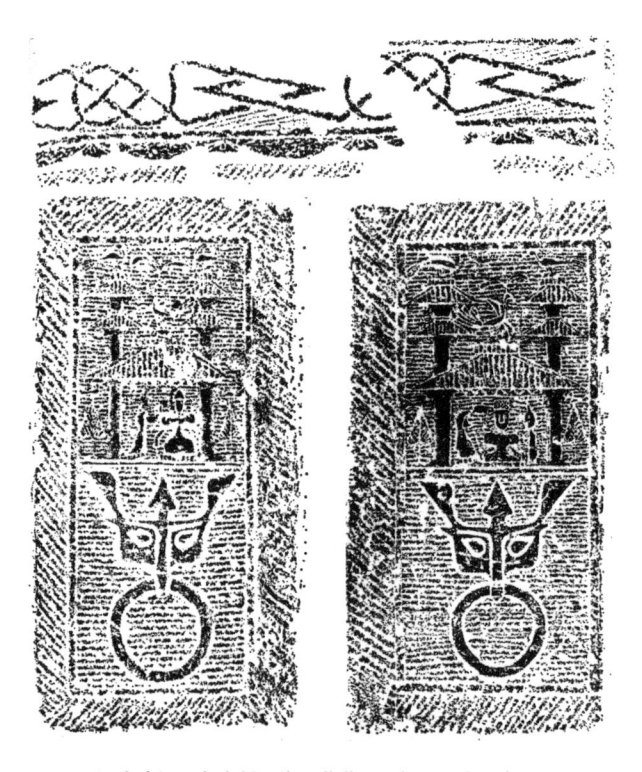

图3　河南唐河石灰窑村画像石墓墓门门楣及门扉示意图

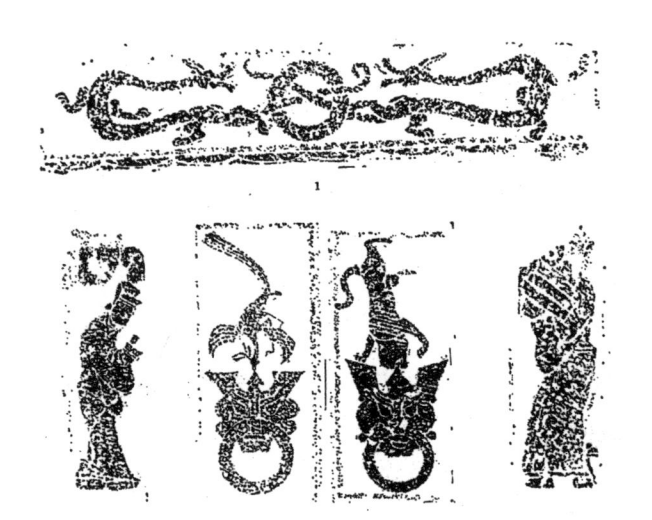

图4 河南唐河汉郁平大尹冯君孺人画像石墓墓门画像示意图

图5 河南辛店熊营画像石墓墓门正面示意图

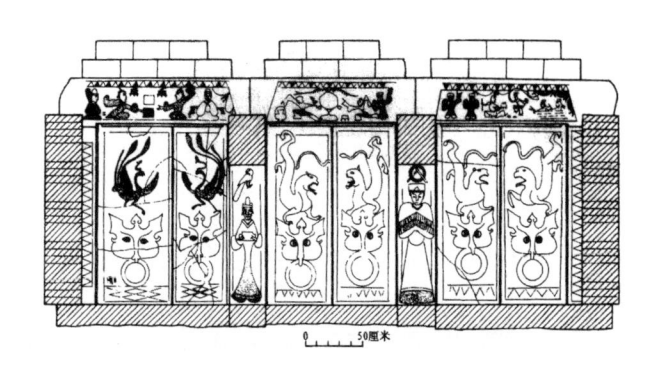

图6 河南南阳陈棚画像石墓后室门示意图

历史故事、兽斗等。门柱上则刻门吏，包括持钺、拥彗、捧盾、持戟、执笏、执金吾等，多为一个门柱单刻一人。雕刻技法上，横竖纹衬地浅浮雕代替了阴线刻和凹面雕，其特点是图像轮廓线凿得较深，呈现凹槽状。

第三阶段：东汉早中期。该时期为豫南、鄂北区墓门画像石发展的鼎盛期。此时画像石墓数量最多，出土画像石最丰富，艺术水平最高。石料的利用率较高，石材两面甚至每面皆刻画像的现象较为普遍。辛店熊营画像石墓石无素面，多块石材两面或三面都刻有画像。题材上，该墓四十余幅画像没有一个是早期画像题材中常见的车骑、建筑物等的画像。[3]（图5）

墓门区域的画像配置已完全规律化，画像题材因石料所处位置不同而各有差异：墓门门楣正面的图像仍多为趋吉避凶、崇力尚武的题材，墓门背面和墓室门楣的图像则是以乐舞、建鼓舞、六博、赏乐等享乐、文娱题材为主。

墓门门柱继续以拥彗、执笏、捧盾、执戟、执金吾门吏为常见题材。在墓室门的门柱上除上述门吏之外，还出现了捧灯、捧奁侍女等。（图6）一般一个门柱上单刻一人，也有在人物之上刻熊、鸟等动物或双环的情况。少数门柱刻三角纹或锯齿纹。

门扉主要是白虎、铺首衔环与朱雀、铺首衔环的题材组合。在门扉的背面，有的刻以门吏侍者如执钺者、执戟者、执笏者等。门槛石一般素面，个别门槛石上刻菱形套连纹或二兕相斗。有关兕的题材此时开始出现：在陈棚画像石墓中，二兕相斗在门楣和门槛上均有发现，[4]到后期该题材仅出现在门槛石上。东汉中晚期，陕北、晋西北地区画像石墓兴起，该题材一般在门扉上与四灵、铺首衔环共同出现，可能受到了豫南、鄂北地区的影响。此时雕刻技法仍延续了横竖纹衬底浅浮雕凿刻图像的方法，细部用阴线刻出。

第四阶段：东汉晚期，本时期为衰落期。画像石墓数量减少，墓中画像石的石材利用率也降低。画像的图案也开始变得简单，如车马出行、百戏乐舞等宏大场面的画像已难再见。有的墓门仅设置门楣及门柱，上刻简单的图案，不设门扉，直接以砖封门。（图7）图像配置较为随意，不像前期画像配置具有较强的规律（图8），一些墓中甚至出现了画像石倒置的情况。有的画像石因尺寸不合适，多余的部分被草草凿掉。这说明画像石在东汉晚期以后，已有只是作为建筑材料使用的趋势，其在流行时期所反映出来当时人们的丧葬习俗及具有的装饰性等都大大降低。雕刻技法虽然仍为浅浮雕和横竖纹衬底浅浮雕的方式，但图像的凸出感不如前期，显得呆板。

二、墓门画像组合及意义

（一）门楣画像组合及意义

门楣位于门扉上方，并且其长度与双扇门扉的宽度相等。门楣面积大大小于门扉面积。但是门楣画像石的画像内容与门扉相比，显得更加丰富、灵活，如驱魔逐疫图、车马出行图、双龙交尾图、双龙穿壁图、飞廉图、乐舞百戏图、拜谒图、武士兽斗图、升仙图以及一些纹饰类的图案常出现在门楣之上。它是墓门区域内容最丰富多变的部分，最能体现整个墓门所体现的主题。门楣的位置决定了其构图只能为横向式构图，其场面往往比较宏大，注重表现人物、动物发力的一刹那，动感十足，画面流畅。这些题材归纳起来，可分为以下几类主题：

1. 辟邪祥瑞

安居乐业是人类本能愿望，而在古代，人们认识和改造自然的能力有限，许多现象他们无法科学地解释，而疾病、瘟疫、自然灾害等是其安定生活的巨大威胁。因此，人们希望通过用对这些灾害具有厌胜作用的形象来战胜它们。驱魔逐疫图，一般表现为在云气围绕之中，一些长相狰狞、形体巨大的怪兽在追逐奔跑，象征着恶魔、

图7　党庄画像石墓墓门示意图

图8　十里铺画像石墓中室门示意图

瘟疫、灾难等被驱赶。双龙交尾，山东苍山元嘉元年墓所刻题记曰："中口柱，双结龙，主守中雷辟邪。"其明确指出了双龙交尾的图像意义是为辟邪。这类主题一般出现在墓门正面的门楣之上。

2. 羽化升仙

天界被认为是人离开人世之后最好的去处，仙人遨游、神兽相伴是人们想象出来的仙境生活。在门楣画像石上，仙人戏兽、羽人射兽、乘龙升天等正是这一题材的表现。南阳军帐营画像石墓门楣左端刻乘龙升仙图，一人牵引飞龙与其他神兽一起游弋于云雾缭绕的仙境中。（图9）该图与战国时期人物御龙帛画（图10）有异曲同工之妙，表现了墓主人希望羽化升天，对神仙生活的憧憬。

3. 现实生活

门楣画像的现实生活题材包括车马出行、拜谒、乐舞、百戏、六博等，常出现在墓门背面或者墓室门的门楣上，以示其为墓主私人空间里的生活内容。南阳地区最有代表性的门楣题材为建鼓舞。《潜夫论》曰："而起学巫祝，鼓舞事神。"[5]图像一般为将一根直杆插在鼓的趺足上，再穿过鼓的腰部，鼓面横向固定，舞者围鼓击打。鼓的顶端常装饰有飘带流苏，乐舞击打时随之飞舞，令人赏心悦目。（图11）《说文解字》载："巫，祝也，女能事无形，以舞降神者。"[6]由此可见，舞蹈除了具有观赏性，也是巫祝施术的重要手段。另外，车马出行也是门楣上常见的题材。信立祥先生认为车马出行表现的是墓主人的灵魂从地下世界赴墓地祠堂接受祭祀。车马出行来源于现实生活，所以这些画面真实地再现了汉代人们的生活场景，也反映了死者想将人世间的奢华生活带到阴间继续享受的愿望。

（二）门扉画像组合及意义

门扉在整个墓门区域中，占据了最大的面积，

图10　战国人物御龙帛画

图9　南阳军帐营画像石墓墓门门楣图像

图11　河南石桥画像石墓门楣图像

最为显眼。一般来说，单扇门扉的高约1—1.8米，宽约50—70厘米。尽管如此，门扉的画像内容组合却是所有墓门画像石中最为固定的。

铺首衔环是门扉图像的最基本、最核心的题材。墓门作为阴宅的门户，源于对阳宅的模仿。尽管墓门门扉在关闭之后，少有再被打开，但在其画像题材的选择上，仍然摆脱不了符合其作为建筑构成部件的实用性的考虑。因此，铺首衔环几乎贯穿了汉代墓门门扉图像的始终。

铺首衔环，在阳宅门户上本具有实用性。到了墓门门扉之上，铺首延续着阳间辟邪厌胜、守卫门户的职责，而铺首所衔之环则体现出可扣门传音的象征意义。与铺首衔环相伴出现、最常见的组合是与朱雀的搭配，在画像石分布的四大区域，该组合普遍存在。朱雀一般立于铺首之上，引吭高歌、展翅欲飞。《楚辞·惜誓》曰："飞朱鸟使先驱兮，驾太一之象舆。"[7]作为一种象征祥瑞的灵鸟，朱雀代表着灵魂升天，涅槃重生的意义。

总之，门扉画像石因出于对阳宅门户的模仿，为了顾及门户本身的功能性，墓门门扉的题材内涵显得比较单一，主要体现着辟邪镇墓与灵魂升天的含义，整个画面显得威严肃穆。

（三）门柱画像组合及意义

门柱位于门扉的两旁，在建筑功能上有支撑的作用，讲究对称。它作为竖向长条形的石材，宽度有限，因此在题材组合上受到一定局限。人物图像为门柱上最普遍的题材。豫南、鄂北地区的门柱画像石普遍为一人一石的人物图案，也有少量门柱单独以楼阙及几何图形为题材。有的门中柱为一石二人的构图。部分门柱在人物上部配

图12 南阳军帐营画像石墓墓门左门柱正面、背面图像

以凤鸟等动物或圆环等图案。捧盾、执戟、执金吾、执钺等武士常常出现，喻意保卫墓主人的安宁。门吏侍者往往都刻画得恭敬顺从，一方面表达了当时人们希望能有仆人在冥界继续为其服务，另一方面也反映了现实生活中达官显贵所过的奢华生活。（图12）

三、结语

豫南、鄂北地区汉代画像石墓墓门区域画像经历了较长时间的发展。石墓门在西汉王室贵族

的墓葬中少量出现后，于西汉中期开始在南阳地区的中下层官吏、豪强地主墓葬中出现。以唐河湖阳画像石墓为例，其未被盗扰的东室出土大量金箔，与棺灰中的漆皮同出，推测原为镶金箔的漆棺，同时还出土了鎏金凤凰、鎏金印章及玉器，说明墓主人应该地位较高、拥有巨大财富。[8]

该区墓门画像石的发展与当时的社会经济息息相关。根据豫南、鄂北地区汉代墓门画像石的分期可见，其在数量上经历了由少到多，再逐渐减少的情况。各时期墓门画像石的题材有一定变化，图像配置在不同阶段具有不同特点。墓门画像石一般围绕辟邪厌胜、祥瑞升仙以及现实生活三个主题。墓门区域作为阳世与阴间的过渡地带，在墓门画像石的装饰之下，人们去世之后的归所成为有神兽守卫、仙人相伴、拥有人间一切美好生活的永生之地，帮助人们克服对死亡与未知的恐惧。

---

[1] 安金槐. 河南南阳杨官寺汉画像石墓发掘报告[J]. 考古学报, 1961（1）.

[2] 赵成甫, 张逢酉, 平春照. 河南唐河县石灰窑村画像石墓[J]. 文物, 1982（5）.

[3] 陈锋. 河南省南阳县辛店乡熊营画像石墓[J]. 中原文物, 1996（3）.

[4] 蒋宏杰, 赫玉建, 刘小兵. 河南南阳陈棚汉代彩绘画像石墓[J]. 考古学报, 2007（2）.

[5] 王符著, 汪继培笺, 彭铎校正. 潜夫论笺校正[M]. 北京: 中华书局, 1985.

[6] 许慎撰, 段玉裁注, 许惟贤整理. 说文解字[M]. 南京: 凤凰出版社, 2007.

[7] 林家骊译注. 楚辞[M]. 北京: 中华书局, 2010.

[8] 南阳地区文物队, 唐河县文化馆. 唐河县湖阳镇汉画像石墓清理简报[J]. 中原文物, 1985（3）.

刍议郑州碧沙岗北伐军阵亡将士纪念馆的建筑特色

宋 锐

河南博物院

摘要：郑州碧沙岗北伐军阵亡将士纪念馆建筑是河南省为数不多、较为完整的近代优秀建筑，也是我国前辈建筑师在传统和西方建筑之间，努力探索出的具有中国时代特色的建筑。其建筑形制、结构形式、材料及建筑设计原理等特点，都具有不可替代性，对河南省建筑史研究而言是不可多得的实例，对河南省古代建筑演变到现代建筑的研究有着重要意义。

关键词：郑州碧沙岗北伐军阵亡将士纪念馆；近代建筑；建筑形制结构

一、引言

我国近代建筑通常以断代史的时间轴为基础划定，即1840—1949[1]年间建造的建筑。近代建筑在建筑发展史中仅有百年历史，虽此段时间不长，但处于我国建筑发展急剧变化的阶段，是承上启下、中西交汇、新旧接替的过渡时期，并且经过此时期建筑的发展，我国以木结构为主的传统建筑形制基本没落。特别是近代后半期创造的建筑，是我国前辈建筑师在传统和西方建筑之间，努力探索出的具有中国时代特色的建筑，对包括建筑形制、结构形式、材料及建筑设计原理等都具有不可替代性，也是研究我国建筑发展史和传统建筑向现代建筑演变不可或缺的时期，所以有着特殊的历史、艺术和科学价值。我国现遗存的近代建筑数量远不及古代建筑和现代建筑，河南省的近代建筑更是为数不多，郑州碧沙岗北伐军阵亡将士纪念馆就是此时期保存下来的、较为完整的优秀近代建筑群。郑州碧沙岗北伐军阵亡将士纪念馆建筑对研究河南省建筑史而言是不可多得的实例，对河南省古代建筑演变到现代建筑的研究有着重要意义。因此，本文着重介绍这组优秀近代建筑群的基本特征，为河南建筑史和近代建筑的研究提供支持。

二、郑州碧沙岗北伐军阵亡将士纪念馆沿革与总体格局

（一）郑州碧沙岗北伐军阵亡将士纪念馆沿革

郑州碧沙岗北伐军阵亡将士纪念馆位于郑州市建设路31号碧沙岗公园内，是1928年3月动工，同年8月竣工，冯玉祥将军为了瘗葬历次作战中阵亡的上千名英烈，先后拨款20万元，责成交通司令许骧云择地建造的郑州碧沙岗烈士陵园中的烈士祠（纪念馆）。建造之处原是荒芜的黄土岗，系梅山由西向东北延伸的尾端。岗上只有些防风固沙的树木，长期风沙弥漫不长庄稼，被称为"白沙岗"。因不占用耕地，冯玉祥决定在此建造陵园，并取"碧海丹心，血殷黄沙"之意，命名为"碧沙岗"，亲笔书写镶嵌在陵园北大门，又书写"碧海丹心"镌刻于陵园中纪念碑之上。现为环境宜人，苍松翠柏，海棠争艳，绿色满目的公园。1956年郑州市人民政府决定辟碧沙岗为公园，1966年10月—1980年11月改名为"劳动公园"（郭沫若题字），改革开放后恢复原名。1986年被河南省公布为省级文物保护单位，1991年6月28日聂荣臻元帅为新建纪念碑题词"北伐阵亡将士永垂不朽"，2008年被命名为"爱国主义教育基地"。纪念馆现为郑州市文物考古研究院办公场所。

（二）郑州碧沙岗北伐军阵亡将士纪念馆总体格局

郑州碧沙岗烈士陵园原由烈士祠、中山公园（民族、民权、民生三亭及水池、石桥）和已消失的烈士公墓、民生公墓（官兵眷属公墓地），以及现存40块碑刻组成，占地约400亩。现碧沙岗公园南北长约600米，东西宽约410米，面积为24.6万平方米左右。纪念馆是陵园主要组成部分，居于陵园中部，院内方砖铺地，古树参天，苍松翠柏，冬青常绿，棕榈展翅，文物荟萃，与公园的优美环境互映生辉，是一个文化气息浓厚、空气清新、环境优雅的中国古典园林式建筑群组团。整个院落由南北向两进院落组合而成，整体坐南朝北，平面基本呈矩形，左右对称，沿中轴线从北向南依次是大门、大殿和后殿，总占地面积3922平方米。院前有高大照壁，已毁；第一进院有大门、正殿和东、西两厢房，朱漆门楼左右有耳室，外两侧分列汉白玉石狮一对，东、西以厢房后墙作围墙，宽度稍窄，东西长48米，原大门和围墙已毁，现大门为1979年重建；第二进院正中为后殿，周围是红色高墙，东部向外有部分扩展，东西长58米，南北长74米。

三、单体建筑形制结构

（一）大殿

大殿位于第一进院落的中轴线上，在第一和第二进院的中间，坐南朝北，正对大门，是院内的主要建筑。大殿为单檐悬山带前廊建筑，台明高耸，鼓镜柱础，朱漆廊柱，青砖垒墙，绿瓦覆顶，龙吻雕脊，明间辟门，贯通前后，其余各间开窗，加上精致、玲珑的前檐挂落，整座建筑高大气派，又不失华丽。结构为砖木结合，主构架使用木制，维护用砖，屋面前长后短。（图1）

平面呈东西向长方形，北面带前廊，整个建筑平面布置由柱和墙体用轴网联系组成，轴网左

图1 大殿

右对称布局，面阔 7 间，明间、次间、稍间、尽间开间尺寸相等，长度均为 4.52 米，通面阔为 31.6 米；进深 2 间（按墙柱轴网），廊进深开间为 2.46 米，主体进深 8.06 米，通进深 10.52 米；建筑通高 9.57 米。建筑的最下部，廊子台明外围用青砖砌筑，高 0.81 米，周围用青石阶条石做边，主体没有台明，墙体直接伸入地面以下。台明前后明间各设青石台阶 5 步，台阶两侧用垂带石，垂带下端不设燕窝石，而用两块石块抢顶，燕窝石部分采用与台阶一样的条石代替，象眼部分用砖砌筑。北面台阶宽 4.48 米（垂带外边），小于明间开间尺寸，南面台阶宽 2.4 米，台阶踏步略宽于后门。地面使用方砖。前廊下部使用 8 根柱子支撑，与主体前墙围合形成廊子的内部空间。主体四周用墙体围合，形成内部空间，在平面轴网的交汇处设墙壁柱，以增强梁下支点的强度。整座建筑柱头仅用额枋相连，不施平板枋，额枋下用透雕挂落，其上不用斗拱，直接承托双步梁前端。内部梁架用"三角屋架"和"抬梁式"形式结合组成，共 6 缝梁架，山面无梁架，用墙体承托檩枋，整个屋架空间由六排桁架组成；廊子梁架用"抬梁式"，双步梁前端置于柱头，另端插入墙壁柱，梁头做成曲线状，其上并安放檐枋，梁上中部安插方童柱，童柱中部刻成小八角状，上顶单步梁头，梁头安放枋子；主体梁架为"三角屋架"，屋架大梁两端插入墙壁柱，其上中部安插柱子，两端安插斜梁，斜梁两端插入柱子，斜梁与柱子间用斜腹杆相连；脊枋直接支撑于柱头，其余枋子下放垫块支撑于斜梁，后檐枋、前下中枋分别放于后墙和前墙顶。上部椽子直接钉于枋子之上，前后均不用飞椽，外檐椽上用木望板，内檐用望砖，其上覆筒板瓦，形成整个屋顶。在前、后墙明间各安两扇夹板门，其余各间安玻璃窗，前窗用3扇，后窗用2扇。

（二）东、西厢房

东、西厢房位于第一进院落的中轴线两侧，坐东朝西，是院内主要建筑的配房。东、西厢房为单檐悬山建筑，鼓镜柱础，朱漆廊柱，青砖垒墙，绿瓦覆顶，龙吻雕脊，前墙明间辟门，稍间、尽间各安小门和窗，次间开窗，后墙明间和两尽间各开一窗，加上精致、玲珑的前檐挂落，整座建筑庄重，又不失华丽。结构为砖木结合，主构架使用木制，维护用砖，屋面前长后短。（图2）

平面呈南北向长方形，西面带前廊，整个建筑平面布置由柱和墙体用轴网联系组成，面阔7间，明间、次间开间尺寸相等，长度均为4.5米，稍间开间为4.45米，尽间4.35米，并且外墙外移10厘米；进深2间（按墙柱轴网），廊进深开间为2.4米，主体进深5.8米。建筑的最下部，廊子台明外围用青砖砌筑，高0.5米，周围用青石阶条石做边，主体没有台明，墙体直接伸入地面以下。台明前后明间各设青石台阶3步，台阶两侧用垂带石，垂带下端不设燕窝石，而用两块石块抢顶，燕窝石部分采用与台阶一样的条石代替，象眼部分用砖砌筑。明间台阶宽4.55米（垂带外边），略小于明间开间尺寸，南稍间、南尽间台阶宽均为1.7米，北稍间、北尽间台阶宽均为1.8米，且台阶踏步略宽于后门。前廊下部使用8根柱子支撑，与主体前墙围合形成廊子的内部空间，主体四周用墙体围合，形成内部空间。整座建筑柱头仅用额枋相连，不施平板枋，额枋下用透雕挂落，其上不用斗拱，直接承托双步梁前端。

图2　东厢房

内部梁架用"三角屋架"和"抬梁式"形式结合组成，共4缝梁架，山面和稍间缝无梁架，用墙体承托檩枋；廊子梁架用"抬梁式"，双步梁前端置于柱头，另一端插入墙体，梁头做成曲线状，其上并安放檐檩，梁上中部安插方童柱，童柱中部刻成小八角状，上顶单步梁头，梁头安放檩条；主体梁架为"三角屋架"，屋架大梁两端插入墙体，其上中部安插柱子，两端安插斜梁，斜梁两端插入柱子，斜梁与柱子间用斜腹杆相连；脊檩直接支撑于柱头，其余枋子下放垫块支撑于斜梁，后檐枋、前下中枋分别放于后墙和前墙顶。上部椽子直接钉于枋子之上，前后均不用飞椽，外檐椽上用木望板，内檐用望砖，其上覆小布瓦，形成整个屋顶。在前墙明间安两扇夹板门，次间安三扇玻璃窗，稍间、尽间分别安一个两扇玻璃窗和两扇夹板门，后墙明间和尽间各安两扇玻璃窗。

（三）后殿

后殿位于第二进院，中轴线的最南端，坐南朝北，是仅次于大殿的主要建筑。后殿为单檐悬山建筑，鼓镜柱础，朱漆廊柱，青砖垒墙，灰瓦覆顶，龙吻雕脊。前墙明间辟门，稍间、尽间各安小门和窗，次间开窗，后墙除明间外，均开窗，加上精致、玲珑的前檐挂落，整座建筑庄重，又不失华丽。结构为砖木结合，主构架使用木制，维护用砖，屋面前长后短。（图3）

平面呈东西向长方形，北面带前廊，整个建筑平面布置由柱和墙体用轴网联系组成。面阔7间，明间、次间、稍间、尽间开间尺寸相等，长度均为4.48米，仅山墙轴线外移9.5厘米，通面阔为31.455米；进深2间（按墙柱轴网），廊进深开间为1.535米，主体进深5.63米，通进深为7.165米；整座建筑通高7.615米。建筑的最下部，

图3 后殿

廊子台明外围用青砖砌筑，高0.28米，周围用青石阶条石做边；主体没有台明，墙体直接伸入地面以下。台明前明间、稍间、尽间各设青石台阶3步，台阶两侧用垂带石，垂带下端不设燕窝石，而用两块石块抢顶。燕窝石部分用与台阶一样的条石代替，象眼部分用砖砌筑。明间台阶宽3.43米（垂带外边），远小于明间开间尺寸，稍间、尽间台阶宽1.73米，踏步基本等于相对应的门。前廊下部使用8根柱子支撑，与主体前墙围合形成廊子的内部空间，主体四周用墙体围合，形成内部空间。整座建筑柱头仅用额枋相连，不施平板枋，额枋下用透雕挂落，其上不用斗拱，直接承托双步梁前端。内部梁架用"三角屋架"和"抬梁式"形式结合组成，共4缝梁架，山面和稍间缝无梁架，用墙体承托檩枋；廊子梁架用"抬梁式"，双步梁前端置于柱头，另端插入墙体，梁头做成龙头，其上并安放檐檩，梁上中部安插方童柱，童柱中部刻成小八角状，上顶单步梁头，梁头安放檩条；主体梁架为"三角屋架"，屋架大梁两端插入墙体，其上中部安插柱子，两端安插斜梁，斜梁两端插入柱子，斜梁与柱子间用斜腹杆相连；脊檩直接支撑于柱头，其余枋子下放垫块支撑于斜梁，后檐枋、前下中枋分别放于后墙和前墙顶。上部椽子直接钉于枋子之上，前后均不用飞椽，外檐椽上用木望板，内檐用望砖，其上覆小布瓦，形成整个屋顶。在前墙明间安两扇夹板门，次间安三扇玻璃窗，稍间、尽间各安一个两扇玻璃窗和两扇夹板门，后墙除明间外，各安两扇玻璃窗。

这一时期中国的建筑多为中西结合的形式，特别是公共性质的建筑，整体外观为中国特色的坡屋顶，细部为西方古典建筑式样（如门、窗），构架（梁架）相对中国传统的木构架有所变化和简化，部分采用"三角屋架"，在材料上出现混凝土和钢筋混凝土构件。这一时期是中国在建筑历史上建筑形式多元化发展的时期，也是中国近代海外留学生（如杨廷宝、梁思成等）回国后，带来西方建筑设计思想的结果。在中国传统建筑的基础上，融入了西方建筑的元素，就像中国外来宗教建筑一样，结合中国古典建筑的特点，在文化、装饰、材料等各个方面逐步融入。这个时期的建筑在设计上，单体建筑的组合相对于中国的庭院式组团形式来讲，独立性较强，常使用屋顶组合的方式，将中国每个本来独立的单体建筑组合成平面复杂的庞大建筑。针对郑州碧沙岗北伐军阵亡将士纪念馆的建筑，整个院落为二进四合院，虽没有复杂的平面组合，但其单体建筑的体量相对于中国传统悬山建筑来说，体型庞大；木构架仅在廊子用中国传统的"抬梁式"构架，其他不用"抬梁式"或"穿斗式"梁架，而采用"三角屋架"的形式。此种构架形式系现代钢屋架普遍采用的结构形式，短柱、腹杆（铁、木两种）、大梁、斜梁等构件间使用铁把钜或螺栓相连，节点连接采用刚节点的形式，弃用了中国传统的榫卯结构，即"软节点"；在细部使用门罩或窗罩，体现在门、窗上最典型的时代特点是用两层门窗，一层实体门窗（夹心门和玻璃窗），一层虚门窗（纱窗门和纱窗）。这些都对研究河南建筑史和河南近代建筑具有重要意义。

---

[1] 潘谷西. 中国建筑史（第六版）[M]. 北京：中国建筑工业出版社，2009.

博物馆陈列展览中VR技术应用实践研究

曲 乐
河南博物院

摘要：随着计算机科学技术的不断发展，博物馆管理、陈列展览方面也开始注重两者的融合，其中最为直观、有效的便是将虚拟现实技术（VR）应用于博物馆展览中。将VR技术应用到博物馆展览中，能够有效地宣传文物，让游览者不用实地到访参观便能身临其境般感受到文物的魅力，体会文化的博大；还能有效地保护文物，把一些珍贵文物、难以挪动的文物真实地展现给人们；最重要的一点是能够让人们看到没有实物的文物，对于一些残缺、只有文字记录的文物通过虚拟复原进行展示，可以为文物的修复奠定基础。VR技术对于博物馆发展和满足人们对于文物的渴望意义重大。

关键词：虚拟现实技术；博物馆陈列展览；文物信息

博物馆主要是向社会大众展现文物、传播弘扬文化的重要场所，但是由于以前技术方面的缺陷，博物馆的文物展览大多都是将实际文物或者仿品放置于馆中进行展览，并在旁边附加文字视频等进行介绍。对于游客和来访者来说，对文物的观看和对文字的了解难以记住，且大多数人都因为距离因素或时间因素无法到馆访问。对于博物馆来说，珍贵文物容易遭到损坏，且制造仿品、举办展览都会造成人力物力大量损失，往往得不偿失。

虚拟现实技术（VR）为当下一种较为前沿、新兴的技术，在诸多领域都可以看到其身影，将其与博物馆展览相融合，能够解决博物馆工作遇到的诸多难题。观众不必到场、到馆就可以完成文物的鉴赏，通过佩戴VR仪器，通过投影视频等多种方式进行展示，使得更多的人了解展品。VR技术构建的真实性场景能够给人们带来身临其境的感觉，突破了地域、空间限制，以直接体验的方式参与其中，更加直观地认知展品。

一、博物馆陈列展览中VR技术研究现状

博物馆融合虚拟现实技术，通过人机交互的控制方式，构建出一种真实的、偏向体验感受的虚拟仿真环境，体验的游客可以自行对虚拟展览

的文物进行控制，不仅可以对文物的具体筛选进行控制，还可以对具体某个文物的内部进行控制，观察文物的具体细节。[1]

在国外，谷歌公司就有款APP在2016年诞生，该款软件中包含了全世界1000余家博物馆和2000余名文物研究者、艺术创造者的作品，用户登录该款APP即可全景观赏这些文物。[2]世界上有许多博物馆也开展了虚拟现实与博物馆陈列展览方面的融合发展，比如知名的法国罗浮宫等。

在国内也有部分博物馆进行了新兴技术的相关融合，[3]早在2016年故宫博物院在举办的一次瓷器展览上就运用了虚拟现实技术，观众可以选择视频投放模式并佩戴好VR设备亲身体验3D场景，观察瓷器及瓷器周边环境。同年，陕西历史博物馆在"行走在壁画上的大唐——陕西历史博物馆唐代壁画VR数字国际巡展"项目上充分运用了虚拟现实技术。

二、博物馆陈列展览中VR技术应用场景

（一）"虚拟实景 + 虚拟虚景"浏览展品

运用虚拟现实的特性，使得实体博物馆中展览的实体文物、音视频等深度融合，通过客户终端为游客带来浏览展品的体验，游客不必实地到访只需要在设备上简单操作便可完成浏览。

虚拟虚景主要针对的是损坏的文物或有文字记录但是没有实际文物的陈列展览，[4]通过VR技术对虚拟文物、虚拟场景进行构建，使得人们能够看到已经消失、损毁的文物。该项技术也称为VR虚拟复原技术，在网络游戏开发等领域也有广泛应用。

（二）文物信息的共享与存储

一次文物展览和博物馆中被展览的文物往往都是整个博物馆文物的冰山一角，让社会全面地欣赏和了解一个博物馆的文物需要频繁地举办陈列展览或定期更换被展览的文物，这一过程中耗费的人力和物力往往十分巨大。虚拟现实技术考虑到了博物馆陈列展览中的现实问题，解决陈列展览中的问题，并且建立起三维的虚拟模拟数据库。[5]一方面可以对文物资源实现科学的存储；另一方面，虚拟现实技术也是融合了计算机科学技术，能够在互联网上实现高精度的存储和文物信息的共享，促进文物文化的交流，实现资源的交流互通。

（三）助力文物的修复与利用

在博物馆工作中，馆藏的易损文物在处理时很可能造成很大的损失，虚拟现实技术对文物进行修复保护是一个博物馆的重要工作内容。[6]而馆藏中还存在着大量不用的文物，如果不定期地保护和清洗就很可能使这些文物损坏，从而造成损失。VR虚拟现实技术通过对文物数据的录入，随后进行虚拟复原拼接，最终完成对文物实体的修复。

三、博物馆陈列展览中VR技术实践研究

（一）体素模型

立方体构成体素，其顶点分别对应8个角点。通常而言，图像像素点的均匀分布是由x、y、z三个方向构成的三维空间来实现，三个方面采样间隔假设是一致的，则体素的表示即可选用三维矩阵，其中三个坐标分别用i、j以及k来表示，8个

顶点对应的角度坐标则可分别用 (i, j+1, k+1)、(i+1, j+1, k+1)、(i+1, j, k+1)、(i, j, k+1)、(i, j+1, k)、(i+1, j+1, k)、(i+1, j, k) 以及 (i, j, k) 表示。得到的体素模型如图 1 所示。

（二）移动立方体算法

MC 算法是解决等值面生成计算复杂和难以显示的问题。

提取等值面的方式主要有两种：隐式等值面提取法和显式等值面提取法。后者是基于把等值面曲面函数定义为教学素材图像体数据在三维空间三个方向（x、y、z）上等级采样完成后，所构成的 f(x, y, z) 连续函数，随后令函数等于某特定阈值。在这种情况下，满足阈值的等值面函数所对应曲面即定义为等值面。与显式等值面提取法存在差异的是，MC 算法对等值面的提取采样的是隐式等值面提取法。这种方法不要求直接求出 f(x, y, z) 函数，仅需对体数据直接分析后，通过计算获得显示不同体素的等值面。

（三）光影投射与颜色赋值

RC 算法作为空间扫面的核心，其从视点向承载于屏幕上的像素点发出射线，对其穿过体素的脉络实行定长式采样，同时采用特定方法对像素点不透明度和颜色值进行计算，随后根据射线方向把像素点（位于射线上）的不透明度和颜色值合成，直至射线能够完全穿过体数据，或者像素点（位于射线上）彻底不透明为止。因为体素模型中像素点的不透明度和颜色值都需进行合成环节，所以一般而言体绘制效果要优于面绘制效果。教学素材图像的体绘制可清晰地展示出教学素材的各个细节，以及教学平面图中各个素材之间的关系。RC 算法的过程如图 2 所示。

因为体绘制要展示出最终博物馆展览的具体结果，除了对组成博物馆展览图片的素材颜色赋予颜色值，还需要针对其不透明度予以赋值。当不透明度为 1 时，则代表物体不透明，即意味着能看到位于物体后的物体；不透明度为 0 时，则表示物体处于完全透明状态，即该物体无法显示在界面，不可见。

一般而言，一个体素所包含的物质有多种，且这些物质间颜色都有可能存在差异，因此，体素所包含的物质决定了体素的颜色。假设一种物质在体素中占比为 pi，则 $C_i = (\alpha_i R_i, \alpha_i G_i, \alpha_i B_i,$

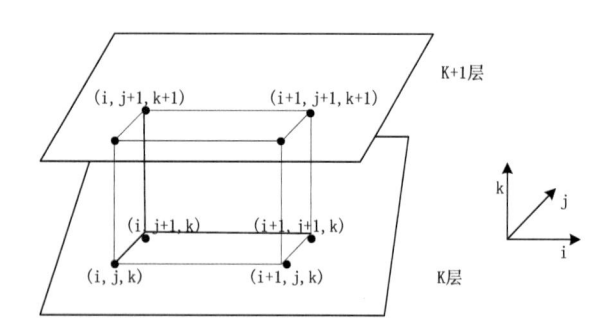

图 1　移动立方体中的体素

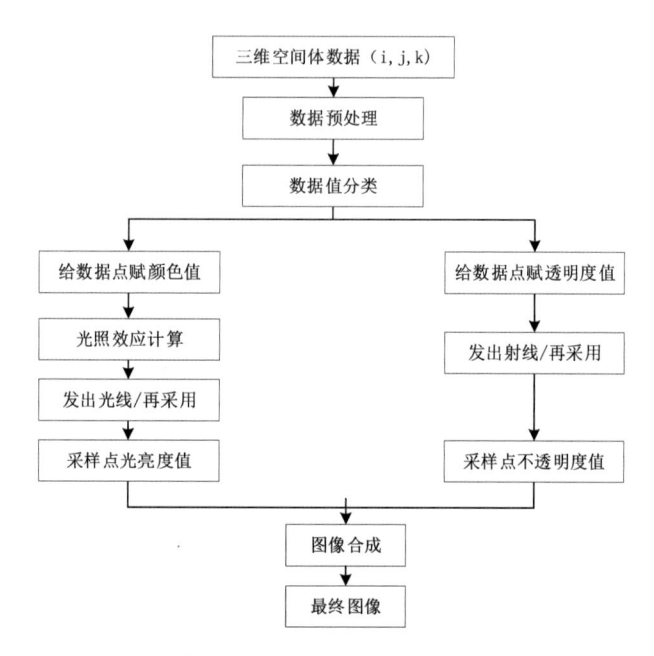

图 2　光线投射算法示意图

α_i）为物质颜色，即体素颜色的计算如以下公式所示：

$$C = \sum_{i=1}^{n} p_i C_i$$

（四）图像合成

由于从后向前的图像合成法是最具优势的一种，所以采用该种算法进行。

从后向前的图像合成法对射线的计算是从距离视点最后处开始，从射线到视点的方向确定像素点，将对应的透明度值和颜色值合成，直至视点位置达到为止。

设定采样点的不透明度值和颜色值分别为 α_i 和 C_i，前个采样点的不透明度值和颜色值分别是 α_i 和 C_i，下个采样点不透明度和颜色值分别是 α_k 和 C_k，那么即可得到公式：

$$C_k = C_i(1-\alpha_i) + C_i\alpha_i$$

假设与视点距离最远的那个采样点颜色初始值为 C_0，相对最后一个，即距离视点最近的那个采样点，赋值 C 为颜色值，那么第 i 个采用点的不透明度和颜色值分别是 α_i 和 C_i，其对应的透明度为 β_i（$\beta_i = 1-\alpha_i$），即可得到公式：

$$C = C_0\beta_1\beta_2\cdots\beta_n + C_1\alpha_1\beta_2\beta_3\cdots\beta_n + C_2\alpha_2\beta_3\beta_4\cdots\beta_n + C_{n-1}\alpha_{n-1}\beta_n + C_n\alpha_n = C0\prod_{i=1}^{n}\beta_i + \sum_{j=1}^{n}C_i\alpha_i\prod_{j=i+1}^{n}\beta_j$$

（五）VR 三维成像

1. 图像处理

VTK 可基于方法 vtkDICOMImageReader 对文物的图像进行操作，在对数据读取成功后，即将其进行转化，并把像素和文件信息等数据存储至位图 BMP 中，因为其是普通应用的图文格式，尤其是对于 Windows 操作系统而言。图像预处理：具体内容包括去噪和灰度化。图像分割与识别：通过对 C-V 模型（水平集）的选用，来分割教学设计平面图像，同时图像的识别基于 GA-SVM 算法来实现。

2. 二维重建至三维

在已构建出的博物馆文物图像的基础上，基于 RC 算法对被分割和识别后图片处理后的二维平面实行三维可视化。

3. VR 成像

为完成基于 VR 技术的三维建模的设计，将 HTCViveVR 设备应用于 VR 成像，在对该设备应用时，基于定位器来构成矩形区。头盔定位完成后，用户将头盔佩戴至头部即可活动于矩形区域内，并看到 Unity3D 引擎形成的博物馆文物成像的虚拟场景，以此构成三维模型。输出格式为 obj 的文件，并将其导入 Unity3D 引擎中，浏览者可通过 HTCViveVR 设备查看到文物的三维图像。其中，VR 设备中观看的博物馆文物展示镜像与 Unity3D 窗口同步，且具有一致性。

---

[1] 倪立，宋军，林灿. 浅谈虚拟现实(VR)技术在博物馆空间中的应用研究[J]. 科技传播，2020（12）.

[2] 朱幼文. 科技博物馆应用 VR/AR 技术的特殊需求与策略[J]. 科普研究，2017（12）.

[3] 卞欢. 基于 VR 的网上虚拟博物馆研究与实现[D]. 西安：西安石油大学，2020.

[4] 许蒙. 博物馆 VR 展示及其发展趋势[D]. 长沙：湖南大学，2019.

[5] 苗岭. 虚拟现实技术在博物馆叙事性设计中的应用探索[J]. 包装工程，2018（39）.

[6] 吕屏，杨鹏飞，李旭. 基于 VR 技术的虚拟博物馆交互设计[J]. 包装工程，2017（38）.

博物馆公共讲座研究

——河南博物院公共讲座提升策略初探

张 滢
河南博物院

> **摘要**：公共讲座是我国博物馆采用较早的教育手段，是差异化、特色化展现博物馆藏品资源、展览体系、研究成果的有效方式，也是彰显博物馆社会效益的重要形式。由于时代发展，公众对文化的需求多元化，博物馆公共讲座应从其定位、主题、内容、主讲人、传播、品牌建设诸多要素分析考虑，以期从强化学术转化、资源库管理、衍生品开发、建立业务集群等方面强化优势，弥补不足，提升效果，突出品牌效应。
>
> **关键词**：博物馆教育；公共讲座；提升策略

博物馆讲座本质上是一种教育手段，是把馆藏文物、陈列展览以及科研成果等通过讲授的形式，在大众范围和专业领域进行知识普及、传播，提升公众技能，涵养精神风貌，实现教育公众的目的。

博物馆讲座有学术讲座和公共讲座两种，学术讲座狭义上是以提高本馆业务人员的研究能力和业务水平为目的的专业性讲座，面对的受众是馆内业务人员或本地域博物馆业务人员。公共讲座也使用学术资源，受众为大面积、跨阶层、不定量的多数观众，广义上也应归为学术讲座，但因面对受众范围广、学术性需普及性转化，与学术讲座有所区别。公共讲座是我国博物馆较早采用的公众教育形式，在一级博物馆运行评估、央地共建国家级博物馆绩效评估中均占有相当比例，是活化陈列展览、藏品和学术研究成果的重要手段，是文化惠民的具体实践，也是彰显博物馆社会效益的重要形式。因此，放眼全国博物馆，特别是央地共建国家级博物馆、一级博物馆，从中选取代表性案例进行梳理、分析，找到目前国内博物馆公共讲座存在的问题，针对现状进行对策探讨，以期提升博物馆公共讲座的品质。

一、博物馆公共讲座要素和特征

（一）定义

目前对博物馆公共讲座的研究较少，高校和

图书馆的研究相对成熟，通过比对，博物馆公共讲座与其相似，都是以"讲"为主要形式，面向大众传播信息，本质是教育活动。博物馆公共讲座主题的确定基本围绕本馆学术资源以及相关拓展学术资源展开，涉及本馆藏品、展览的占大多数。根据以上特点，将博物馆公共讲座定义为：以传播藏品相关信息、主要利用本馆学术资源，邀请馆内外研究者，以大众或分众传播方式举办的讲座活动。从博物馆公众教育角度和传播要素看，公共讲座包含主讲人、主题、内容、观众、宣传推广、二次传播等，主讲人、内容、观众是三大核心要素。

（二）特征

博物馆公共讲座具有五个特征。一是定位明确，突出地域文化特征。不同地域不同类别博物馆，征集藏品标准和收藏体系反映了鲜明的地域特征。二是以学术研究为支撑，需要学术成果普及性转化。三是遵循博物馆社会教育特性，覆盖面具有广纳性，同时也能分众化。四是学术性和普及性兼备，既阐释学术观点，又与社会文化热点深度关联。五是教育手段使用综合技术，有多媒体视频、图片、动态演示加入非遗展演等，视觉效果增强，传播具感染力。

二、博物馆公共讲座现状

（一）举办频率

根据2019年发布的最新全国博物馆名录调查，层级和区域对各级博物馆讲座举办频率有明显影响，央地共建国家级博物馆、省级博物馆发挥带头引领作用。横向看，同一地区央地共建国家级博物馆比一级博物馆举办的频率高，省级博物馆举办频率比市级博物馆、行业博物馆高。纵向比，各地区的公共讲座举办情况参差不齐。目前，全国各省一、二、三级博物馆中，北京、上海、浙江、广东等地区公共讲座举办频率较高。（表1）

（二）开展形式

讲座以讲授为主要形式，根据主题内容还采取嘉宾访谈、非遗展示等形式。大部分博物馆公共讲座免费开放，地点选择在馆内学术厅、报告厅、教育体验厅、多媒体厅等专属空间。部分央地共建国家级博物馆、一级博物馆也深入学校、社区举办讲座。首都博物馆"蓟下博谈"2019年联合区级文化和旅游局，建立讲座分会场，服务观众1500余人。

（三）主讲资源

邀请馆外专家是各级博物馆通常做法。从调查看，北京地区博物馆内部主讲人比例最高，故宫博物院、首都博物馆超过85%的主讲人是馆内专家，陕西、山西、南京、江苏地区也有馆内专家参与公共讲座，其他地区馆内人员较少参与，偶有配合展览的策展讲座。外邀专家主要有三个来源：一是高校历史、考古、文学、艺术专业研究专家，二是在博物馆从事工作的研究人员，三是相关科研院所研究人员。其中，邀请历史、考古领域专家最多，其次是文学、民俗领域，艺术领域较少。

（四）讲座内容

讲座内容与本馆学术资源紧密关联，不但涉及藏品、展览，还扩展到与藏品文化内涵相关的学术研究。如《晋侯鸟尊发掘记》，以山西博物院藏西周中期天马曲村晋文化遗址出土的晋侯鸟

表1 中央地方共建国家级博物馆讲座情况表

博物馆名称	宣传途径	讲座数量	讲座形式	建立品牌	品牌名称
上海博物馆	海报公告／官网公告／微信公众号	2019年：166 2020年：48	线下	是	上博讲坛 博物馆青少年人文讲堂
南京博物院	海报公告／微信公众号	2019年：14 2020年：9	线下／线上	是	南博讲堂
湖南省博物馆	海报公告／微信公众号	2019年：19 2020年：9	线下	是	湘博讲坛
河南博物院	海报公告／官网公告／微信公众号	2019年：37 2020年：39	线下	是	中原国学讲坛
浙江省博物馆	海报公告／微信公众号	2019年：24 2020年：2	线下	是	武林文博讲坛
陕西历史博物馆	官网公告／微信公众号	2019年：19 2020年：145	线下／线上	是	文博讲坛 历博讲坛
湖北省博物馆	官网公告／微信公众号	2019年：6 2020年：0	线下	是	荆楚文明讲坛
辽宁省博物馆	微信公众号	2019年：18 2020年：10	线下	是	辽博讲堂
首都博物馆	微信公众号	2019年：24 2020年：25	线下	是	蓟下博谈
山西博物院	微信公众号	2019年：14 2020年：11	线下	是	晋界讲坛
重庆中国三峡博物馆	官方网站	2019年：17 2020年：16	线下	是	三峡文博讲坛

尊为对象，从遗址发掘、出土器物、艺术特色、文化背景等方面进行阐释。又如河南博物院配合"金字塔不朽之宫"埃及文物展主题讲座，围绕"日常生活""宗教""葬礼仪式"三大部分，呈现古代埃及在政治、经济、文化方面的面貌，帮助观众深度了解异域历史文化，倾听不同文明的对话。

（五）宣传推广

公共讲座宣传是博物馆日常宣传的重要内容，采用线上线下结合方式。大部分博物馆在馆内有宣传栏公布讲座安排，官网与微信公众号、微博等平台同时发布讲座信息。一些博物馆在微信公众号设独立栏目，专门发布讲座相关信息。河北博物院微信公众号在"享服务"一级菜单下设置"文博讲坛"栏目，发布最新讲座动态，提供往期讲座内容提纲回顾。

（六）二次传播效果

通过调查，大部分博物馆公共讲座二次传播影响力不足，衍生品单一，线下产品停留在出版图书、音频光盘，线上产品与宣传推广品区分不明显，仅个别博物馆推出网上课程。

（七）品牌建设

央地共建国家级博物馆全部有公共讲座品牌，固定讲座品牌名称、视觉标识，持续、稳定性强，具有相对稳定的观众群，观众忠诚度较高，设有专门团队管理讲座，社会美誉度好。

三、公共讲座案例分析

（一）上海博物馆

上海博物馆公共讲座举办能力极强，最大限度利用地缘优势和内外部学术资源，重视品牌持续高效传播，投入不断增加。2019年举办166场，常一天内举办2场，平均每周3天有讲座，有近50%的主讲人是外国学者。值得一提的是，上海博物馆虽然品牌名称不统一，举办时间也不尽固定在周末，但定位体现差异化。"上博讲坛"涉及地域文化、古代艺术、文物保护利用普及；"博物馆青少年人文讲堂"专门针对青少年群体，有精准的服务目标和内容策划；"展览讲座"对专题展览做系列阐释。

（二）首都博物馆

首都博物馆延伸服务，开展晚场讲座，年度讲座频次较高。2019年举办讲座30场，"蓟下博谈"全面展示本馆学术科研成果，随展系列讲座解读藏品故事、展览文化、地域文化。另有零星公共讲座。值得关注的是，讲座显示出极强的馆内学术研究能力和区域学术资源优势，全年讲座97%以上主讲人是北京本地专家学者。其中，"蓟下博谈"全部由馆内中青年学者主讲，来自保管、陈列、文物保护部门。另外，采取主场、分场运作，与石景山区文旅局联合成立讲坛分会场，不断扩大受众覆盖面。

（三）河南博物院

河南博物院"中原国学讲坛"有明确、统一的视觉标识，举办频次高，2019年举办讲座39场。每周六定时举办，邀请全国知名专家学者，围绕国学经典、古代文明、非遗民俗、文物保护利用等链接时代发展的分主题，形成品牌效应，有稳定的观众群。品牌形成辐射圈，以郑州为核心，向苏州、合肥、太原、长沙等近10个省外城市，以及焦作、洛阳、开封、南阳、安阳、周口、平顶山等10多个中原地市辐射，并开发有视频、音频、图书等二次传播衍生品。

（四）南京博物院

南京博物院主讲人、讲座主题、内容设置、举办频次在央地共建国家级博物馆中具有代表性，实际问题也是大部分央地共建国家级博物馆面临的。2019年举办20场公共讲座，1—2周一场，具有完整的品牌标识，有"南博讲坛"和"讲座"两个冠名，在服务观众群体、邀请专家范围、主题内容安排的功能导向上区别不明显，影响传播清晰度。二次传播有特色，将往年讲座文字、视频精选重新制作，微信公众号开辟"南博公开课"栏目，定时发布，阅读量达11.5万人次，达到吸粉和传播倍增效应。

四、存在问题分析与对策

（一）品牌差异化问题凸显

差异化、特色化是讲座建立辨识度、观众忠诚度、美誉度的重要手段，落脚点在品牌运行。央地共建国家级博物馆存在品牌特色不突出、同质化严重的问题，例如缺乏长期规划，主题设置和内容不能充分体现本馆学术特色、藏品特色、展览内涵。外邀主讲人重叠比例高，部分主讲人内容更新率较低，在不同地区间讲授雷同，直接影响了讲座品牌形象和辨识度，阻碍了影响力提升。

（二）研究成果转化不足

博物馆个性化离不开学术研究的个性化。[1]学术成果是公共讲座最重要的支撑，大部分博物馆利用馆内研究成果力度不够，研究成果对社会教育的直接转化数量不足，且主要集中在藏品研究和陈列展览，馆内研究员参与少。究其原因，一些馆学术研究水平有待提高，特色成果少，转化途径不明确，导致学术讲座策划和实施受制约。

（三）二次传播衍生品待丰富

目前，公共讲座的衍生品开发力度不够，没有实现资源最大化传播和共享。综合各地区看，除省级大馆外，其他各级博物馆没有讲座衍生品，出版物和新媒体传播品均存在数量少、种类单一的问题。随着我国互联网、数字化和现代信息技术飞速发展，中国互联网、手机网民规模庞大，利用网络平台开展教育及传播，从数量、形式上进行丰富，为公众提供更高质量的内容和产品是博物馆公共讲座应把握的趋势。

（四）需满足观众文化诉求

观众对讲座的需求层次对应其人员构成、年龄分布、知识结构、职业背景分析，对这些信息缺乏系统研究，制约了讲座分众化服务。大部分博物馆公共讲座举办地点设在馆内，对于社区、高校、企业、单位等社会群体观众参与缺乏便捷性，覆盖性有待进一步提高。这要求博物馆既要吸引参观的流动性观众，更要与周边博物馆、学校、社区开展合作，广泛挖掘并建立稳定的观众群，甚至可针对团体的专门需求，组织专场讲座。

五、河南博物院公共讲座提升策略

（一）强化本馆学术研究和成果转化

有学者指出，博物馆的可接近性有三个重要影响指标：博物馆的选址、专业团队设置和观众参与。[2]学术部门作为专业团队的一部分，是博物馆学术成果产生的重要来源。河南博物院可立足藏品优势、地域特性，集中力量、统一规划，利用课题和项目申报机制，推动基础研究与成果转化，服务于公共教育成果转化。

（二）资源库的建立和管理

走特色化道路是博物馆公共讲座面临的重要问题，学术资源的运用核心在主讲人和主讲内容两大要素。应做好讲座观众研究和教育理论研究，在此基础上把学术研究成果梳理、归类，建立目录库，科学规划选题和主讲内容配置，彰显讲座品牌特质。同时，建立主讲人资源库，实行动态管理，掌握全国范围内各博物馆、地域文化及相关研究专家的学术特长、出版专著、最新研究成果等。

（三）重视讲座衍生品开发

讲座二次传播不应只局限在本馆媒体平台，应利用多方渠道，融合社会力量，开发层次丰富、针对各类观众的衍生品。可以借鉴其他领域同类讲座的做法，例如上海广播电视台（集团）联合西影网及陕西省内博物馆推出的《书声》大讲堂，打造"线下对话经典，上直播分享"，现场开展讲座的同时推出线上直播课程，更组织大型主题研学活动，彰显跨行业融合、互通、合作、共享的理念。河南博物院是全国科普教育基地、人文社科基地、青少年教育功能试点，具有丰富的社会教育实践基础，同时与教育、媒体、文化创意等行业保持长期良好的关系，具备策划并形成融合式衍生品的能力。

（四）博物馆公共讲座群建设

面对大馆需不断拓宽讲座覆盖面、小馆学术资源不足的情况，可以建立业务集群，并借鉴其他领域的做法。2010年，国家图书馆牵头成立了全国公共图书馆讲座联盟，[3]各省级图书馆依托联盟定期举办主场和分场公共讲座，辐射市级图书馆，实现专家资源、场地资源、讲座成果、衍生传播品共享，搭建地域间学术交流和公共服务的桥梁。河南博物院具备建设公共讲座群的条件，一是作为央地共建国家级博物馆，是客家博物馆联盟、黄河流域博物馆联盟的首倡和盟主单位，具有庞大且权威的学术资源，能够起到对中小博物馆的带动。二是河南省博物馆学会设在河南博物院，拥有保管、陈列、社教、文创、安全等多个专业委员会，会员单位涵盖博物馆、遗址、纪念馆、国保单位，在陈列、保管、文物保护、社会教育、人才培训等方面给予中小博物馆帮扶指导，为公共讲座项目落地提供了场地和人员保障。

---

[1]蓝韶昱. 博物馆学术研究个性化探讨[C]//中国博物馆协会博物馆学专业委员会2014年"博物馆个性化研究"学术研讨会论文集. 北京：中国书店，2015.

[2][3]龚博茹. 国内博物馆学术讲座现状调查[D]. 郑州：郑州大学，2018.

文旅融合下博物馆针对青少年讲解方式的探索

——以河南博物院"特约讲解"为例

豆晓宇　王苏佳
河南博物院

摘要：博物馆讲解是公众教育的基础教学形式，刻板生硬的我讲你听，这种单一的教育方式已不能满足广大观众的多样化需求，特别是青少年的教育需求。如何让文物、文化真正地"活起来"，吸引青少年朋友从被动听变为主动学，从刻板教育变为有趣参与，并在此过程中，建立起青少年朋友的文化自信，成为新形势下博物馆青少年教育工作者需要研究的重要课题。河南博物院针对青少年的兴趣特点开发设计的"特约讲解"系列课程，着力把博物馆打造成孩子们学习的乐园，增强青少年对中国历史文化的深入研究与探索欲望。

关键词：青少年；博物馆教育；特约讲解

我国目前的教育及旅游事业发展极为迅猛，博物馆作为人类终身受教育的场所，开始渐渐被大众所关注，如《国家宝藏》《赢在博物馆》等影响力大的博物馆教育类电视节目，众多教育机构疯狂开展"博物馆游学"等。这些实例为博物馆教育的发展带来了机遇，同时这也是博物馆在文旅融合背景下，顺应社会发展，进行教育改革的一次巨大挑战。博物馆讲解是公众教育的基础教学形式，刻板生硬的我讲你听这种单一的教育方式已不能满足广大观众的多样化需求，特别是青少年的教育需求。2014年，国家文物局启动了"博物馆青少年教育功能试点"工作，博物馆必然成为青少年教育的第二课堂。2020年，教育部、国家文物局联合印发《关于利用博物馆资源开展中小学教育教学的意见》，明确提出利用博物馆资源开展中小学教育教学。如何让文物、文化真正地"活起来"，将丰富的博物馆资源有效地转化为中小学教育教学资源，吸引青少年朋友从被动听变为主动学，从刻板教育到有趣参与，并在此基础上建立起文化自信，成为新形势下博物馆青少年教育工作者需要研究的重要课题之一。（图1）

河南博物院2017年开设的"特约讲解"就是

在这种背景下针对青少年教育的尝试与探索。

一、普通讲解与特约讲解的区别

博物馆普通讲解，多是以陈列展览大纲为基础，撰写讲解词、背诵讲解词、理解消化吸收，针对公众实现我讲你听的教育效果。展厅普通讲解在服务公众的方式上，大部分无需特别预约，可1-20人成批成团。讲解时间因博物馆展览内容及讲解收费情况而定。讲解内容多因展线较长、文物较多，久而久之形成了流水线式的讲解方式。这种传统的讲解方式为成人观众概览式参观提供了便利，但无法满足青少年兴趣学习的需要及亲子教育需求。

河南博物院"特约讲解"是在普通讲解的基础上，针对青少年朋友量身定制的专题讲解活动。它以常设展览和临时特展为主阵地，发掘文物及文化内涵，编写通俗易懂并有参与性、趣味性的专题性讲解词，围绕主题进行专题讲解。并利用展厅内或展厅外专门开设的"特约讲解"活动区，对讲解知识点扩展，形成30分钟以内的趣味小讲座，通过舞蹈、诵读、手工等多种形式与青少年进行文化互动。在"特约讲解"实施过程中，推行"特约讲解"教育项目负责制，策划项目主题内容、活动形式、实施时间、活动场地、活动人群等。教育项目完成后，进行评审，通过后，对"特约讲解"项目进行宣传推送，通过线上线下预约报名，实施分众化的特约讲解。（图2）

二、开展"特约讲解"流程及主要内容

成立"特约讲解"项目组→研发项目内容→具体指导→特约讲解试讲→讲解验收→文案宣传→线上线下预约报名→实施特约讲解→项目总结。

（一）成立"特约讲解"项目组：具有开展"特约讲解"活动意愿的讲解员自由组合，成立"3＋1"项目组。所谓"3＋1"是指三位专职教育员和一位助教。确定特约讲解主题，推选组长，分配组员各自任务，报至"特约讲解"项目负责人进行初步审核，确定能否立项。

图1 《关于利用博物馆资源开展中小学教育教学的意见》

图2 在教育体验厅开展活动

（二）研发项目内容：立项后，研发是"特约讲解"成功实施的重要阶段，主要包括：分析主题讲解内容知识点，撰写讲解实施方案及流程；找准青少年兴趣点，深挖文物背后故事，开发讲解课程；策划特约讲解主题内容新媒体宣传文案；研发与讲解内容相关的教具包、互动体验包；制作讲解知识点扩展的相关PPT及视频。

（三）具体指导："特约讲解"各小组组长首次进行指导。指导内容包括"特约讲解"的主题内容、具体流程、讲解形式、教育资料包的研发、扩展知识相关内容、互动活动体验等。项目通过后再由"特约讲解"负责人进行二次指导审核。

（四）"特约讲解"试讲：以集体观摩的方式，真实模拟并实施特约讲解，找出不足，提出修改意见，相互促进，取长补短。

（五）讲解验收：对讲解内容的熟练度、准确性、表达、综合表现等进行考评验收。

（六）项目宣传：以图、文、视频等形式在河南博物院微信公众号、微信群"博趣堂""河南博物院历史教室"对"特约讲解"项目实施的主题内容进行相关文案推送及宣传，并发布"特约讲解"的具体时间、地点、参加人数和场次等信息。

（七）线上线下预约报名：在文案推送后采用电话、公众号、微信群、活动现场4种方式进行预约报名。预约报名时留下家长姓名及联系方式，孩子姓名、年龄，并邀请加入"特约讲解"微信群"博趣堂"。报名成功后方能参与"特约讲解"活动。

（八）实施"特约讲解"：集中接待安排参与

图3 "泱泱华夏　择中建都"展览的特约讲解

"特约讲解"团队，每场次不超过20位青少年，家长以旁听的形式参与其中。"特约讲解"项目组成员各自分工，完成90分钟的"特约讲解"活动。其中包括：对"特约讲解"内容形式做介绍，分发"特约讲解"教学工具包，拍照摄影记录过程，在规定的时间内完成展厅专题讲解、活动区知识扩展、互动活动等内容。（图3）

（九）总结：一是对参与观众对此次活动的感受进行总结；二是对活动过程进行资料总结，包括收取意见反馈表、总结讨论。在公众号发表"特约讲解"活动现场情况。整理活动照片、PPT，讲稿留档。

三、陈列展览设计与"特约讲解"相结合，增强游客在博物馆的体验感

博物馆讲解与教育离不开陈列展览。在传统的展览设计中，大部分以"文物陈列＋背景图片＋文字说明"为主要展示手段。河南博物院在个

别展览的设计中，加入了针对青少年设计的体验学习区、活动游戏区等。这些区域的主要功能是：1.为亲子家庭、游学机构、校园团体等提供学习场地。2.开展"特约讲解"活动最佳的体验和宣传区域。场地设计包含可以进行知识扩展的相关视频及PPT播放设备（音频和视频）、活动参与者听讲和参与手工活动的教学场地（课桌椅）、游戏空间（游戏、道具、实景）等。另外，通过展览设计部门与教育活动实施部门之间的有效沟通，根据"特约讲解"内容的需要，不同内容主题的陈展会有不同的设计。例如：河南博物院2017年专题展"雨林之神——中非珍稀面具艺术展"就在陈列展览的设计中开辟出可容纳20—40人的团体"特约讲解"活动，并营造出与展览匹配的非洲环境及体验项目，服务青少年朋友及亲子家庭。讲解员身穿非洲元素的讲解服饰，在展厅内进行讲解，极大地吸引了小朋友的参观热情。展厅"专题讲解＋知识扩展＋体验活动"，通过边玩边学、寓教于乐的方式，了解非洲风土人情、面具文化、仪式活动等内容，并在讲解活动中加入体验非洲鼓、非洲舞、亲手画面具、趣味问答等。90分钟展厅的"特约讲解"，小朋友不仅能全程参与不走神、不喊累，而且还吸引了众多大朋友的兴趣，纷纷关注相关信息平台，积极参与其中。(图4)

在展厅中加入讲解互动活动区是博物馆陈列展览＋教育活动相互捆绑，打包进行展示、教育、

图4 "雨林之神——中非珍稀面具艺术展"中的教育活动区

图5 "金字塔不朽之宫——古埃及文物展"中的教育活动

宣传，也是文旅融合下加强博物馆参与性、娱乐性的积极尝试。首次试行"特约讲解"，就吸引了众多亲子家庭、游学机构、校园学生团体的关注。在展览开展的近3个月内，完成了40场近1200多人的"特约讲解"活动。首次开展"特约讲解"，深受孩子和家长的喜爱！这种展览设计与"特约讲解"相结合的方式在河南博物院"金字塔不朽之宫——古埃及文物展"（图5）、"金猪拱福——己亥新春生肖文物图片联展"等专题临

展中也发挥了很好的青少年教育效果，有力地拉近了博物馆与青少年及亲子家庭的距离，实现了文旅融合下学与玩在博物馆的转型。这种转型也许不够成熟，但从实施效果来看，还是深受广大青少年朋友及亲子家庭的喜爱。(图6)

四、"特约讲解"常态化

常态化表现为让"特约讲解"不仅服务于临时展览，而且在常设展览中开发课程，做好宣传与讲解推广，让更多的青少年走进博物馆，在双休日、传统节日、寒暑假开展各类主题的"特约讲解"活动，满足青少年的多元化需求。目前，针对河南博物院基本陈列"泱泱华夏 择中建都"展览，研发了特约讲解《博物馆里的女神和女汉子》《考古那些事》《铜话故事》等单课程，还有《我爱我家之古都系列》《我是国宝守护人》《博物馆趣寻宝》《博物馆里的成语典故》《中国传统节日》等众多系列课程。以深入体验、诱发思考、趣味互动的讲解方式，提升未成年人对博物馆的兴趣。通过三年时间的运作与发展，河南博物院的"特约讲解"项目已经成了博物馆教育的新品牌。[1]（图7）

"特约讲解"的常态化是发展的必然趋势，从调查问卷中可以看出，观众对"特约讲解"这种分众化教育的需求强烈。针对不同的受众，开发相应的讲解主题，让流水式的博物馆参观渐渐转变。因为有这么多"菜单"可以选择，所以，组团走进博物馆参与"特约讲解"必将成为文化旅游新时尚。

五、把"特约讲解"打造成为博物馆文化旅游新品牌的几点思考

品牌是彰显博物馆教育特色和优势的最佳体现，也是赢得公众口碑的最好推手，更是常态化保持的最优途径。所以，如何把"特约讲解"打造成文化旅游的新品牌，是每个参与者需要思考的问题。

依托博物馆平台，解读自身优势，研究受众需要，分析社会发展趋势，分享个人的以下几点思考：

图6 讲解服装配合展览，贴近孩子的兴趣点

图7 《河南日报》有关"特约讲解"的报道

（一）制度建设

严格按照"特约讲解"的实施流程及验收标准执行，规范讲解形式与内容，对每场"特约讲解"的完成质量严格把关，做到保质保量，经得起考察与验收。建立"特约讲解"的服务标准，使工作程序规范化。不定期举行专家评审公开课，对内容及形式进行评审，确保输出的内容严谨、科学。

（二）加强合作

学校是教育的主体，教师是青少年博物馆教育的关键，也是"特约讲解"受众来源的依靠和力量。馆校合作，利用博物馆资源，开设与教材相关的各类选修讲解主题，使"特约讲解"内容更具实践性，明确青少年需求，准确定位"特约讲解"内容。

与社会教育机构、旅行社、企业高端客户群、"博物馆游学"项目等相结合，要把"特约讲解"深入到社会各界，在文化旅游项目的选择上，根据大众需求，实现专业订制，把合理需要转化为新课程的开发。

（三）与新媒体相结合

充分利用官方主流媒体深入宣传其讲解内涵和开展活动的意义；另结合目前大众关注度较高的媒体平台，如微信、微博、抖音等，思考适合各平台的宣传方案、推广方式、营销办法。如通过短视频、主题推文等形式，找准青少年关注的相关文博知识、历史文化等，用趣味答题、博物馆探秘等参与性较强的方式扩大关注度及影响力。另外，可开发专业的服务性公众号及订制博物馆教育小程序，进行讲解内容的推广、宣传、预约、报名等。

（四）人才培养

讲解员除了熟知博物馆展览、文物、文化等专业知识，还要立足于国家战略与学校教学计划，找准主题，开发相关课程；在实践过程中，增加教育学、儿童心理学、营销学等相关内容培训，做到学懂、弄通、做实；勇于创新，且不断学习文博界新的观点与理论，提升讲解人员的综合素养及大局观；了解人员优势，对团队分组，渐渐使"特约讲解"各组成员组合成更为细化的专职小组，使发展培养更加专业化。

六、结语

青少年教育是每个家庭的重中之重，而博物馆已成为青少年教育的重要场所，全国各个博物馆教育项目呈现出百花齐放、百家争鸣的态势。在这样的大环境下，如何做好文旅融合后的转变与创新，每个博物馆都在积极摸索。[2] 河南博物院"特约讲解"极为年轻，在实践的道路上摸爬滚打，把它历练成为文化旅游的新品牌，还需要一个长期、曲折的过程。博物馆藏品是文化旅游发展的基础，把每一件蕴含着大量科学知识的藏品变成极佳的教育载体，更直观、更真实、更近距离地让观众接受，并把它看成有趣的、生动的学习内容，才能真正实现在玩中学、在学中玩；并适应文旅融合下亲子家庭及青少年对博物馆寓教于乐、优质服务的双重需求。所有博物馆教育人一定会探索出一条新的道路！

---

[1] 丁福利. 博物馆教育品牌建设之路[N]. 中国文物报, 2017-6-23.

[2] 毛颖. 博物馆与青少年教育[J]. 东南文化, 2010（1）.

谈谈豫博文创工作中的"孙子兵法"

宋 华

河南博物院

摘要：近几年，随着国家提出"文化强国"战略目标，多项"利好"文件的出台，标志着博物馆文创工作迎来了扬帆起航的时刻。《孙子兵法》的体系结构严谨，言简意赅，逻辑性强，它的理论实践对于博物馆文创工作也有着诸多的借鉴意义。本文将选取豫博文创的一些实践案例，分析《孙子兵法》在文创管理工作中的运用，以期提供一些借鉴意义。

关键词：文创工作，《孙子兵法》，团队建设，战略目标

2016年年底，国家文物局下发了《关于公布全国博物馆文化创意产品开发试点单位名单的通知》，首次批准92家博物馆作为文化创意产品开发试点单位，河南博物院作为河南省博物馆界唯一一家试点单位位列其中。为响应号召，扎实推动优秀传统文化的创造性转化、创新性发展，近年来，河南博物院在文创工作发展中逐渐探索出了一条自己的道路，取得了一些成绩。同时，本人在两年多的文创工作中发现《孙子兵法》的战术指导原则在文创管理与经营工作中有很多实用价值。本文结合豫博文创发展中的一些实践，谈谈粗浅的体会。

一、"道者，令民与上同意也"

《孙子兵法》曰："道者，令民与上同意也。故可以与之死，可以与之生，而不畏危。""道"就是我们今天所说的共同的价值观、共同的目标、共同的使命。

2019年2月，河南博物院着眼大文创，成立了文创产业工作领导小组，下设办公室（简称"文创办"），大力支持文创发展。成立文创办之初的一项重要工作就是制定《河南博物院文创工作方案》（以下简称《方案》）。其中，提到"建立文创

智库，提高文化创意产品研发水平"。筹备建立"河南博物院文创智库"，整合文博创意产业资源，搭建合作交流研究平台；与高等院校、科研院所和文创企业联合共建人才培训基地；在河南省博物馆联盟的框架下，制定并履行河南省博物馆行业文化创意产品开发合作框架协议，推动联盟单位与全省、全国扩大规模，在产业园建立文创基地，期待更多优秀的伙伴合作，打造更多爆品和营销案例。加强与全球文化创意产业机构的深度交流与合作，提升我省文博行业文化创意产品设计和开发的协同发展水平。在《方案》的指引下，文创办把为社会创造价值、推动文创事业发展作为目标，在工作中建立和形成了清晰的价值准则，坚守自己的社会责任。美国心理学会前主席马丁·赛利格曼在《真实的幸福》一书中说，幸福感由三项要素构成：快乐、投入和意义。赛利格曼认为，投入和意义远比幸福更重要。所以，在管理上要最大限度地减少部门内耗，调动部门成员的积极性，使大家上下形成强烈的归属感、认同感、使命感和自豪感。

2020年9月，原社会服务部的8名老员工加入文创办，文创办所有人同心同德，发挥表率作用，"上下同欲者胜"，调动大家的积极性，主动参与到所有岗位中。关心员工生活，坚持为大家办实事。两边人员在磨合中经历了试开馆、文创大赛等重要工作，大家彼此学习，逐渐了解了对方，同时原文创办的工作人员也把豫博文创的愿景和价值观在潜移默化中传递给了新同事。在一次次合作中，每个人都逐渐明白，他们既是为了一个远大的理想而奋斗，也是为了每个人的切身利益而努力。当员工真正从内心深处得到激励，才能全身心地投入到文创事业中去。

二、"兵无常势，水无常形"

《孙子兵法》认为，战略战术的指导原则是灵活机动的。"夫兵形象水，水之形，避高而趋下。兵之形，避实而击虚，水因地而制流，兵因敌而制胜，故兵无常势，水无常形；能因敌变化而取胜者，谓之神。"

文创工作因为牵扯到经营，有计划、组织、开发、决策、指挥、控制、营销、收益等一系列管理活动。由于工作内容不同、性质不同，管理模式和方法也会有所区别。随着文创工作不断发展，文创工作理念也随即转变并提升。

2019年，文创办刚成立时，理念是"与心相交，成其久远"。本着这样的理念，和多家企业合作，建立了粉丝群，逐渐有了志同道合的朋友，大家有了共同的心愿，希望与豫博文创一起出发，走得更远。2020年，豫博文创有了一些基础，产品从100款增加到700多款，在不断积累经验的基础上，又提出"一枝独秀不是春，百花齐放春满园"的理念。这一年，豫博文创以包容的心态，首次邀请22家地市博物馆参加，成功举办了第七届河南省博物馆文创大赛，并且主导成立了河南省博物馆学会文创专委会。专委会的成立预示着豫博文创将正式担起带动全省同行文创发展的重任，传播自己的经验，搭建平台，让全省博物馆和文创界企业能够获益，快速发展起来。2021年，豫博文创发展势头保持良好，文创基地入驻国家知识产权试点园区，中国郑州（创意产业）知识产权快速维权中心工作站落户河南博物院，这些项目为打造博物馆文创发展平台积累了扎实的力量，于是豫博文创又提出"栽得梧桐树，引来金凤凰"的理念，期待更多优质文创企业加入，共谋文创事业发展。

使命是不变的，战略意图是相对稳定但又会阶段性调整的，而当下的行动则要随机而变。2020 年年底，"考古盲盒"火爆了整个文创圈，线上销售额迅速上涨；线上运营团队从 2 人客服扩大到 10 人以上，全员皆客服；仓库增加了临时工，还设立了舆情专员、售后专员的岗位……豫博文创在两个月内经历了爆款、营销、产品迅速扩张的阶段。在这场战役中，最终锻炼的是豫博文创驾驭和变革组织的能力。为了适应发展，掌握节奏，文创办不断调整组织结构，"制度管人、流程管事"，迅速起草了新的规章制度。在一次次的问题解决中，每个人都为了配合团队积极调整了步伐，成长得非常迅速。

2021 年 7 月，郑州遭遇了洪灾、疫情的双重打击，河南博物院曾一度闭馆。这时候，文创办在思考，如何在困难中做力所能及的事情。于是，豫博文创选择在洪灾中援助灾民，支援解放军、公安干警，赢得了掌声，也燃起了团队的热情。在疫情面前，员工们居家学习，通过共读一本书、共写一篇读书笔记的方式，共同提高。并且创新了直播形式，这一次线下销售团队与线上运营团队合体，各自发挥优势，打造出了集"知识、趣味、购物"一站式的"豫来豫潮"直播间。

从战略到战术，越微观，计划的改变就会越频繁。文创工作要学会与不确定性共舞，不必去追逐一成不变，把意外和不确定看作工作、项目中的有机组成部分。科学的组织架构，"上下同欲"的高素质团队是经受突如其来打击并利用其形成机会的重要基础。

三、"致人而不致于人"

关于"致人而不致于人"，曾国藩有一句话叫"喜主不喜客"。占有主动才会有更多的可能性，体现在文创工作中，就需要打破固定思维，在创新中形成自己的主动权。

近几年，博物馆文创产品开发日趋成熟，同时也越来越多地出现了同质化产品。很多外形相同，只有包装、插画和 logo 不同的产品常常出现在许多博物馆中。如果只走别人走过的路、寻别人制定的规则，那就很难突破自己、发现自己最有优势的领域。

豫博文创在产品开发的探索中，也走过弯路，刚开始的时候，也追求同质化的产品，当然这也是文创开发工作的必然阶段。在理清思路后，豫博文创将文创开发的方向定为按品牌化进阶。截至目前，"考古盲盒""仕女乐队""修复盲盒""文物修复大师""国宝的奇妙冒险""女皇的祈福"等产品品牌已经逐渐生根发芽。同时，为了增加品类，豫博文创依然会选择一些大众喜爱的同质化产品，比如冰激凌、棒棒糖、巧克力、书签、明信片、冰箱贴……但会优先选择自己合作过的优秀企业，也会挑选同行推荐的有信誉的企业，为他们提供优质销售平台。

可以说，豫博文创一直把自己作为提升的目标，而创新是其发展的驱动力，在发展过程中新的标签式的词汇伴随着新的工作理念奠定了豫博文创的理论基石。

比如，将目前的文创产品分为1.0、2.0、3.0三个层级。1.0即指各种文物主题的纪念品，如书签、帆布包、文化衫、冰箱贴等；2.0则将文创产品扩展到五感体验，如美食、视听类产品造型雪糕、古钱币巧克力、会唱歌的棒棒糖、AR导览器等；"考古盲盒""修复盲盒"则属于3.0的文创产品，更多的互动性、交互性，拉近了玩家与博物馆间的距离。

再比如"动态文创"。"动态文创"的原理和游戏类似，可以根据使用者的反馈建议，及时更新产品的不足以及BUG。"考古盲盒"是第一款使用"动态文创"概念的文创产品，从2019年8月上架以来，在迭代升级中融入了许多玩家的反馈意见，从里面的宝物到外包装，都进行了不断提升，两年时间外包装版本升级8次，宝物翻模100多款。随后，豫博文创在粉丝管理中形成了回馈机制，有效建议都将得到回馈的礼物。

还有"王者联动"，产品与产品之间、方向与方向之间形成了一种策略性的配合，就是"王者联动"的概念。"考古盲盒"与"仕女乐队手"办盲盒是豫博文创重要的两款明星产品，它们在彼此的详情页里都增加了互动的内容，并且在"考古盲盒"中还加入了"仕女乐队手"办盲盒的兑换券。"散落的宝物"修复盲盒可以说是"考古盲盒"的兄弟，这款产品的品名特意沿用了"失传的宝物"考古盲盒的特点。而另一款"文物修复大师"则可称为修复盲盒的近亲兄弟，在产品类型细分上，将前者放到"考古工作中的修复"序列，着重介绍灰坑对考古工作的意义；而将后者放到"博物馆工作中的修复"序列，和博物馆文物医生产生关联。这些产品间的联动，很容易让购买者产生连带消费的效应。

实际上，最成功的案例当数"考古盲盒"名字的诞生。2019年8月，当这款产品上架河南博物院18平方米的文创小店时，它只有"失传的宝物""挖宝""考古玩具"等标签。后来在同期上架的一款"妇好鸮尊盲盒"的启发下，大家重新制定了"失传的宝物"营销方案，正式改为"考古盲盒"。可能很多人并不知道这个"盲"不是传统意义上盲盒的"盲"，而是"扫传统文化之盲"的"盲"。直至2020年淘宝店开业后，"考古盲盒"这个名字正式进入电商平台，才有了传统文化与现代潮流融合的话题，有了出圈的可能性。公众号"方塘智库"刊登的《生而为创，守正创新：河南博物院文创的觉醒与征途》一文中提到，"如今再谈文创，河南博物院'盲盒'系列也成了绕不开的现象级产品，它不仅给河南博物院带来了可观的经济效益，更为重要的是，开创了一个新的文创品类，表现了一个文物资源大省博物院的独有担当"。这样看来，"改名字"的确是一件正确的事，而"改名字"的"后遗症"是将这款产品的意义从考古玩具提升到致敬考古、传播传统文化的层面，才重新确立了它的开发方向，它才有了自己的灵魂。

四、"兵者，诡道也"

中国人的思维方式和西方人有很大不同，比如西方人说一加一等于二，二加二等于四，四加四等于八；中国人的思维偏于辩证逻辑，一生二，二生三，三生万物。西方人讲一个圆分为两半，是对应关系；中国人喜欢说一个圆有阴阳，是互动关系。中国的"诡道"就是巧妙运用，发挥自己的优势，改变自己的劣势。"击虚"和"诡道"是相辅相成的。

豫博文创客服被粉丝们冠以"有温度的客服"称号，因为他们不是像人工机器人那样简单的复制粘贴，而是会与顾客"聊天"。客服工作中有时会遇到咄咄逼人的顾客，优秀的客服总能第一时间捕捉到顾客生气的缘由，并能吸引顾客的注意力，成功转移顾客的情绪。比如在修复系列中，有的宝物缺口有些大，对于顾客来说难度比较大，客服会把专家给的文物修复步骤发给顾客，陪着顾客一起修复；有时顾客还不满意，客服会把河南博物院展厅里修复的文物照片给顾客，鼓励他们，述说修复大师的不易；最后，客服与顾客共情，站在对方的立场逐渐缓解顾客的情绪。

其实在这一系列的操作中，让顾客觉得可能是自己的方法有问题，他们把博物院的修复文物照片发给顾客，鼓励他挑战高难度，都是转移顾客注意力；与顾客共情，陪着顾客，让顾客觉得不是自己一个人在面对困难……这些都是"击虚"的方法。并不直面顾客的焦虑，与顾客"聊天"，缓解顾客的情绪后再提出解决问题的办法，就是"诡道"的方法。

在豫博文创的开展中，也有一些危机公关案例值得探讨。2020年年底，"考古盲盒"火爆后曾出现过一次产品危机。由于当时生产力有限，宝物的款式在大批量秒杀的情况下出现了供应链断货，导致有些款重复率过高，特别是虎符，投放了三对不同的产品，但因为都是虎符，就出现了一个顾客买了7个考古盲盒，挖到了三个虎符的情况。这位顾客在"豆瓣"上发贴，立誓为组员们"拔草"，那则帖子的阅读量很高，轰炸到了豫博文创的自媒体平台。在这一天，文创办人员"考古盲盒"的研发团队打了几个小时的长途电话，双方讨论了N种解决问题的方案。供应链加速更新是必需的，但如何安抚网友，转危为安，甚至变成一个营销事件，才是双方需要反复讨论的。经过一晚上的焦灼与考虑，第二天豫博文创在自媒体平台发布了淘宝日志，对外公布"一对虎符兑换一枚大将军印"的公告。该日志的发布，不仅平息了这场危机，同时还博得了营销界和许多网友的掌声。后来的故事大家都知道了，三个月后，豫博文创守诺，将亮闪闪沉甸甸的"金石大将军印"寄到了粉丝们的手中，又得到了一片叫好声。

如果当初只是冲进豆瓣、自媒体平台去正面解释，应该不会有新一波玩家被种草了。正是由于巧妙地避开了顾客的情绪，分析自己产品的短板，以及顾客的心理，才有了"舍近求远"的方案。虽然投入了多余的成本开发了"金石大将军印"，但让顾客体会到了豫博文创的用心和言出必行的处事原则。可能在豫博文创的公关策略中总是用这样的笨方法——增加成本来获得信任，但这就是豫博文创的"道"，因为"信任，如一缕冬日的暖阳，会照进每个人的心底"。

"击虚"强调的是尽量避免直面别人的优势，要先寻找最有利于发挥自己的优势，最能减少自己劣势的方法。2021年7月13日，"豫来遇潮"品牌正式在河南博物院文创店上线，该品牌作为河南博物院旗下品牌，将现代国潮与中原地区传统文化相结合，全力打造有趣、有用、有艺术性的文创产品，开创新国潮IP空间，构建新国潮的生活方式，给观众带来不一样的文化体验。豫博文创提出了"豫来遇潮"品牌战略，正是分析了自己的产品优势，遵从了"击虚"的原则。这就类似于下围棋，不管别人怎么下，自己要始终保持自己的态势，从边缘突破为立足点。2021年8月，豫博文创顺势把"豫来遇潮"搬上淘宝，随后博物馆联动、鸿星尔克联名款……一场场直播活动为"豫来遇潮"品牌做足了宣传。8月17日，八部委出台了《关于进一步推动文化文物单位文化创意产品开发的若干措施》，其中提到"支持文化创意产品开发行业组织发展，促进市场主体资源共享、渠道共用，联合打造具有社会影响力的文化创意产品品牌体系"。显然豫博文创已做好准备，扬帆起航。

从事文创工作两年半，本人最大的体会是文创工作是一门跨学科的专业，它汇集了政治、历史、文化、考古、博物馆、经济、财务、管理、心理、营销、金融、设计、宣传、法律、公共关系等多个学科。每一个学科像一个圆，交叉在一起的中心点用于博物馆文创工作。交叉的内容越多，越需要内心的坚定。作为文创工作者，要遵守两条原则：第一，"进不求名，退不避罪"；第二，"静以幽，正以治"。首先要从全局的高度思考自己的工作，而不仅仅是执行命令，一切都是为了国家和单位提出的战略目标，为人民的根本利益考虑，而不计较个人得失。其次，要克服自己的情绪弱点，在任何复杂的环境中都要保持冷静的头脑，谋定后动，传递出强大的自信和掌控局面的能力，只有体现出"静幽正治"的品格，才能做出正确的决策。

关于博物馆内图书阅览室的几点思考
——博物馆公共文化服务的另一种方式

李 悦

河南博物院

摘要：博物馆集教育和研究为一身，是公共文化服务的重要窗口。除了陈列展览、学术研究、公众教育等活动，开放和利用博物馆内文博类专业的图书阅览室也不失为另一种宣传考古成果、传承和弘扬中华优秀传统文化、增强文化自信的手段。

关键词：博物馆；图书阅览室；公共文化服务

近几年，博物馆热已变成一种潮流，各大博物馆纷纷变成"网红打卡地"。一方面是博物馆的建设和发展受到了观众认可，宣传到位、服务意识提升所致。另一方面也正是人民群众对高品质精神文化产品的需求日益旺盛的体现。在这样的背景下，博物馆职能、业务、社会责任如何进一步提升，也是广泛讨论的话题。本文试图讨论博物馆对公共文化建设和业务结合方面的一些见解。

一、博物馆教育是核心，研究是其支撑

博物馆的收藏、研究、教育等众多职能中，教育是极其重要的一项。单霁翔在《博物馆的社会责任和社会教育》一文中说："博物馆应发挥教育资源的独特优势，完善教育体制，深化教育职能，突出教育特色，改善教育方法，强化教育效果，并与学校教育、社会教育紧密结合，从而履行社会教育，特别是青少年教育与公民素质教育的责任与使命。"[1] 近年来，在博物馆研究领域，博物馆的社会公众教育是一项非常热门的研究课题，研究主题有博物馆青少年教育、社教活动形式及内容、博物馆观众心理等。教育职能是将博物馆内文物藏品的历史价值、科学价值、艺术价值等转化成教育信息，再通过各类教育活动传递给大众。

博物馆教育是外显的，相对而言，博物馆研

究就显得内敛多了。王宏钧曾指出："博物馆的本质在于不断地揭示、保存藏品自身价值和最大可能地实现藏品社会价值。这一全部过程及其规律，就是博物馆学的研究对象。"[2] 科学研究是博物馆主要的职能之一。我国的博物馆主要是以历史、考古、文物、文化等为主，博物馆的研究工作主要在博物馆学、历史学、考古学、人类学、民族学、艺术史、古代科技史等方面展开，是多学科跨领域的研究，研究学者多以博物馆从业者、高校、科研院所人员为主。博物馆研究是开展一切教育活动的出发点，同时，博物馆教育的最终目的也是宣传研究成果，增长民众知识。所以，博物馆的教育与研究功能是相辅相成的。

二、应加强对博物馆文博类专业图书阅览室的利用

2020年11月，习近平总书记主持召开的政治局第23次集体学习会议时以考古最新发现及其意义为题，之后在《求是》杂志发表了题为《建设中国特色中国风格中国气派的考古学 更好认识源远流长博大精深的中华文明》的署名文章。在这篇文章中，习近平总书记指出："我国考古发现的重大成就实证了我国百万年的人类史、一万年的文化史、五千多年的文明史""要通过深入学习历史，加强考古成果和历史研究成果的传播，教育引导广大干部群众特别是青少年认识中华文明起源和发展的历史脉络，认识中华文明取得的灿烂成就，认识中华文明对人类文明的重大贡献，不断增强民族凝聚力、民族自豪感。"并对关于做好考古工作和历史研究、用好考古和历史研究成果作了重要论述。笔者由此认为，可以更好地利用博物馆内图书阅览室，为公众提供更专业的文博知识，更好地传播考古和研究成果。

2018年博物馆观众大数据分析显示，博物馆参观者的年龄，0—24岁占26%，25—29岁占27%，30—39岁占23%。而学历构成方面，大学本、专科生占50%，高中生占22%，研究生及以上占7%。[3] 从这些数据中可以看出，博物馆吸引的观众多是具有较高知识水平的年轻人。博物馆参观人员的调查数据显示，以兴趣为主的占63%，与自己工作学习内容相关者占19%。参观时长的数据显示，参观时有一半的人需要半天的时间，参观一天的人占17%，可见大家在博物馆逗留时间比较长，多是兴趣使然或者跟自己学习工作相关，目的性比较明确。

这种情况下，博物馆就更需要专业性和针对性。普通的参观指引和文物展品介绍无法满足这些观众的需要。随着社会对文博事业的重视，文博研究也是近些年研究领域的热点，重大历史研究和考古成果不断涌现。高校历史、文博专业建设和人才培养也促进了历史研究和文博研究。而一些博物馆也有自己的图书阅览室，这里的图书和杂志囊括了最新考古成果和历史研究。那么，博物馆内图书阅览室的开放，何尝不是对博物馆教育功能和研究功能的另一种拓展呢？

博物馆内图书阅览室的藏书，大多是与历史、文化、文物、考古、博物馆学、中国古代科技史相关的书籍、杂志和报纸。这些图书资料主要是为了从业人员研究和学习所需。但是，博物馆作为具备教育功能的"第二课堂"，也可以将这些开放给对此感兴趣的或者正在学习相关专业的年

轻观众，成为他们学习的另一个"教室"，让想了解历史、文物、考古、博物馆的人，不只是在大学的专业课堂上，也可以在博物馆的"教室"中获取知识。这个教室里，有最新发掘的考古成果，有新的历史研究成果及进展，有最前沿的中国科学技术研究和文物材料研究成果等。光是这些就足以吸引对博物馆相关专业感兴趣的人，在宣传考古成果、传承和弘扬中华优秀传统文化、增强文化自信方面同样也将起到至关重要的作用。

三、培养好年轻观众，就是在培养博物馆未来接班人

众所周知，近些年在博物馆事业蓬勃发展，博物馆数量、展览质量等逐步提升的同时，博物馆相关人才短缺也是另一个不容忽视的事实。博物馆的专业人员目前都是以高校相关专业毕业生为主。而就目前我国高校而言，博物馆学专业的开设规模与博物馆建设规模不成比例，这使得专业人才的培养速度远远跟不上博物馆建设速度。在很多高校，博物馆专业是个"冷板凳"，多依附于历史系、考古系等，独立性差，并非真正意义上的博物馆学。从培养人数上看，该专业招收人数少，每年的毕业生很有限，无法满足博物馆对专业人员的需求。因此国内各大博物馆或多或少都有人员不足的问题，市县级博物馆和民办博物馆人才匮乏现象更严重。

博物馆教育研究学者丁福利在总结近些年博物馆教育趋势时说，"普遍认识到重视未成年人教育是经营博物馆未来希望的需要"。未来博物馆的可持续发展需要有多种积极因素的支撑，而源源不断的博物馆后继人才是非常重要的支撑力量。西方博物馆的历史经验表明，那些童年时期在参观博物馆时留下美好回忆的人更容易成为优秀的博物馆人，更关注和支持博物馆事业发展。[4]因此，笔者认为可以重点关注对博物馆感兴趣的中学生、大学生，为他们提供更加专业的学习平台，使他们把兴趣转化为未来的工作和研究方向，这就是在培养博物馆的接班人，培养中华优秀文化的传承人。

四、图书阅览室的开放有益于全民阅读水平的提升

书籍是人类进步的阶梯，是人类用来记录各种信息、表达思想的工具。而阅读是人们了解客观世界的桥梁、眺望世界的窗口，是人们获取知识的重要途径。随着信息技术飞速发展，人们的阅读方式也逐渐在发生变化。根据第十六次全国国民阅读调查报告显示，数字化阅读的发展，提升了国民综合阅读率和数字化阅读方式接触率，整体阅读人群持续增加，但也带来了纸质阅读率增长放缓的新趋势。通过对各类数字化阅读载体的分析发现，2018年我国成年国民的网络在线阅读接触率、手机阅读接触率、电子阅读器阅读接触率、Pad（平板电脑）阅读接触率均有所上升。手机和互联网成为我国成年国民每天接触媒介的主体，纸质书、报刊的阅读时长均有所减少。我国成年国民网上活动行为中，以阅读新闻、社交和观看视频为主，娱乐化和碎片化特征明显，深度图书阅读行为的占比偏低，四成以上的成年国民认为自己的阅读数量较少，0—17周岁未成年

人图书阅读率有所下降，国民对当地有关部门举办阅读活动的呼声较高。[5]这些调查表明，越来越多的人通过手机等进行数字化阅读，且多是零散的、碎片化、娱乐为主，深度阅读减少，"娱乐至上"成为新潮，这值得我们警醒。各大博物馆纷纷以新颖的陈列手段、生动的表现方式和数字化、信息化等多媒体应用来吸引公众眼球，大力宣传传统文化，让观众理解文化的重大价值，提升公众文化认同感和归属感。而图书阅览室的开放，可以使人们在参观后，拿着一本纸质的专业书籍，进行传统的、深入的学习。

相比数字化的阅读，纸质阅读的优点在于更具有系统性和阅读的整体性，在资讯"碎片化"新常态下，系统性、整体性的阅读内容更能给人们带来启发，使人们通过反复阅读、揣摩、体悟书籍内容，从中汲取更多的知识营养。同时传统阅读能够促进人们的想象力构建，有助于提升读者的抽象思维能力，这是其他形式的脑力活动不能匹及的。[6]此外，纸质书籍与博物馆展示的文物一样，都是知识信息的载体。在高大宏伟的博物馆建筑中，仔细观详历史上遗留下来的一件件艺术品，最后，再坐到桌前，手捧一本有温度的书，深入认识参观过程中感兴趣或者疑惑的知识点，谁说不是另一种享受呢？

五、结语

博物馆是公共文化服务的重要窗口，在宣传和弘扬中华传统优秀文化、提升公众文化自信方面起到至关重要的作用。对于大部分的年轻观众而言，参观博物馆是以兴趣和学习为目的的，因此，笔者认为文博类专业图书阅览室的开放，可以满足专业学习的需要，同时也能促进博物馆研究和人才培养，提升公众文化阅读水平，是提高博物馆公共文化服务水平的另一种重要方式。

---

[1] 单霁翔. 博物馆的社会责任和社会教育[J]. 东南文化, 2010（6）.

[2] 王宏钧, 梁吉生. 试论博物馆学研究的对象、内容和方法[J]. 中国博物馆, 1986（3）.

[3] 文化和旅游部, 《中国经济周刊》采制中心. 大数据里的"博物馆热"[J]. 中国经济周刊, 2019(10).

[4] 丁福利. 论我国博物馆教育发展的新趋势[J]. 中国博物馆, 2013（3）.

[5] 中国新闻出版研究院全国国民阅读调查课题组. 第十六次全国国民阅读调查报告[J]. 新阅读, 2019（5）.

[6] 任燕. 数字阅读背景下纸质书籍的优势[J]. 美与时代(上), 2019（2）.

博物馆微信公众号运营策略研究
——以河南博物院为例

朱亚辉
河南博物院

摘要：新媒体时代博物馆要扩大品牌影响力，更广更深地传播中华优秀传统文化，就要打造观众喜爱的新媒体产品。本文通过对河南博物院微信公众号内容及用户互动数据，采用文本分析、相关性分析、回归分析等分析法，探讨博物馆微信公众号运营团队建设、内容提升、用户体系搭建及用户行为研究方面的合理性策略。

关键词：新媒体；传播；文本分析；回归分析

党的十八大以来，习近平总书记十分关心互联网发展，提出了一系列新观点、新论断、新要求——"让互联网发展成果惠及13亿中国人民""总体布局，统筹各方，创新发展，努力把我国建设成为网络强国"等，"互联网"成为习近平总书记重要讲话中的高频词。2016年年末，《"互联网+中华文明"三年行动计划》正式出台，互联网传播计划成为文博行业纲领性的指导意见，旨在用互联网成果给中华传统文化的传承、创新与发展"输血"。随着以互联网为载体进行信息传播的新媒体时代的到来，博物馆观众接收信息的渠道和方式愈来愈多样，微博、微信、抖音等新媒体凭借其快速的传播速度、良好的传播反馈和极强的互动性，迅速成为博物馆宣传、运营的重要阵地，因此利用好新媒体技术，博物馆的信息传递将会更加便捷和高效，博物馆与观众之间的互动也将更加密切。新媒体时代博物馆要扩大品牌影响力，势必要了解观众需求，势必要打造用户喜爱的新媒体产品，更广更深地传播中华优秀传统文化。

本文应用新媒体运营分析方法及统计学分析方法，对河南博物院的微信公众号运营状况进行分析。

一、河南博物院新媒体平台

河南博物院是首批央地共建国家级博物馆，在博物馆信息化建设方面处于领先地位。1998年，河南博物院开通官方网站，是中国博物馆界第一个有独立官网的文博单位。博物馆官网的开通为博物馆信息的传播开辟了一条新的途径，成为对外开放的又一个重要窗口。随着移动互联网的发展，河南博物院不断深化博物馆信息化建设和促进信息化传播。微博、微信、今日头条、抖音等新媒体平台快速发展，这些平台用户基数大、活跃性高、传播力强，河南博物院抓住新媒体蓬勃发展机遇，开通了河南博物院官方微博、微信公众号、今日头条号、抖音号等新媒体账号，实现河南博物院从文本到音视频、从单一的现场参观到多元多视角实时展示传播院藏文物资源和文物知识的转变，新媒体成为河南博物院传播传统文化、弘扬社会主义核心价值观的主阵地。

微信公众号是开发者或商家在微信公众平台上申请的应用账号，平台上实现和特定群体的文字、图片、语音、视频的全方位沟通、互动，形成了一种主流的线上线下微信互动营销方式。微信小程序是一种不用下载就能使用的应用工具，也是一项创新，它实现了应用"触手可及"的梦想，用户扫一扫或搜一下即可打开应用。河南博物院于2015年年底开通微信公众号，消息推送服务更具有实时性和内容性，每周会定时推送院内活动信息、讲座预告、《中原藏珍》文物纪录片，观众可以实时获取博物馆最新动态，也可以收看和获取博物馆文物知识，截至2020年4月，共推送信息1322条，推送806次，其中有摘要的1220条，原创信息阅读量共1174788次，评论数为4780条，点赞数为16835次。河南博物院微信公众号除了推送信息还有功能菜单，菜单栏功能更注重服务性，位于公众号页面底部，分为"我要参观""我要预约"和"更多服务"三个板块。"我要参观"包括"本院概览""智慧导览""移动网站"和"中原藏珍"四个栏目。"智慧导览"是河南博物院"我要预约"栏目跳转至河南博物院小程序，实现更多信息交互，对应的是"展馆预约""华夏古乐预约""盲盒预订""活动预约"等。

二、河南博物院公众号运营分析

本文对河南博物院微信公众号推送消息内容标题、摘要、图文序号、阅读量、点赞数和评论数进行分析，时间段自2015年12月至2020年4月，共1322条信息，其中1319条图文信息，3条图片信息，共推送806次，2016年8月10日唯一一次推送8条消息。

（一）标题及摘要词频分析

对内容标题及摘要做词频分析，获取内容关键词，选取词频前20的关键词。（表1）最高的是"河南博物院"，标题中出现520次，摘要中出现467次；其次"中原"，标题中出现226次，摘要中出现177次。再次是"讲座""预告"，而在摘要中关键词"讲座"排在第十八，关键词"预告"却没有，说明摘要更重内容的精练，单位名地名分类名都略去。从关键词可以看出，河南博物院微信公众号刚开通时主要推送院内资讯、中原国学讲坛、每周一品等消息。标题中关键词"河南""河南省"与河南博物院在河南有关。"中原藏珍"关键词与2019年初推出《中原藏珍》有关，主要是介绍文物信息的短视频，共推出89条信息。"首届""国际""陶瓷"与2016年举办的首届中原国际陶瓷双年展相关信息有关，共发布相关信息30条。从消息推送内容标题和摘要关键词词频可以看出，自2019年12月至2020年4月，

表1 推送消息内容标题与摘要词

内容标题		内容摘要	
关键词	词频	关键词	词频
河南博物院	520	河南博物院	467
中原	226	中原	177
讲座	122	文化	171
预告	121	文物	148
文物	117	博物馆	147
博物馆	114	历史	108
文化	101	河南省	84
讲座预告	96	河南	81
中原藏珍	89	展览	61
一品	80	国际	58
国际	66	陶瓷	52
河南	61	志愿者	51
陶瓷	49	出土	47
历史	49	一品	43
河南省	42	培训	43
志愿者	40	学习	43
国学	39	教育	41
讲坛	38	讲座	40
首届	38	历史文化	39
中原国学讲坛	37	华夏	38

公众号主要推出内容还是院内资讯、文物图文及短视频。

（二）发文时间分析

截至2020年4月，河南博物院共推送信息806次，按照一周每天划分，得到星期一至星期日每天的推送信息次数、信息条数、阅读量、评论量和点赞量数据。

从图1可以看出，工作日推送信息比较平均，除了周二比较偏低，为123次，其他基本上在140—160次间，双休日比较低，在40次左右，说明推送信息一般在工作日。从图2分时段看，推送信息基本分布在每天的16时至18时，发布次数占总次数的79%。其他时段10—30次之间有7时、8时、11时、12时、15时、19时、21时，其他时段发布较少，几乎都是休息时段。

从图3可以看出工作日推送信息数、阅读数、点赞数、评论数几乎一致，周末偏少。从表2四个指标项相关系数分析，推送信息数、阅读数、点赞数、评论数为强相关，点赞数与阅读数正相关性最强，系数为0.986（保留三位小数，后同），阅读数和点赞数与推送信息数相关系数分别是

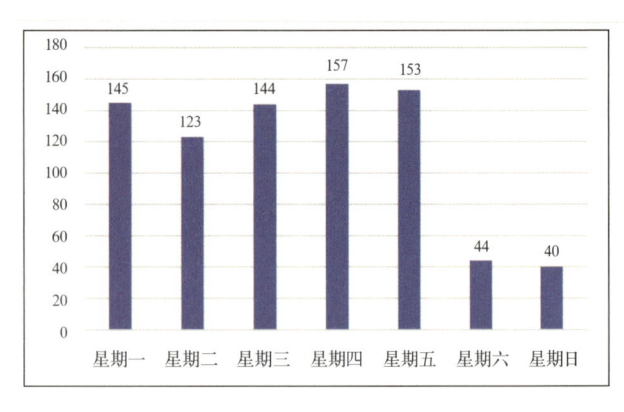

图1 一周七天发布次数

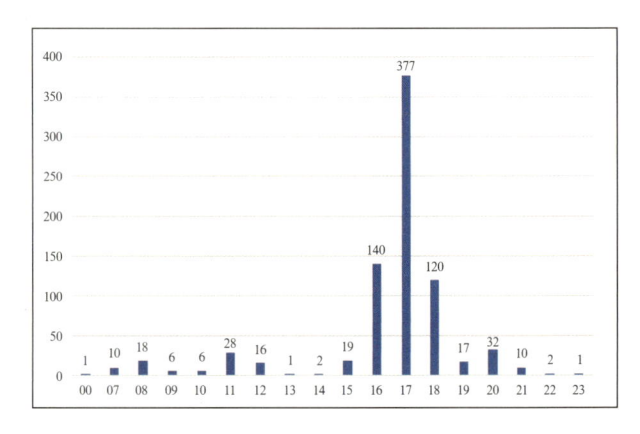

图2 一天分时段推送次数

0.977,0.987。评论数虽与阅读数和点赞数正相关，但相关系数偏低。

从表3按周分天推送信息的平均阅读数、平均点赞数和平均评论数来看，工作日每天推送信息较多，总的阅读数、点赞数和评论数较多，平均后就明显偏低，远低于周末，其中星期一、星期二低于总体平均值，星期三阅读数高于总体平均值，星期四平均评论数高于总体平均值，星期五平均评论数低于总体平均值。双休日平均值都比较偏高，说明总体上用户周末处于休息时段，浏览关注公众号的偏多，参与评论互动也偏多。

（三）发文时间与阅读量回归分析

本文按照一周中时间段设置七个虚拟变量，均为自变量，分别是星期一至星期日，星期一推送信息，其虚拟变量星期一值为1，其他虚拟变量值为0，阅读数为因变量，建立无截距项线性回归模型。应用eviews软件进行分析，结果见表4。

从线性回归整体结果看，RSquare为0.526809，说明线性回归模拟合效果一般；从方差分析F值127.0766，P值0.00，说明回归方程的整体解释效果很好。从系数看，系数都为正，说明每天推送信息都对阅读数带来正向影响，双休日系数比较高，说明双休日推送信息对阅读量影响最大，这与按周分天信息条数平均阅读数分析相一致，

表3 单条信息平均阅读数、平均点赞数、平均评论数

	平均阅读数	平均点赞数	平均评论数
总体平均	888.64	12.73	3.61
星期一	796.22	12.61	3.07
星期二	870.60	12.58	3.24
星期三	919.32	12.24	3.26
星期四	754.36	11.11	4.17
星期五	914.94	12.98	2.80
星期六	1312.89	18.83	5.00
星期日	1291.02	15.75	8.15

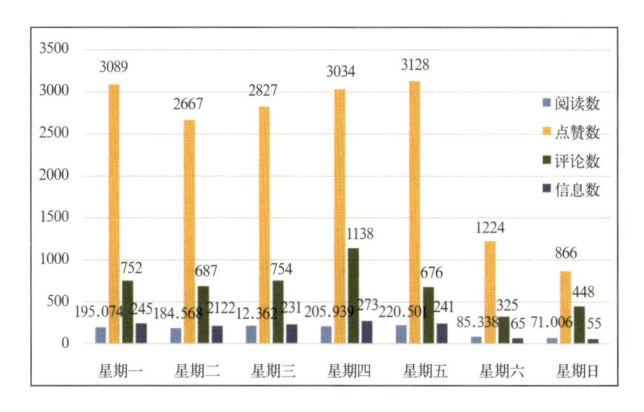

图3 一周分天信息数、阅读量、点赞数、评论数

表2 相关系数分析

	阅读数	点赞数	评论数	信息数
阅读数	1			
点赞数	0.985545	1		
评论数	0.768192	0.778258	1	
信息数	0.976869	0.987224	0.865912	1

表4 线性回归结果

虚拟变量	系数	标准误差	T-值	P值
星期一	1075.421	93.89009	11.45404	0.0000
星期二	1173.813	101.9415	11.51457	0.0000
星期三	1140.924	94.21554	12.10972	0.0000
星期四	1059.229	90.23062	11.73913	0.0000
星期五	1149.464	91.40250	12.57585	0.0000
星期六	1673.455	170.4423	9.818304	0.0000
星期日	1665.000	178.7614	9.314091	0.0000
R Square	0.526809			
F	127.0766	P值	0.0000	

这充分说明，周末推送信息能获取更多的阅读数。

三、博物馆微信公众号运营策略

通过对河南博物院微信公众号运营情况分析，从推送内容看，推送消息内容多数为河南博物院院内资讯、讲座预告、每周一品和后面推送的《中原藏珍》短视频。标注原创信息81条，非原创信息721条，无标注520条。微信公众号运行初期，非原创信息的内容很多是从讲解科、历史教室、古乐及官方网站截取信息，官方网站居多，运营模式和网站运营类似。从用户互动看，推送内容消息阅读量、转发量和评论量强正相关。从2019年度故宫博物院、国家博物馆、河南博物院等9家重点博物馆微信公众号运营情况看，河南博物院平均阅读量仅为1286条，单篇阅读量为6650次，用户互动率较低。（表5）从信息发布时间看，周末发布信息传播广度大，互动信息多。

表5 九家重点博物馆运营数据对比

博物馆名称	推送数量（条）	总阅读量（次）	单篇阅读量（次）	平均值阅读量
故宫博物院	67	4824337	100001	72005
广东省博物馆	230	3056051	100001	13287
中国国家博物馆	150	3600513	100001	24003
河南博物院	307	394786	6650	1286
湖北省博物馆	19	304947	43223	16050
湖南省博物馆	135	1515439	52588	11225
辽宁省博物馆	129	552591	20878	4284
陕西历史博物馆	132	1486594	100001	11262
上海博物馆	206	2901379	86558	14084
总计	1375	18636637	100001	13554

随着移动互联网发展，新媒体运营平台越来越多，不同平台的受众群体、运营模式各不相同，河南博物院新媒体运营者要知晓各种运营平台的模式、受众群体、信息传播渠道等，不断提升信息内容质量，创新信息推送形式，以吸引人的表达方式，融合文字、声音、视频等，用最快的速度抓住用户的注意力，增加博物馆新媒体平台用户量，从而提高内容点赞量、评论量和分享量，促进博物馆文化影响力提升。

（一）加强新媒体运营人才培养和能力提升

新媒体事业的蓬勃发展，吸引了大量非媒体人的加入，但是一些职业要求让很多新人无法适应，专业人才急缺，新时代博物馆更是需要新媒体专业人才。新媒体运营人才引进和能力提升成为当下博物馆迫切要解决的问题，因此博物馆不能像以前的传统媒体、网站运营模式引进人才、培养人才，而要进行需要分析，与时俱进研究博物馆新媒体运营对专业人才的专业需求和能力需求，然后有针对性地引进人才和提升人才能力。在博物馆新媒体运营团队中需要管理学、计算机科学、传播学、统计学等相关学科人才，着重培养新媒体运营人员的文字表达能力、项目管理能力、人际沟通能力、用户洞察能力、热点跟进能力、渠道整合能力和数据分析能力。但是时代在发展，技术在创新，用户需求也在不断变化，更要对未来发展做出合理研判，对新媒体运营团队人才和能力适时调整，应对时代发展带来的挑战。

（二）提升原创内容质量

河南博物院拥有丰富的文物资源，要充分挖掘文物背后的故事并与当代价值结合，多创作像《中原藏珍》短视频一样的专题内容，并层层深化,吸引用户。改变传统网站运营模式,多元化新媒体内容来源,及时跟进社会热点动向、用户关注动向,转发一些弘扬优秀传统文化、歌颂当代价值、传播社会正能量等关注度高的图文信息。

(三)要建立用户体系

对微信公众号用户进行细分,对于不同用户制订不同的新媒体运营策略。对于河南博物院的重要用户,建立激励机制,转发内容信息,提升内容消息的曝光量。对一般用户,深入挖掘他们的用户路径,要设计相关活动,吸引他们的注意力和关注度,提升用户互动性和粉丝活跃度,最后形成一套完整的新媒体运营用户体系。根据场景变化,动态调整运营策略,以用户为中心,提升新媒体整体活跃度。注重对新媒体用户的了解,对不同平台不同受众群体进行用户画像,找到用户关注点。策划信息时考虑用内容、活动、资源等多种方式提升用户活跃度、降低用户流失率,将用户变成忠粉。

(四)重视用户行为习惯研究

用户行为习惯对新媒体内容曝光量有密切联系,特别是信息推送时间要与用户使用新媒体时间相符合。根据《抖音用户画像报告》统计,抖音用户的活跃时间存在12时午高峰和20时晚高峰。对于微信公众号的运营,同样要根据用户使用新媒体习惯,合理安排信息推送时间。根据河南博物院的推送时间带来的传播效果分析来看,周末推送、每天的16时到18时能更好获得信息传播效果。只有研究用户行为习惯,优化调整内容消息推送时间,才能增加用户阅读量和分享量,提高内容信息曝光量。

总之,新媒体出现为博物馆注入了更加鲜活、更具时代气息的生命力,打破了传统博物馆时空界限,让文物活起来,让中华民族宝贵的文化遗产走进千门万户,推动了传统文化广泛传播。博物馆应深刻认识到新媒体运营的重要作用,借助新媒体,提升文化传播力,进一步发挥博物馆在弘扬中华传统文化、践行社会主义核心价值观、增强文化自信中的重要作用。

浅谈新时代博物馆官方微博的推广传播策略

——以河南博物院官方微博为例

胡玲娣
河南博物院

摘要：本文通过回顾河南博物院官方微博为回应新时代新需求，在博物馆推广传播方面所进行的一系列有益探索，在梳理收获、检视不足的基础上，为新时代河南博物院及博物馆同行官方微博推广传播策略的进一步完善和提升提出了五点思考和建言：坚守与发扬固有经验，放眼借鉴同行经验，加强对馆内资源和力量的整合；着力提升微博运营者自身素质；坚持高质量发展和实施品牌战略，提高站位意识，服务大局，追踪热点。

关键词：新时代；博物馆官方微博；策略

在林林总总极具影响力的新媒体大家族中，微博可谓"资深块大"，且始终具有极强的推广与传播力度。尤其是区别于普通注册用户的微博，官方微博因更具有发布信息的真实性、权威性，其对于单位或个人信息的推广传播，树立了良好的社会形象和品牌知名度，起着非同一般的作用。自博物馆官方微博兴起以来，有不少博物馆的官方微博做得有声有色，拥有大量的铁杆粉丝，博物馆官方微博也早已成为博物馆与公众深度互动、拓展自身影响力与亲和力的重要平台，并成为文博爱好者网上生活的一个重要组成部分。当前我国社会的主要矛盾是"人民日益增长的美好生活需要和不平衡不充分的发展之间的矛盾"。博物馆官方微博如何在异彩纷呈的新媒体大家族中持续地华丽绽放、独步天下，从而助力博物馆履行新时代的新使命，更好地满足人民"美好生活"需求，便成为博物馆人必须面对的新课题。本文将回顾河南博物院官方微博为回应这一课题所进行的一系列有益探索，并为进一步完善和提升本院官方微博推广传播策略提出建议。

一、河南博物院官方微博的诞生

作为一家拥有90多年悠久历史的博物馆、首批国家一级博物馆、中央地方共建的国家级博物馆，河南博物院长期以来广受社会各界的关注。肩负着公众的期待，为顺应时代发展，早在2011年，河南博物院志愿者团队就先行先试，在新浪微博注册了账号。经过十年的精心运营，该账号已在文博圈内声名鹊起。到本文截稿，该账号已发布3万余条博文，拥有40余万粉丝，年浏览总量曾一度达到7000多万人次，并荣获了"全国文博十大影响力官微"称号。河南博物院志愿者团队之所以能成功打造其微博品牌，笔者认为这与运营团队善于利用该平台，发布优质的信息内容密不可分。河南博物院志愿者团队除日常发布社会教育、展览信息、文物讲解，同时也注重与全国兄弟馆、文博界大V、粉丝的实时互动，并以一天30+条的速度进行信息更新。活泼的语言，幽默的互动，让一个调皮可爱的"河伯君"跃然而出，这恰恰与在人们心中威严高冷的博物馆形象形成了明显的"反差萌"，从而得到了众多年轻粉丝的青睐。

2019年1月，根据新时代新发展的需要，基于河南博物院志愿者账号在微博平台先行先试打下的良好基础，河南博物院官方微博应运而生。经过两年的运营，河南博物院官方微博现已拥有粉丝10余万人，累计发布博文2000余条，月平均阅读量为140万次，互动量共计7.3万余条。

二、河南博物院官方微博的推广传播探索

（一）总体原则的把握

微博的影响力首先来源于其内容的特性，百余字的短文+18张图片，可以引用多媒体内容，文字量小，易于营造视觉冲击力，还可链接深层次内容或者用图片表现文字，非常符合现代年轻人碎片化的"浅层次阅读"需求；微博的传播方式十分便捷，只要拥有一部手机即可迅速地完成文字写作、编辑、图像采集工作，实现随时随地记录、发布和传播，更可以灵活地进行解读和猜想。

河南博物院官方微博在运营期间充分利用了该平台发博的便捷性，紧紧围绕新时代公众追求美好生活对博物馆开放、传播和服务的需求点，聚焦院内文物精品、展览信息、社会教育活动、华夏古乐展演、文创产品、学术讲座等实用资讯，有计划地进行推广传播，同时对社会上有关博物馆的各种热点、现象进行实时关注、链接、互动，逐步树立和形成固定风格，以此提升和张扬河南博物院的品牌影响力和知名度，让粉丝们通过微博发布的信息走进博物馆参观、体验、休闲、雅聚，尤其是微博上介绍的独特藏品，更是粉丝走进河南博物院的一大动力。

（二）分类探索

1. 对社会教育活动的推广传播

2015年3月20日开始实施的《博物馆条例》（以下简称《条例》），在第一章总则第一条中说明了制定该《条例》的目的，即"发挥博物馆功能，满足公民精神文化需求，提高公民思想道德和科学文化素质"。总则第二条在定义博物馆时，

又明确表述"博物馆,是指以教育、研究和欣赏为目的,收藏、保护并向公众展示人类活动的见证物,经登记管理机关依法登记的非营利组织"。这就旗帜鲜明地把"社会教育与服务"摆到了我国当代博物馆首要的、核心价值的位置上来。[1] 总则的第三条,进而又规定了博物馆开展社会服务的方向和原则,即"双为"(为人民服务、为社会主义服务)方向和"三贴近"(贴近实际、贴近生活、贴近群众)原则。也就是说,从立法的角度讲,为了观众文化共享而强化社会教育与服务,乃是当代中国博物馆最紧要的历史使命。

基于《条例》的导向以及对当代中国观众感知、解读博物馆的习惯,河南博物院利用微博平台,首先针对院内的"专业讲解""特约研学""历史教室""中原国学讲坛"等一系列荣获全国大奖、观众互动性极强的社会教育品牌活动,强力展开推介传播工作,相继开设"手工玩转博物馆""中原国学讲坛""中原藏珍"等一系列社教活动的微博话题。尤其在2020年防控新冠肺炎疫情期间,河南博物院联合腾讯推出了"九大镇院之宝"的文物版防疫口诀,微博阅读量近6万人次。清明节之际,河南博物院历史教室又联合开封博物馆、洛阳博物馆、安阳博物馆,以联动课的形式,在微博推出"历史教室连锁云课程——博物馆里的清明节"主题教育活动。该活动通过讲述文物故事并配合手工体验活动,以视频形式来展示博物馆里的清明节,该联动课程在微博的阅读量接近130万人次。"历史教室"是河南博物院目前国内唯一实现"连锁化"发展和"互联网+"的"线下"与"线上"并行、互动的博物馆教育体验区。随着河南博物院主展馆的开放,"历史教室"每周末都会针对12岁以下的未成年人开展线下精彩纷呈的特色学程,微博每周也会同步更新课程梗概和报名途径。截至目前,该课程在微博的最高关注度高达5.4万人次,利用微博平台参与互动的人数接近200万人。"中原国学讲坛"自2005年创办以来,是河南博物院服务范围广、参与人数多、学术品位高的一项重要的公益讲座活动。为了广泛宣传河南博物院自身发展的活力,弘扬优秀传统文化,微博同期开通"中原国学讲坛"的相关话题,截至目前该话题参与讨论的人数达307万。

2. 对"陈列展览"的推广传播

"陈列展览"是博物馆服务公众美好生活的核心特色产品,是博物馆解读文物信息、激励观众思考、丰富观众文化和旅游体验以及满足观众获得感最基本的表达方式。河南博物院的"陈列展览"近年也是不断荣获全国精品大奖。为加大对院藏陈展文物的推广传播,尽可能多方位地揭示和讲述文物背后的故事,调动观众参观陈列展览的积极性,河南博物院官方微博也围绕"陈列展览"的推广传播做足了文章。2020年十一假日期间,新增开设"豫豫带您来探宝"活动话题(活动规则:官方微博于前一天发布一件指定文物,观众可根据文物详情次日在展厅内开展寻宝活动,第一个寻到文物的观众还可享受相应的文创折扣),截至2021年2月底,该话题的参与量和阅读量已达到了787万人次,线下参与该活动的人数也与日俱增;为配合院内的线下展览,河南博物院在官方网站上也进行了专题展览的网络更新,微博也利利用自身的平台,在网站首页上制作了相关的焦点图,为在PC端冲浪的网友及时了解河南博物院的相关展览和实时动态提供了便捷服务,获得了广泛、良好的社会反响。

3. 对华夏古乐展演的推广传播

因为河南是中华文明起源和数千年演进的核心区域，历史上20多个王朝的建都之地，所以自然成为古代各个历史时期八方乐音汇聚的中心。从8700多年前被誉为"中华音乐文明之源"的贾湖骨笛开始，各个历史时期门类齐全的音乐文物源源不断出土于中原大地，收藏在河南博物院，最为集中地见证了光耀古今、几度领先于世界的华夏音乐文明。为充分发挥院藏古代音乐文物藏品的优势，让河南博物院以更为亲切可感的形象贴近和服务公众，增强国人的文化自信，河南博物院在展厅展柜里陈列这些音乐文物瑰宝原件的同时，又于20多年前创立了"华夏古乐团"，复制院藏各类音乐文物，每天定时向观众进行华夏古乐的复原展演。一路走来，华夏古乐展演早已经成为河南博物院享誉国内外的国家文化名片和开放服务独特的新亮点、赢得公众眼球与人气的新增长点。因此，华夏古乐自然也成为河南博物院官方微博毫不犹豫聚焦推广传播的对象。近年来，河南博物院官方微博配合华夏古乐团的日常演出以及在省内外、国内外的专场展演，在微博相继推出"豫博好声音""河南博物院里的神仙乐团"等微博话题，对古乐团的精彩演出花絮、音乐文物知识普及以及展演中的亮点等，进行立体式、多波次的滚动推送，尤其防控新冠肺炎疫情期间的"云赏古乐"推送，人气剧增，广大网友好评如潮，阅读量早已破百万大关。

4. 对豫博文创的推广传播

随着中国博物馆事业的对外开放交流日益加深，"把博物馆记忆带回家"的理念普遍深入博物馆管理运营中，催生了近年来中国博物馆界以故宫博物院为首的"文创热现象"。文创产品骤然演变成一种新时代博物馆文化传承的重要载体和人民美好生活的组成，特别是青年一代追求美好时尚的新需要。据2019年微博官方公布的消息称，微博活跃用户达4.3亿人，而在微博上16—25岁的人群在整个活跃用户中占比61%。众所周知，博物馆文创产品的主流消费群体偏向年轻化，文创产品的审美需求、购买渠道、消费体验等也随之改变。

基于此，河南博物院官方微博也不失时机地在该平台常年开设"豫博的礼物"话题，方便年轻一代网友及时了解河南博物院的文创产品信息。2020年12月3日，因在豆瓣直播的河南博物院"考古盲盒"文创产品突然走红，同日，一个名叫"瓜组情报员"的账号在微博发布关于盲盒的图文解说，河南博物院官方微博及时与该账号进行了互动，同时在微博进行了一系列的抽奖活动。次日，河南博物院官方微博又在该平台自创"河南博物院考古盲盒"话题，相继被《人民日报》、中国国际电视台、人民网等大V引用，"考古盲盒"自此火遍全网，并登上微博热搜榜。截至2021年2月底，该话题阅读量超2410万次，讨论量达1万次。粉丝净增1.1万人，单条微博的最高阅读量达100万次以上，并连续一周在微博同城热搜榜排名第一。除此之外，河南博物院微博每天发布补货信息，及时回答网友关于购买盲盒等问题，单日互动量最高达1万次，这样不仅让粉丝全方位地宣传了河南博物院的文创产品，也为更多的外地年轻人了解河南博物院提供了契机。

5. 与网友和大咖的互动

互动性、便捷性、参与性一直是微博营销的核心优势乃至生命所在。认识到微博的这些关键特点，河南博物院官方微博在科学的运营机制下，对广大粉丝提出的各种问题也及时予以回应，做到有效互动。同时，微博也注重与国内的兄弟单位、"国家宝藏"节目组、文博界大咖进行互动，建立和提高关系度。比如2020年1月，在防控新冠肺炎疫情期间，河南博物院微博参与由"国家宝藏"节目组制作的《"黄河之水天上来"国宝音乐会》节目，一夜间，该节目的阅读量就突破了16万人次；2—3月，微博参与由中国文博发起的"文物系荆 楚祝福颂祖国"全网海报接力活动，河南博物院共发布2张海报，1条短视频，该话题在全网也获得了一致好评。截至3月底，该话题的阅读量共计5.6亿人次；河南博物院同时还牵手喜马拉雅，联合推出《把国宝讲给你听：河南博物院》特别专辑，阅读量91.1万人次；在盲盒大"火"之际，河南博物院官微也及时与网友和百万大V账号进行互动，为大家解读盲盒内的"宝物"，阅读量达百万人次以上。

6. 紧扣网络热点传播传统文化

春节，作为中华民族最隆重的传统佳节，千百年来，国人的新春情结从祭祀、舞狮、守岁延续到逛庙会、抢红包、看春晚。与往年不同的是，"2021河南春晚"在全国各地春晚中脱颖而出，用独特的创意、新颖的视角、崭新的技术打造了一场全民点赞热搜的地方春晚。2021年2月12日，河南春晚登陆微博综艺榜晚会栏目类第一，视频播放量超20亿次；2月14日，以河南博物院展厅文物"活起来"为创作灵感的河南春晚当红舞蹈节目《唐宫夜宴》登上微博热搜榜，视频播放量达5000万次。至此，"河南春晚"引爆全网。

河南博物院官方微博也不失时机顺势而为、借势发展，为此次河南春晚《唐宫夜宴》舞蹈节目的"出圈"提供助力。2021年2月16日，河南博物院官方微博联合微博美学、微博艺术发起"唐宫夜宴手绘大赛"，线上邀请插画师、设计师就《唐宫夜宴》展开文创设计创作。截至2月底，话题阅读量6181万人次，讨论量达1.6万次。河南博物院官方微博采用手绘的形式，在激发网友参与积极性的同时，更是通过手绘比赛方式将《唐宫夜宴》留给网友的艺术魅力通过微博传播的方式再度加强。借由节目，生动的盛唐少女形象得到了不少网友的喜爱，手绘大赛、周边手办、考古盲盒形成跨界破圈，以年轻人为主体的方式讲述盛唐故事，为传统文化注入活力。

除此之外，为增加与粉丝的互动性，河南博物院官方微博对院内观众喜闻乐见的其他活动也进行了积极宣传，并根据院内文物制作Gif表情包与观众进行互动，刷新观众对博物馆的新认识，让博物馆真正地走进大众的生活。

三、河南博物院官方微博在"新时代"实现新作为的思考

事实证明，官方微博是博物馆特殊的展示宣传中心，是博物馆在互联网时代特殊的舆论平台重地，某种意义上也可以说是实体博物馆"版本"之外，公众可无时差、零距离、全天候享受参观、互动的同一个博物馆的另一个虚拟的"版本"。近年来，年轻的河南博物院官方微博虽然为推广传播博物馆文化进行了一系列有益探索，发挥了重要作用，但对照新时代我国社会的主要矛盾，即人民日益增长的美好生活需要和不平衡不充分的发展之间的矛盾，河南博物院官方微博推广传

播的高度、深度和广度都还存在不小的差距，服务供给"不平衡不充分"的问题还比较突出。无疑，扛起新时代的新使命，在"新时代"实现新作为，针对新时代网友特别是青年网友对博物馆文化的新需求，不断改进和提升官方微博的运营水平，更好地推广传播博物馆文化，使更多微博粉丝通过更多元的视角、更丰富和更生动的内容与形式先享受身边虚拟"版本"的博物馆，再激发粉丝更多地亲近、走进、感受实体"版本"的博物馆，享受真正博物馆文化的独特魅力，提升美好生活的品质，这才是河南博物院官方微博下一步亟待做出的努力。对此，笔者有如下几点思考。

（一）坚守固有经验，放眼借鉴同行经验

近年的一些成功探索表明，在博物馆能够发声的媒体选项日益增多的新时代，河南博物院官方微博平台的威力不容低估，阵地不能弱化，更不能丢弃，固有的好做法值得发扬。同时，在这个日益开放的新时代，河南博物院官方微博绝不可孤芳自赏、固步自封或关起门来搞建设，必须放眼国内外，借鉴一切博物馆官方微博的成功经验，才能博采众长，搏击潮头。

（二）加强对馆内资源和力量的整合

微博运营者不可单打独斗，要主动与院办公室、社教部、陈列部、藏品部等相关业务部门保持密切联系，协调各部门建立联络员，保证微博能第一时间获得公众想了解的最新资讯，做到分类、成系统，日日有更新。

（三）着力提升微博运营者自身素质

对与博物馆相关的负面信息及时给予解释、更正，并融入自己的情感，树立特有的风格，通过微博与粉丝的情感共鸣，建立微博"人脉"，打破"死板""回应不及时""互动不热情"的束缚，通过微博找到符合自身和博物馆整体的形象，维持可持续发展的运营模式。

（四）坚持高质量发展和实施品牌战略

"高质量发展"是基于我国社会发展的新阶段，被确立为新时代我国社会各行业、各领域发展的新理念、主基调。在此背景下，博物馆的高质量发展也已纳入国家文化和旅游以及文物事业发展规划，成为一切工作开展的共同要求。为此，河南博物院官方微博下一步也必须要在"高质量"上狠下功夫，以实施"品牌战略"、打造品牌乃至王牌栏目为抓手，更好更多地"吸粉"，最终打造一个中国博物馆界和社会知名的微博账号，从而更好更多地满足人民对博物馆文化的高质量追求。

（五）提高站位，服务大局，追踪热点

作为泱泱大国为数不多的国家级博物馆之一，河南博物院的官方微博必须树立"国家"意识，坚持"国家"站位，与"国际一流、国内领先"和"世界著名博物馆"的标准相适应。要立足中原文化沃土，着眼服务国家及河南当地经济社会发展大局，围绕黄河文化、大运河文化、"一带一路"、红色文化、文旅强省建设等，充分挖掘和发挥本院资源禀赋及各种优势，抓住"十四五规划"关键期，顺应文博热、文创热浪潮，敢于并善于提高站位、放大格局，谋划大文章、推出大举措、实现大作为，为河南博物院助力中原出彩和中华民族伟大复兴做出大贡献。

---

[1] 丁福利. 教育·服务——博物馆可持续健康发展的新引擎——以河南博物院为例[J]. 中国博物馆, 2015 (3).

马戛尔尼使团访华赠送国礼及清政府前后态度变化初探

朱柏林　王冬冬　陈坤龙
北京科技大学科技史与文化遗产研究院

摘要：本文基于对马戛尔尼使团出使中国所赠国礼的具体分析和以乾隆为代表的清政府对使团赠送国礼事件前后态度变化及其原因的探究，尝试分析使团赠送国礼在当时对于中英双方的意义，从而在既有的研究基础上对使团访华进行更为全面的阐释。经过研究，笔者认为马戛尔尼使团访华赠送的国礼为精心选择，通过与同时期英国工业产品的对比可知所赠国礼在一定程度上展现了英国政府对清政府的立场与态度。而以乾隆为代表的清政府，对马戛尔尼使团的态度经历了从新奇盼望到视等平常最后甚至有了警惕觉察的过程，这也是由乾隆一朝海外朝贡的基本情况、彼时英国工业革命的进行程度、清宫已有旧藏的水准以及清朝君臣对外部世界的判断能力等因素综合决定的。

关键词：马戛尔尼使团；清政府；乾隆；国礼

近年来有关马戛尔尼使团访华的探讨一直是史学界的热门话题，讨论多集中在使团访华的具体经过及失败原因等方面，取得了较为丰富的研究成果。但是，对马戛尔尼使团访华所赠国礼的专题研究并不多，即便在丁水娟、黄宇蓝等的研究中有所论及，也是较为分散的说明，难见系统化的研究；同时，以乾隆为代表的清政府对于马戛尔尼使团赠送国礼行为前后心态的转变，虽然何伟亚等也有讨论，但其原因也值得进一步推敲。

因此，本文即以使团访华所赠国礼的梳理为基础，将使团赠送国礼与同时期英国国内产品和清宫同类旧藏进行比较，以期对马戛尔尼使团访华所赠国礼在全球产业发展视野之下进行分析，并解读清政府对于这批国礼态度转变及其缘故，审视清政府对于西方工业革命发展的认识。

一、马戛尔尼及出使中国简述

马戛尔尼（George Lord Macartney，1737—1806年）出生于北爱尔兰，精通法语、拉丁语和意大利语。20 岁开始参加风靡一时的欧洲大陆旅行，为其后来的国际交流打下了坚实的基础；27 岁被封为勋爵，作为特使被派往俄国签订了为期 20 年的对英国极为有利的商务条约，因而获得"著名外交家"的称誉；之后他进入英国议会，39 岁被封为男爵，55 岁被封为伯爵。

1792 年 9 月，马戛尔尼使团带着乔治三世致乾隆的国书以及经过使团成员精心挑选的国礼从英国朴茨茅斯港启航，次年 7 月驶进天津大沽。马戛尔尼一行初抵京时，乾隆正在避暑山庄，便命令工匠把国礼在圆明园组装起来并展示在园内正大光明殿，并"择其要者"[1] 送往避暑山庄，乾隆在避暑山庄第一次接见了马戛尔尼率领的英国使团。

1793 年 9 月 30 日，乾隆由避暑山庄回到圆明园，住在宏雅堂的马戛尔尼使团再次觐见乾隆及随行大臣和珅、福康安和福长安等。乾隆帝示意马戛尔尼使团应于 10 月 7 日离京回国。英使要求举行谈判，暂缓回国，遭到拒绝。[2] 于是，在没有举行谈判、没有完成使命的情况下，英国使团踏上了归程。马戛尔尼一行从北京出发，由军机大臣松筠伴送，沿运河南下，几乎纵穿中国腹地，抵达广州，于 1794 年 1 月回国。

二、马戛尔尼使团访华研究概况

发生在清乾隆晚期的马戛尔尼使团访华事件，一直以来都是清史研究的热点问题之一，许多学者都曾就此发表过相关的论文专著，堪称卷帙浩繁。笔者主要对涉及本文主题的马戛尔尼使团访华所赠国礼和清政府对马戛尔尼使团赠送国礼事件态度的相关文献进行综述。

（一）马戛尔尼使团访华所赠国礼研究

近年来学界对使团访华所赠国礼的档案分析和实物研究日益丰富。郭福祥的《马戛尔尼使团送乾隆英国科技文物的近代史意义》[3] 将清宫典藏文物与档案资料进行对比分析，从物质文化以及历史文献的角度对使团所赠国礼进行了考察；丁永娟的《礼品·贡品：马戛尔尼使华与中西文化碰撞》[4] 主要侧重分析中英双方对这批国礼的不同定性及其原因；黄宇蓝的《从马戛尔尼送礼看中西文化差异》[5] 则从中西文化交流与差异的角度，对中英双方之于使团国礼的不同认识进行了研究。此外，蒋廷黻的《中国近代史》[6] 及其他史料则有对使团所赠国礼的零星记载，使得后人得以在掌握较为充分史实的基础上继续对马戛尔尼访华所赠国礼进行研究。

总体来看，除郭福祥等学者从清宫旧藏等物质文化角度入手对使团访华的部分国礼做了较为详尽的分析，多数学者主要从宏观层面对中英双方之于这批国礼的性质、意义等的认识差异进行讨论，较少涉及对这批国礼本身的分析研究。

（二）清政府对马戛尔尼使团赠送国礼事件态度的研究

清政府对马戛尔尼使团赠送国礼事件态度的研究主要围绕马戛尔尼使团与清朝接触的过程，比如马戛尔尼使团觐见乾隆的礼仪问题及其相关记载等。较有代表性的论文，如欧阳哲生的《狮与龙的对话——英国马戛尔尼使团的"北京经验"》[7]、王春晓的《〈四海升平〉与马戛尔尼觐见乾隆》[8] 等。王春晓别出心裁地从乾隆特意为马戛尔尼使团访华编排的京剧《四海升平》入手，对使团访华的意义以及以乾隆为代表的清政府对使团的重视程度等进行重新的审视。

清政府之于马戛尔尼使团赠送国礼事件态度发生转变及其原因的研究多包含在使团访华失败过程及原因的探讨上，如马歇尔.萨林斯的《历史之岛》[9]、佩雷菲特的《停滞的帝国——两个世界的撞击》[10]以及何伟亚的《怀柔远人：马嘎尔尼使华的中英礼仪冲突》[11]。这三本著作还分别从人类学、文献研究以及中西交流的角度对这个清朝历史上颇具争议的话题进行了讨论。其中，佩雷菲特提出了马戛尔尼使团访华失败的根本原因是两种截然不同的外交模式的冲突碰撞——即以清政府认同的"四海来朝、八方进贡"为主要特征的天朝为中心的朝贡外交模式和以英国为代表的完成了工业革命的新兴资本主义国家要求所谓"自由贸易"的外交模式的冲突碰撞。而何伟亚则更多地从中西文化差异的角度，通过对马戛尔尼使团访华期间与清政府的礼仪之争，探究访华失败的深层原因。

此外，刘黎的《一场聋子和瞎子的对话——重构英使马戛尔尼访华的翻译过程》[12]一文则试图从译者、语言及翻译过程三方面，重构中英首次外交翻译工作，勾勒其概貌，揭示出当时合格译员缺场、多语言转译、翻译过程复杂曲折等特征，旨在从语言学的视角探究清政府对使团赠送国礼事件态度发生转变的原因；郑晔的《马戛尔尼访华的三种视角：国际博弈中的文化冲突》[13]一文则从国际关系等外交学的视角对清政府的态度转变进行了分析。还有多种从专业角度对清政府之于马戛尔尼使团赠送国礼事件态度变化进行研究的论文专著，在此不尽行列举。

三、马戛尔尼使团赠送清朝国礼的初步研究

（一）马戛尔尼使团所赠国礼整体概况

马戛尔尼使团赠送清政府的国礼，是在遵循了下文由东印度公司给出的三点建议的基础上，由马戛尔尼使团成员精心挑选而成的。国礼种类繁多、数量可观，而且通过与同时期英国产品进行对比可以认为大都代表了该类产品在英国的最高制造水准。既往的研究大多对使团国礼略加叙述，即便有较为详细的论述，也基本都是对某一类国礼的介绍，鲜有对使团国礼进行分门别类的梳理。本节即以此入手展开研究，争取对马戛尔尼使团赠送国礼有一个较为系统、全面的认识。

为了引起中国人对英国访华国礼的兴趣，马戛尔尼出使前曾反复和东印度公司讨论可能引起中国皇帝兴趣的物件，东印度公司认为反映彼时英国工业革命成就的工业品可能引起乾隆的兴趣，因此马戛尔尼派人搜集了伯明翰、曼彻斯特及其周围城镇的工业制成品作为出使国礼的一部分。结合此次使团的任务，使团筹备者最终选定了如下类别的物品用来作为给中国皇帝和官员的国礼：

1. 现代科学和技术产品。因为"对于一个上了年纪的君主来说，能发挥实际而耐久作用的现代科学和技术方面的东西，应当使他更感兴趣"。

2. 天文仪器。因为"天文学是素被中国尊重的一门科学，中国政府对它非常重视。最近改良的天文仪器，及最好的天体循环模型标本等物，应当是中国人欢迎的礼品"。

3. 各种英国工业新产品。因为"英国名厂制造的增进人类生活方便和舒适的最新产品，也是一种很好的礼物，它不但满足被赠送者在这方面的需要，还可以引起他们购买类似物品的需要"。[14]

马戛尔尼使团所赠国礼包括天文地理仪器、乐器、钟表、图册、毡毯、车辆、武器、船只模型等，共计 19 宗、590 余件，价值 15610 英镑，分装为 600 箱。[15]

（二）马戛尔尼使团所赠国礼具体分类

基于郭福祥[16]对使团赠送国礼的分类方法，笔者对使团所赠国礼按照科学仪器类、武器类、生产设备类以及英国工业新产品和英国文体艺术产品类四个大类进行较为系统的梳理。

1. 科学仪器类

这类国礼又可进一步分为天文仪器、光学仪器和其他科学仪器三类。

天文仪器是使团访华赠送国礼的重点部分，安设在圆明园的正大光明殿内，并由使团随行专人负责安装、调试、上弦等工作；而允许天文仪器安设在圆明园正衙，也显示出乾隆对使团赠送国礼的重视。天文仪器中最引人注目的是大型地球仪，自明代利玛窦等西方传教士将世界地图介绍到中国后，康熙时期又因为皇帝对自然科学的喜爱而引入地球仪等科学设备。[17]乾隆幼时蒙康熙之恩在宫中养育，对此类物品多有所见，加之康乾时期多国朝贡不绝，[18]宫中大内多藏此物，清朝君臣上下并不以为惊奇。值得注意的是，马戛尔尼使团带来的这件地球仪，体积格外巨大，需要约十个人才能完成搬运，这在一幅由英国国家海事博物馆收藏的表现运送马戛尔尼使团赠送国礼情况的绘画中即可体现出来。此外，太阳系行星演示仪也在天文仪器国礼之列，该仪器能够准确地模仿太阳系天体的各种运动，如月球绕地球的运行、太阳的轨道、带 4 颗卫星的木星、带光圈及卫星的土星等。[19]这件仪器在体积上明显较大型地球仪小了许多，几个人即可完成搬运。以马戛尔尼为首的英国使团本想借这些精密的天文仪器对清王朝的君臣产生心理震慑，但未料到乾隆认为这种仪器和钟表的机械原理相差不多。

光学仪器和其他科学仪器则展示出彼时英国在自然科学领域的迅猛发展和成就。光学仪器包括帕克透镜（即凸透镜）和赫歇耳反射式望远镜。据史料记载，在圆明园给乾隆展示时，英国人用帕克透镜将一枚中国铜钱熔化掉。[20]而赫歇耳反射式望远镜则是对牛顿反射式望远镜的改良：当时反射式望远镜的焦点多采用牛顿式，即在主焦点之前的光轴上，斜置一平面副镜，将焦点折射在镜筒上端的一侧。[21]康熙时期，俄国使节就向康熙赠送过牛顿式反射望远镜，至今仍保存在故宫博物院中。乾隆时期，圆明园、紫禁城等处又收藏了不少牛顿式反射望远镜。[22]因此，在马戛尔尼访华之前，乾隆对牛顿式反射望远镜可以说是司空见惯，但并未见过赫歇尔反射式望远镜。其他科学仪器有气压计、水文计、气象气温计、风力风向计，以及与此配套的金属支架和百叶箱木构架等，能直接服务于当时英国的殖民开拓，并间接转化为巨大的生产力，却并未能够引起清政府足够的重视，清政府对自然科学发展潮流的无知、对技术革新的漠视可见一斑。

2. 武器类

这类国礼又可进一步分为刀剑枪炮、侦察武

器、战舰三类。

刀剑与枪炮是英使展示的重点。青玉嵌宝石花把皮鞘腰刀为钢制，英使特别强调其"削铁而不卷刃"[23]，意在显示英国在特种钢制造方面的优势。前膛燧发火枪，以及卡宾枪和连发手枪等当时欧洲最先进的武器也在使团赠送国礼中。马戛尔尼提议由随行人员进行一场操练，以展示武器的威力，但清朝官员福康安的回答是："看也可，不看也可，这种火器操法，没有什么稀罕。"[24]最终，马戛尔尼一行还是在圆明园进行了火器试射表演，但未引起较大反响。反观当时清朝军队的普遍装备，除了长枪、大刀、弓箭这些冷兵器外，最多的则是欧洲人早就淘汰的火绳枪，这种武器上的代差，从日后鸦片战争中定海保卫战的惨败可以得见。使团带来的炮则有欧洲新式铜质野战炮、榴弹炮、迫击炮、开花弹药等。

侦察武器则以热气球为代表。当时热气球在欧洲仅发明了十年，马戛尔尼希望能在乾隆面前演示一次热气球载人升空，让中国皇帝知道欧洲的科技水平发展程度，进而认识到与本国通商的好处。但是和珅以绝不允许有任何人凌驾于皇帝的头上为由否决。

使团赠送的国礼中还出现了一艘英国最新式战列舰"君主号"模型，该舰是当时英国规模最大的战舰，是"海上霸主"的实力象征，装备有110门火炮。此外，马戛尔尼出访乘坐的是一艘大型军舰——"狮子"号军舰，这是英国海军装备的主力舰艇，装有64门火炮，还有几只小救生艇。英国派出军舰来华，显然有炫耀其海军实力的意图，船上还带了铜炮6尊、铁炮2尊、鸟枪16杆。[25]

3. 生产设备类

这类国礼主要由可以代表英国第一次工业革命重要成就的纺织业设备和蒸汽机设备组成。纺织业设备有棉纺机、梳理机、织布机，并附带有机织布料；蒸汽机设备为一台蒸汽机模型；此外还有滚动印刷机等。马戛尔尼使团带来的生产设备及其模型，包括了当时最为先进的能代表第一次工业革命成就的瓦特型改良蒸汽机和珍妮纺纱机，即东印度公司在参与筹备国礼时所认为的"可能引起一个上了年纪皇帝兴趣"的"现代科学和技术产品"。[26]

4. 英国工业新产品和英国文体艺术产品类

由于英国之前未与清朝进行过官方层面的交往，因此使清政府了解英国的风土人情、社会概观，从而为日后的通商等打下基础也是马戛尔尼使团此次访华的目的之一。

为此，使团成员经过精心挑选，选择了包括但不限于以下品类的物品作为国礼，包括制作精良的图书，展示英国毛纺技术的毡毯，展现英国文化艺术领域成就和社会状况的绘画、版画作品，如：英王和王室成员的画像，英国著名人物的画像，著名城市、教堂、公园、城堡、桥梁、湖泊、火山、码头、古迹以及陆战、海战、赛马、斗牛场景的图像等，[27] 意在展示大英帝国的富足强盛。此外，还有钟表、花瓶、最新设计的大型组合玻璃照明灯具，甚至包含了沙发转椅和体育锻炼器械等。

综上所述，马戛尔尼使团访华的国礼是经过精心挑选的，国礼种类丰富、数量繁多、工艺精美、价值不菲。其中，以天文仪器为代表的科学仪器类国礼代表着当时西方自然科学的发展水平，是使团访华国礼的重中之重,这从使团配有专人负责安装、调试这类仪器,以及天文仪器在圆明园展示时的摆放位置等即可看出;武器类的国礼则是英国政府对清政府进行武力炫耀甚至暗含威胁的载体;生产设备类的国礼意在凸显英国经过第一次工业革命在生产技术领域已经有了革命性的突破以及强大的工业生产能力;而英国工业新产品和英国文体艺术产品类国礼则试图以一种"百科全书式"的视角对清政府介绍远在大洋彼岸英国的风土人情、社会大观。

四、以乾隆为代表的清政府对马戛尔尼使团赠送国礼事件的前后态度变化及原因初探

(一) 三个主要阶段的态度转变

以乾隆为代表的清政府对马戛尔尼使团赠送国礼事件的态度经过了三个主要阶段的变化。

起初,乾隆对马戛尔尼使团赠送的国礼颇感兴趣,一直催要礼单。《清高宗实录》记载:"贡使于十七日到园,距今已有六日。今日本报到来,朕以金简等必将如何装饰,及西洋人并首领太监在旁观看,是否得其安装方法,大概情形分析附本报具奏,乃竟无一言奏及,殊为不解。"[28]体现出乾隆迫切想要得知马戛尔尼使团赠送的国礼具体情况的心情;同时,乾隆还特意准许马戛尔尼使团带来的天文仪器、吊灯在圆明园的正衙正大光明殿展出,这在乾隆一朝即是对来使重视的表现。凡此种种,表明清政府上层对马戛尔尼使团赠送的国礼的最初态度是既新奇盼望又显得重视。

但是,当乾隆阅过英使呈进的《贡品单》后,认为马戛尔尼使团过分夸耀国礼,心生不满,批示道:"又阅译出单内所载物件俱不免张大其词,此盖由夷性见小,自为独得之秘,以夸炫其制造之精奇……至尔国所贡之物,天朝原亦有之……庶该使等不敢居奇自炫。"[29]这反映出以乾隆为代表的清政府对马戛尔尼使团国礼的态度已经由最初的新奇盼望向着视等平常转变,有些官员也露出不足为奇的态度。但根据现有史料,难以判断这种态度是官员自身的态度还是获得乾隆授意而有意展现出来的。比如马戛尔尼想让自己的卫队为乾隆最为倚重的武将福康安表演火器操法,福康安表示看不看火器操法关系不大;当马戛尔尼取出铜质野战炮在圆明园中试射,各种国礼在正大光明殿展出时,参观的大臣也都神色冷淡、意兴阑珊。这些都说明清政府上层对使团国礼的态度已转为视等平常。

以往研究多仅考虑上述两种态度间的转变,认为以乾隆为代表的清政府对马戛尔尼使团及其国礼抱有一种妄自尊大的态度。但根据牛津大学当代中国研究学者沈艾娣(Henrietta Harrison)教授的研究,[30]乾隆当时并不是完全自大无知的。她认为,当时83岁的乾隆给乔治三世的回信,只是一种外交策略,事实上他已经感受到了英国的威胁。而在马戛尔尼使团走后,乾隆再三要求沿海加强防范,命令税务官员按律征税以免给英国人提供入侵借口等即是明证。乾隆颁布了多道关于加强军事防御、防备英国袭击的旨意,要求沿海军队严守海岸线,做好军事防御的准备,特别是舟山和澳门地区,要提前备兵避免英国军队侵占。乾隆还命令清朝所有税务官员要严格按照规定征税,不准敲诈,尤其敕令广东税官不得对英国商船加税,以免给英国政府提供军事入侵的

借口。此外，史料中还有关于清朝地方政府做好军事防御的记载。

以乾隆为代表的清政府，起初对马戛尔尼使团赠送国礼事件抱有新奇盼望的态度，随着国礼被公开展示，清政府方面的态度开始转为"视等平常"，认为不过如此；而使团离开后，包括乾隆在内的清政府上层统治集团，可能已经从赠送国礼事件中察觉到了潜在的危险，并据此做出了一些防御的举措。

（二）态度变化原因初探

三个主要阶段态度变化背后的原因也是错综复杂的，本节尝试结合当时的时代背景条分缕析。

以乾隆为代表的清政府之所以在获悉马戛尔尼使团将要访华的消息时表现得新奇盼望，很大程度上是由乾隆一朝的基本朝贡情况决定的。纵观乾隆一朝，朝贡清朝的多以周边中小国家为主，如朝鲜、琉球、安南等国，不但距离清朝本土较近，而且国际影响力也有限，有的国家如朝鲜甚至是清朝的属国，对于这些国家而言，朝贡清朝更多的是一种不得不为之的义务。

英国使团的到来则不然，首先英国距清朝本土距离非常之远，乾隆君臣了解的情况是英国远在万里重洋之外。加之英国的工业革命已经开展了几十年，在国际上的影响日益扩大，从近年披露的史料看，作为清朝最高统治者的乾隆对远在大洋彼岸的英国发生工业革命、社会生产快速进步的消息已有所了解。因此，当清政府得知英国将要遣使来贡（这后来被证实是清政府单方面的想法，因为英国政府的本意是想通过马戛尔尼使团的这次出访打开对清朝自由贸易的大门，而非清政府所认为的朝贡，这从英国使团的船只一靠岸就被挂上"英吉利贡使"的旗帜，而马戛尔尼使团方面对此表现出强烈不满以及发生在承德避暑山庄中英之间激烈的礼仪之争就可看出），清政府上下莫不对此感到新奇与盼望，尤其是乾隆，亲自令人排演了一出《四海升平》的戏剧准备展现给使团。

至于马戛尔尼使团的国礼被呈给乾隆之后，按照以往学者的观点，以乾隆为代表的清政府对使团赠送国礼事件的态度开始转变为视同平常。笔者认为背后的深层原因体现在三个方面：一是当时英国工业革命尚处于初级阶段，未能与农业大国清朝拉开明显的差距；二是清王朝君臣的知识结构、官员选拔方式；三是马戛尔尼使团赠送国礼与清宫旧藏相比平淡无奇。

18世纪末，英国尚处于工业革命的初期，手工作坊仍然盛行，蒸汽机时代所带来的生产力几何级数增长还并不明显，中国与西方的差距还没有真正拉开。以战船和火炮为例：1793年马戛尔尼使团访华途中最大的战舰为舰队主力"狮子号"，但该舰仍是一艘典型的风帆战舰。当时英国工业革命的标志——蒸汽机尚未广泛应用，鸦片战争中英国让清王朝震惊的蒸汽战舰，在18世纪末也还没有广泛应用于海军战船之中。至于火炮，欧洲在16世纪初研制的"红夷大炮"，明末就已经传入中国，并应用在明朝对满洲的作战中。而满洲方面，从皇太极开始，对火炮也颇为重视，以缴获的明军大炮为突破口，改进研制，炮兵的水平很快赶超了明军。明清对垒中，双方炮兵作战的状况并不鲜见，后来康熙朝平"三藩之乱"、乾隆朝所谓的"十全武功"，都离不开火炮的协助。事实上，马戛尔尼送来的轻便野战炮，在威力上也并不一定胜过清军火炮。由此可见，此时中国与西方的科技还未形成"时代的差距"，马戛尔尼使团的国礼未能引起乾隆的好感也就不足为奇了。

乾隆乃至清朝文武官员对马戛尔尼使团赠送国礼事件视等平常还与他们的知识结构，即以儒家文化为基础，讲求道德文章、经世致用，而忽视自然科学的作用，视科学技术为奇技淫巧、斥为末技有关。再者，乾隆一朝的官员多由侧重考察文史修养的科举考试选拔上来，普遍缺乏自然科学技术的基本素养，难以理解马戛尔尼使团国礼的科技水平。因此，当那些代表着西方自然科学发展水平的仪器以及展现英国工业革命最新成果的机器及工业制成品摆到清朝君臣面前时，他们也很难对此做出正确的反应和判断。

还有不能被忽视的一点，即清宫旧藏较之马戛尔尼使团所赠国礼并不逊色。据史料记载，乾隆曾按照惯例邀请英国使臣去参观宝物库，宝物库里来自欧洲的天球仪、七政仪（太阳系行星轨道模拟仪）、音乐仪器、钟表等应有尽有，甚至连反射式望远镜都有一架，这是法国传教士20年前送给乾隆的。刘半农译的马戛尔尼所著《乾隆英使觐见记》中如此记载："有藏欧洲之玩物及音乐、歌唱之器者。余如地球仪、太阳系统仪、时钟、音乐自动机以及一切欧洲所有之高等美术品，罔不俱备"；"于是，吾乃大骇，以为吾所携礼物，若与此宫中原有之物相较，比如孺子之见于猛夫，战栗而自匿其首也……"[31] 可见，就连马戛尔尼使团也已认识到己方的国礼相较清宫旧藏并不出色，这就更难引起以乾隆为代表的清政府的兴趣了。

值得注意的是，近年来包括沈艾娣在内的不少学者不约而同地指向一个问题，即乾隆很有可能已经从马戛尔尼使团带来的国礼中认识到了英国快速发展、对外扩张的情况，并据此做出了一些防御措施，这主要是基于乾隆本人的执政经验以及对于时局的判断能力做出的。郭福祥[32] 通过对现存大量清宫档案的研究，认为当时清政府为妥善保存这些国礼付出很大努力，有的一直留存到现在。但由于天朝大国思想和朝贡体制的制约，致使清政府在对待马戛尔尼使团赠送国礼问题上，呈现出官方表态和实际认知之间的不一致。当时英国使团成员只看到中国方面对这些国礼的表面态度及公开的一面，并据此作出并不全面客观的判断，而乾隆由这批科技礼品察觉到英国制造技术及西方科技发展情况，何绍基的《高宗政要》对此亦有记载。

五、结语

综上所述，马戛尔尼使团访华带来的科学仪器、武器、生产设备以及英国工业新产品和英国文体艺术产品四类主要国礼是经过使团成员精挑细选的，这从国礼纷繁庞大的种类与规模、精美的制作工艺、不菲的价值，而且能基本代表同时期英国制造的最高水平可以得见，出访的国礼也在相当程度上代表了英国政府对清政府所要展现的立场和态度。以乾隆为代表的清政府对马戛尔尼使团赠送国礼事件最初的新奇盼望主要是由有清一代朝贡国家"以周边小国为主、缺少远方大国"的基本情况决定的，而后来转为"视等平常"的态度，则受到当时英国工业革命进行程度尚不很深、清朝君臣的知识结构和官员选拔方式以及马戛尔尼使团所赠国礼与清宫旧藏相比并不出色等的影响，最后产生警惕则主要由乾隆本人的执政经验、对时局的判断能力等决定。

---

[1][2][28][29]庆桂, 董诰. 清高宗实录[M]. 北京: 中华书局, 1985.

[3][16][32]郭福祥. 马戛尔尼使团送乾隆英国科技文物的近代史意义[J]. 中国国家博物馆馆刊, 2019 (2).

[4]丁水娟. 礼品·贡品: 马戛尔尼使华与中西文化碰撞[J]. 长江大学学报 (社会科学版), 2011 (2).

[5]黄宇蓝. 从马戛尔尼送礼看中西文化差异[J]. 广西师范大学学报 (哲学社会科学版), 2005 (4).

[6]蒋廷黻. 中国近代史[M]. 北京: 民主与建设出版社, 2016.

[7]欧阳哲生. 狮与龙的对话——英国马戛尔尼使团的"北京经验"[C]// 中国社会科学论坛 2010 史学——第三届近代中国与世界暨纪念近代史所成立60周年国际学术研讨会论文集. 北京: 中国社科院, 2010.

[8]王春晓.《四海升平》与马戛尔尼觐见乾隆[J]. 名作欣赏 (中旬), 2017 (3).

[9][美]马歇尔·萨林斯. 历史之岛[M]. 上海: 上海人民出版社, 2003.

[10][法]阿兰·佩雷菲特. 停滞的帝国——两个世界的撞击[M]. 北京: 生活·读书·新知三联书店, 1995.

[11][美]何伟亚. 怀柔远人: 马嘎尔尼使华的中英礼仪冲突[M]. 北京: 社会科学文献出版社, 2015.

[12]刘黎. 一场聋子和瞎子的对话——重构英使马戛尔尼访华的翻译过程[J]. 上海翻译, 2014 (3).

[13]郑晔. 马戛尔尼访华的三种视角: 国际博弈中的文化冲突[J]. 湘潮, 2014 (7).

[14][20][23][25][英]斯当东. 英使谒见乾隆纪实[M]. 叶笃义译. 香港: 三联书店, 1994.

[15][19][24][31][英]马戛尔尼. 1793年乾隆英使觐见记[M]. 刘半农译. 天津: 天津人民出版社, 2006.

[17][法]费赖之. 在华耶稣会士列传及书目 (上)[M]. 北京: 中华书局, 1995.

[18]一史馆. 朱批奏折·外交类[C].

[21]吴强. 光学[M]. 北京: 科学出版社, 2016.

[22][27]袁墨香. 天主教传教士与马戛尔尼使团[J]. 枣庄学院学报, 2006 (1).

[26][法]戴廷杰. 兼听则明——马戛尔尼使华再探[C]// 英使马戛尔尼访华档案史料汇编. 北京: 国际文化出版公司, 1996.

[30]于淑娟. 沈艾娣: 中外学术界对"天朝上国"心态的误读——从乾隆皇帝至乔治三世的信说起[J]. 北京大学研究生学志, 2015 夏季刊.

河南博物院藏葛陵楚墓出土竹简菌种的分离及鉴定

陈晓琳[1]　常睿婕[2]
1.河南博物院　2.北京大学考古文博学院

摘要：为了解河南博物院藏饱水竹简文物中微生物的存在情况，我们采集破损玻璃试管内的水样以及完好保存环境中的水样，采用选择性培养基分离鉴定方法对其微生物种类进行了分析。利用培养细菌的牛肉膏蛋白胨培养基和培养真菌的PDA培养基对保护液进行分离纯化，最终得到4株纯种的细菌样本，通过16sr DNA分子鉴定技术对4株菌进行鉴定，在NCBI进行16sr DNA序列比对，确定这4株菌的种类。还得到了4株纯种的真菌样本，结合形态学观察结果和显微观察结果，确定这四株菌分别为：青霉、烟曲霉、根霉、毛霉。

关键词：饱水竹简；微生物；分离；鉴定

　　1985年，河南省新蔡文物保管所进行文物普查时，在葛陵故城东北部发现两座古代墓葬。葛陵故城位于新蔡县西北25千米的李桥镇葛陵村周围。保管所进行了文物钻探，推测该墓葬区的年代当在战国中晚期至西汉早期之间。由于1922年和1993年墓葬遭到破坏和盗掘，1994年5月，由河南省文物考古研究所进行了抢救性考古发掘。1994年8月16日，竹简发现于墓葬南室，当时，发掘人员在木车伞盖上剔出了一支竹片，从单独成片的堆积形式和宽度分析，不是椁板上的席片。考古工作者在将竹片翻转过来看它的正面时，发现上面布满书写的墨书文字。此时，数量可观的竹简被发现。

　　竹简的清洗、处理和显色工作由湖北省荆州博物馆负责。单支竹简用两片玻璃片夹紧，两端用羊肠线捆扎，装入盛满蒸馏水的试管，用橡皮塞密封，密封前用注射器将管内抽成真空。

　　葛陵楚墓竹简出土至今已有20余年，2014年其中的10枚竹简移交河南博物院藏品管理部收藏，并登记入账，保存在文物库房文物储藏柜中。

图1 竹简保护前原状

图2 乙（一）25原状

2016年编号乙（一）25盛放竹简的玻璃试管底部破碎，随后工作人员用透明胶带缠绕封口，放置库房保存3年余。由于玻璃试管中的蒸馏水仍在继续挥发，竹简局部已裸露于保护液之外，竹简本体外观色泽已经显现退化迹象。同时，保护液体也出现浑浊、有片状漂浮物等现象，存在生物病害的可能，且有继续恶化的趋势。竹简亟需进行保护处理，改善保存状态。（图1，图2）

一、材料和方法

葛陵楚墓出土竹简浸泡于装满蒸馏水的玻璃试管中，避光保存于河南博物院文物库房。根据竹简的完残情况，采集破损玻璃管乙（一）25浸泡溶液，未破损试管甲（一）3、甲（一）5、甲（一）7a、甲（一）11、甲（一）24、甲（三）114、甲（三）256、甲（三）312、乙（一）6饱水竹简浸泡液。

1. 实验仪器

精密电子天平，高压蒸汽灭菌锅，高速离心机，超净工作台，移液枪及枪头等。

2. 实验试剂

琼脂粉，牛肉膏，NaCl，水，蔗糖，马铃薯，胰蛋白胨，琼脂糖，TIANamp Bacteria DNA Kit细菌基因组提取试剂盒，OMEGA HP Plant DNA Kit真菌基因组提取试剂盒，草酸铵结晶紫，碘液，95%酒精，75%酒精，蕃红染色液，琼脂，蒸馏水。

3. 培养基

（1）牛肉膏蛋白胨液体培养基；

（2）PDA液体培养基；

（3）PDA固体培养基。

4. 取样方法

分别采集破损玻璃管内液体和完整玻璃管内液体于灭过菌的小三角瓶中，并进行标记，4℃保存。（所有取样操作于无菌环境，在酒精灯附近进行取样操作）

5. 菌种的分离、纯化

分别将破损文物的水样和保存文物完好的水样进行0、10、100、1000倍的稀释，然后分别涂布在牛肉膏蛋白胨固体培养基（用于培养细菌）和PDA固体培养基（用于培养真菌）上，进行分离纯化。

6. 菌种DNA提取

7. 测序与网上比对

（1）DNA测序

将PCR产物送到生工生物工程（上海）股份

有限公司进行测序。

（2）上网比对

将基因检测结果在 NCBI 上进行比对，根据 BLAST 搜索和比较的结果，判断该菌种的具体名称。

二、结果与分析

（一）细菌分离鉴定结果

1. 形态学观察结果如下

图3 纯化后的细菌

2. 显微观察结果如下

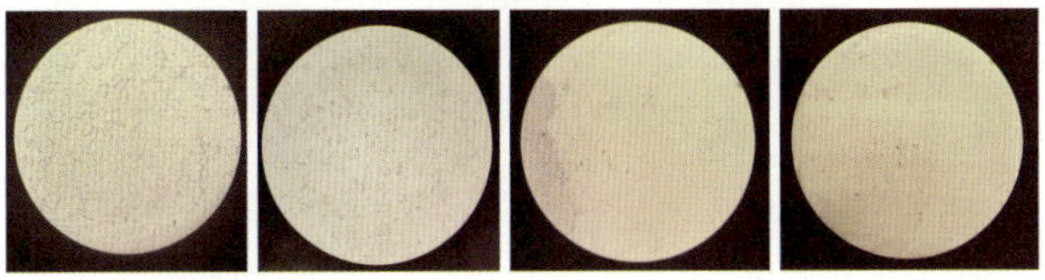

细菌1　　细菌2　　细菌3　　细菌4

图4 显微观察结果图

表1 分离细菌菌株的观察结果

菌株	革兰氏染色	菌落形态
细菌1	阴性	菌落呈圆形，光滑，湿润，浅黄色，产生刺激的氨味
细菌2	阳性	菌落表面干燥粗糙，不透明，红色
细菌3	阴性	菌落呈黄绿色，杆状
细菌4	阴性	菌落呈半圆形，轻微隆起，淡黄色，湿润，半透明，边缘整齐，光滑

研究发现在破损水样中筛选出了细菌1、细菌2、细菌3、细菌4，在密封完好的文物保存水样中只筛选到了细菌3。

另外形态学观察和显微观察，仅仅是为了初步了解菌株的形态特征，具体的归属问题仍需用基因方面的方法来确定。

3. 对细菌菌株进行16sr DNA基因测序分析

提取4株变腐细菌的DNA，提取产物的琼脂糖凝胶电泳结果可见图5，菌株的提取条带比较清晰，证明菌株的DNA提取成功。接下来提取4株细菌的基因组DNA为模板进行PCR扩增，PCR扩增产物的琼脂糖凝胶电泳结果可见图6。菌株的PCR扩增凝胶条带比较清晰，四个条带在1500—2000bp左右，PCR成功。

4. 序列测定

将PCR产物送去生工生物工程（上海）股份有限公司进行测序，在用过NCBI比对后得到具体的菌株类别。

图5 4株细菌的16sr DNA 提取产物电泳分析
注：M: Mark；1: 细菌1；2: 细菌2；3: 细菌3；4: 细菌4

图6 4株细菌的16sr DNA 扩增产物电泳分析
注：M: Mark；1: 细菌1；2: 细菌2；3: 细菌3；4: 细菌4

表 2-1 细菌 1 的分子鉴定结果

菌种名称	Maxscore	Totalscore	Querycover	Evalue	Ident
Stenotrophomonas sp. strain CW16-26	2614	2614	99%	0.0	99.44%
Stenotrophomonas maltophilia strain SBR01	2612	2612	98%	0.0	99.79%
Stenotrophomonas maltophilia R551-3	2612	10443	98%	0.0	99.79%

经过 NCBI 比对细菌 1 的基因提取序列，查出该序列为嗜麦芽窄食单胞菌（Stenotrophomonas maltophilia）核糖体 RNA 基因的部分序列。

表 2-2 细菌 2 的分子鉴定结果

菌种名称	Maxscore	Totalscore	Querycover	Evalue	Ident
Rhodococcus sp.	2571	2571	99%	0.0	99.44%
Rhodococcus corynebacterioides strain	2545	2545	99%	0.0	99.36%
Rhodococcus kroppenstedtii strain	2531	2531	99%	0.0	98.94%

经过 NCBI 比对细菌 2 的基因提取序列，查出该序列为棒状红球菌菌株（Rhodococcus corynebacterioides strain）核糖体 RNA 基因的部分序列。

表 2-3 细菌 3 的分子鉴定结果

菌种名称	Maxscore	Totalscore	Querycover	Evalue	Ident
Pseudomonas sp. strain	2627	2627	100%	0.0	99.72%
Pseudomonas fluorescens strain	2608	2608	98%	0.0	99.93%
Pseudomonas extremaustralis partial	2599	2599	98%	0.0	99.65%

经过 NCBI 比对细菌 3 的基因提取序列，查出该序列为荧光假单胞菌菌株（Pseudomonas fluorescens strain）核糖体 RNA 基因的部分序列。

表 2-4 细菌 4 的分子鉴定结果

菌种名称	Maxscore	Totalscore	Querycover	Evalue	Ident
Achromobacter denitrificans strain	2610	2610	99%	0.0	99.79%
Achromobacter xylosoxidans strain	2603	2603	99%	0.0	99.86%
Achromobacter marplatensis strain	2599	2599	99%	0.0	99.58%

经过 NCBI 比对细菌 4 的基因提取序列，查出该序列为反硝化无色杆菌菌株（Achromobacter denitrificans strain）核糖体 RNA 基因的部分序列。

综上所述，4 株细菌分属具体鉴定结果如下表所示：

表 2-5 四株细菌的具体鉴定结果

菌株	菌种名称
细菌 1	嗜麦芽窄食单胞菌（Stenotrophomonas maltophilia）
细菌 2	棒状红球菌菌株（Rhodococcus corynebacterioides strain）
细菌 3	荧光假单胞菌菌株（Pseudomonas fluorescens strain）
细菌 4	反硝化无色杆菌菌株（Achromobacter denitrificans strain）

（二）真菌分离鉴定结果

1. 形态学观察结果如下

图 7 4 种霉菌菌落形态

2. 显微观察结果如下

真菌1　　真菌2　　真菌3　　真菌4

图8　4种霉菌显微观察结果

表3　分离真菌菌株的观察结果

菌株	菌落形态
真菌1	菌落淡色，分生孢子为球型，呈绿色
真菌2	菌落呈絮状，暗烟绿色，分生孢子头柱状
真菌3	菌丝无隔膜，有分枝和假根
真菌4	菌丝无隔，多核，分枝状

我们研究发现在破损文物的水样中只有真菌3存在，在密封水样中筛选到真菌1、真菌2、真菌4。

3. 真菌ITS序列比对

对真菌菌株进行ITS序列比对基因测序分析：提取4株变腐真菌的DNA，提取产物的琼脂糖凝胶电泳结果可见图9，菌株的提取条带比较清晰，证明菌株的DNA提取成功。

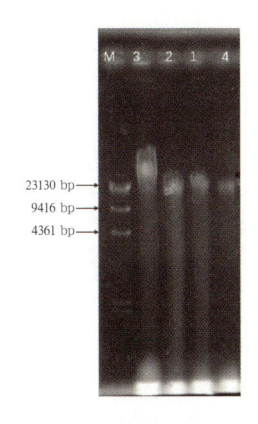

图9　4株真菌的16sr DNA提取产物电泳分析
注：M：Mark；1：真菌1；2：真菌2；3：真菌3；4：真菌4

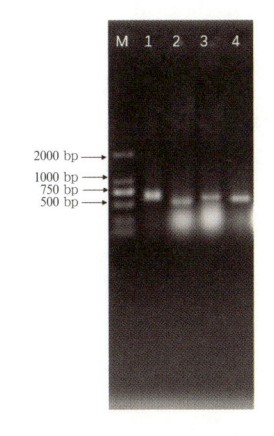

图10　4株真菌的PCR扩增产物电泳分析
注：M：Mark；1：真菌1；2：真菌2；3：真菌3；4：真菌4

真菌DNA提取成功，接下来提取4株真菌的基因组DNA为模板进行PCR扩增，PCR扩增产物的琼脂糖凝胶电泳结果可见图10。

由图10可以看出：菌株的PCR扩增凝胶条带比较清晰，四个条带在544bp左右，PCR成功。

4. 序列测定

将PCR产物送去生工生物工程（上海）股份有限公司进行测序，在用过NCBI比对后得到具体的菌株类别。

表4-1　真菌1的分子鉴定结果

菌种名称	Maxscore	Totalscore	Querycover	Evalue	Ident
Talaromyces funiculosus strain X33	1057	3172	99%	0.0	99.15%
Talaromyces funiculosus isolate M1-EGY	1048	1048	98%	0.0	99.14%
Penicillium sp. 12-20	1048	1048	98%	0.0	99.14%

经过NCBI比对，查出真菌1序列为塔拉木霉菌（Talaromyces funiculosus strain）核糖体RNA基因的部分序列。

表4-2　真菌2的分子鉴定结果

菌种名称	Maxscore	Totalscore	Querycover	Evalue	Ident
Cladosporium sp. OLS14	994	994	99%	0.0	99.10%
Cladosporium sp. isolate BCHNSZJ040	994	994	99%	0.0	99.10%
Cladosporium sp. E-19	992	992	99%	0.0	99.10%

经过NCBI比对，查出真菌2序列为枝孢霉（Cladosporium sp）核糖体RNA基因的部分序列。

表4-3　真菌3的分子鉴定结果

菌种名称	Maxscore	Totalscore	Querycover	Evalue	Ident
Phialemoniopsis curvata TWCC 58054	974	974	97%	0.0	98.90%
Phialemoniopsis curvata strain DM11	970	970	99%	0.0	98.20%
Phialemoniopsis curvata	965	965	99%	0.0	98.02%

经过NCBI比对，查出真菌3序列为暗色丝孢霉（Phialemoniopsis curvata strain）核糖体RNA基因的部分序列。

表4-4 真菌4的分子鉴定结果

菌种名称	Maxscore	Totalscore	Querycover	Evalue	Ident
Alternaria sp. isolate NF02128	935	935	99%	0.0	100.00%
Alternaria alternata isolate ZTCA11	933	933	98%	0.0	100.00%
Alternaria tenuissima isolate N14S1	933	933	98%	0.0	100.00%

经过NCBI比对，查出真菌4序列为交链孢霉（Alternaria sp.）核糖体RNA基因的部分序列。

另外，形态学观察和显微观察仅仅是为了初步了解菌株的形态特征，具体的归属问题仍需用基因方面的方法来确定。但由于疫情原因，对其16sr DNA鉴定工作尚未进行，暂通过培养基上菌落形态以及显微镜观察暂定其属分别为：青霉属（Penicillium）、烟曲霉属（Aspergillus）、根霉属（Rhizopus）、毛霉属（Mucor）。

三、结论

本实验通过利用培养细菌的牛肉膏蛋白胨培养基和培养真菌的PDA培养基对保护液进行分离纯化，最终得到4株纯种的细菌样本。通过16Sr DNA分子鉴定技术对4株菌进行鉴定，在NCBI进行16Sr DNA序列比对，确定这4株菌为：嗜麦芽窄食单胞菌（Stenotrophomonas maltophilia）、棒状红球菌菌株（Rhodococcus corynebacterioides strain）、荧光假单胞菌菌株（Pseudomonas fluorescens strain）、反硝化无色杆菌菌株（Achromobacter denitrificans strain）。还得到了4株纯种的真菌样本，通过结合形态学观察结果和显微观察结果，确定这四株菌分别为：青霉属（Penicillium）、烟曲霉属（Aspergillus）、根霉属（Rhizopus）、毛霉属（Mucor）。

本实验过程中采用分子生物学和形态学方法共同鉴定以确保结果的准确性。由于样品有限，分离得到的有害微生物种类少，不能全面反映文物竹简的菌种污染状况。且样品取得较为单一，不能确定污染菌种的来源。本次试验一共筛选到4株细菌，其中在破损文物的水样中这4株都存在，在密封水样中只筛选到细菌3；在破损文物的水样中只有真菌3存在，在密封水样中筛选到真菌1、真菌2、真菌4。由此结果我们初步判断，细菌多存在于破损文物水样，真菌（霉菌）多存在于保存完好水样，可能是因为细菌的生长抑制了真菌的繁殖。此外还发现所鉴定菌种多数为能对文物产生危害的常见菌种，这为我们有针对性地设计更合理、效率更高的新方法，以及实行更科学有效的保护措施提供了科学依据。

战国蟠螭纹青铜鼎的修复研究

罗荣斌
新乡市博物馆

摘要：河南省新乡市博物馆文保中心受济源市博物馆委托，为其修复一批金属文物，其中有一件战国时期的蟠螭纹青铜圆鼎，体量较大。工作人员通过检测分析，将传统修复技艺与现代科学技术结合，对此鼎进行修复。

关键词：战国；铜鼎；修复

河南省新乡市博物馆文保中心受济源市博物馆委托，为其修复一批金属文物，包括自商代至明代济源出土的青铜器，具有重要代表性。尤其是战国时期的蟠螭纹青铜圆鼎，此残鼎体量大、纹饰精美、包浆厚重，是这批青铜文物中的珍品之一。

一、文物的基本信息、保存现状调查

（一）基本信息

青铜鼎（编号03320），残高41.2厘米，口径36.1厘米，重10.4千克。从此残鼎观察分析，盖面上隆，面饰两道宽弘纹和三排蟠螭纹，中央铸圆形镂空捉手，面饰蟠螭纹。器身合口、圆唇、平底，口沿下对称附一对微向外撇长方形曲耳，布满蟠螭纹。鼎身中部以陶索纹隔开，上下饰蟠螭纹，鼎身腹下足与足之间饰有四只蝉纹。三足呈蹄形，足中部有二次接合铸造痕迹，用铸接技术浇注完成。

（二）保存现状

来自从上向下的强大外力，带来器物盖面及腹部崩裂、破碎、残缺、扭曲变形。鼎盖从上隆处破碎成三部分，口沿处有5—10厘米破口且向上方左右扩大。残盖中部裂块上翘，裂缝、断碴处变形锈蚀。残鼎腹部有22—29厘米破洞，破洞的周围扭曲变形形成多条裂缝，一条裂缝曲折向

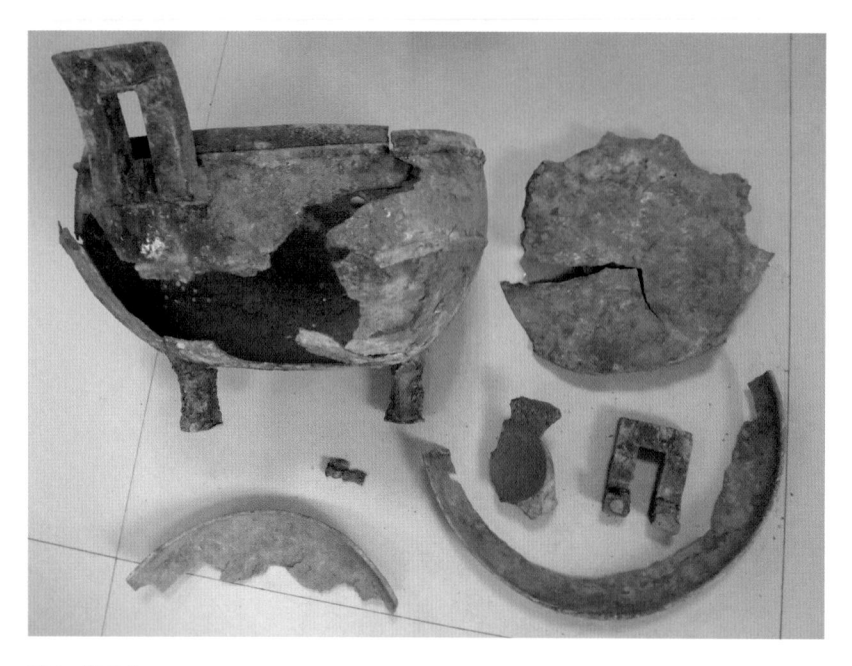

图1 修复前

上贯通口沿，另一条挨着陶索纹边延伸长15厘米。下方破口破到鼎底范线，一条裂缝向底中心延伸，鼎底裂口断碴变形上翘，残存鼎近似椭圆形。另一耳从耳根处整体断掉，其中一足从足根处断掉且下半部分缺失。（图1）器物通体锈蚀，两耳多处粉状锈，鼎身部分严重矿化。

二、检测分析结果

（一）合金成分分析

选择青铜器残片清洗干净作为样品。分析仪器采用环境扫描电镜（ESEM）和EDAX公司的APOLLO-X型能谱仪。

从表1中可以看出青铜鼎的成分为铜、铅、锡三元合金。锡含量处于中等程度，这样配比可以降低铜的熔化温度，增加铜鼎的抗拉强度和铜液的充型能力；铅含量，配比相对较少。铅熔点低，不溶于铜和锡，在铜和锡凝固过程中处于游离状态，填充枝晶间显微缩孔的体积，提高铸鼎的质量。

表1 青铜基体合金成分（wt%）

名称	锈蚀情况	Cu	Sn	Pb	其他	合金类型
鼎	严重	75.83	18.31	5.4	0.46	Cu-Sn-Pb

（二）扫描电镜显微形貌分析

基体残片与锈蚀产物扫描电镜二次电子像显微形貌照片可以看出：青铜鼎的锈蚀产物微观形貌不同，部分呈有序化结晶形态，部分混乱无序，膨化外向性发展蔓延，表面皆疏松多孔。

三、修复过程

（一）清洗、矫形

残鼎表面锈蚀物，用去离子水、5%乙醇浸泡清除，清洗用软毛刷、竹刻刀等工具剔除土垢薄锈。用超声波洁牙机清除表面有害锈及断面碴口，清洗后自然晾干。

对此残鼎的矫形先从口沿开始。由于此残鼎成椭圆形且从口沿处断裂，不知道是多大的圆形，给矫形带来极大的困难。如果口沿矫不圆，鼎盖是盖不上的，所以先量准口沿周长，根据圆的公式，算好半径就能画出此残鼎的口沿圆了。然后在薄木片上画个整体圆，这就是此残鼎的口沿圆。再剪成四分之一，制成了矫准圆的参照物，把它放在残鼎口沿处可以看清从何处开始变形，变形的幅度多大。在矫形时把两块木块放在椭圆口沿处两端，两木头上放一横梁，构成一个支架，用C型钳夹住椭圆处中间和支架中间。（图2）用热风枪加热变形位置，消减青铜内部金属分子自身应力，增加铜质的可塑性。慢慢旋紧螺杆，循序渐进，利用夹合力矫形到位，直至不再反弹为止。

（二）焊接、补配、打磨

采用我国成熟的传统低温铅锡法，对于有铭文、纹饰的地方采取跳焊或背面焊接，焊缝用环氧树脂胶填充。[1] 全部焊接后用去离子水清洗掉助焊剂，避免对器物造成二次受伤。[2]

残洞补配：采用铜皮画形剪裁后依型锤打变形以适应缺失部位的形状，焊接补齐。对于太大的残缺口，把铜皮分解成多块，以免在锤打铜皮时出现扭曲凸起、互相制约的变形。足部补配：对于足部缺失的部分采用失蜡法补配。先将缺失的部分用石蜡补配完整，焊接好浇注口蜡柱和出气口蜡柱，外部糊以石膏，放入烘箱。经烘烤蜡体会全部烤化并流出，熔化锡浇注已去除蜡液后的石膏空壳内，凝固冷却后打碎石膏模具，锯

图2 矫形

图3 修复后

掉浇注口和出气口锡柱,将表面处理平。纹饰补配:用翻模法,以硅橡胶为材料,制成模具纹饰。在硅橡胶模具上均匀地抹上原子灰,把握好补配的厚度,半干时揭下剪出补配形状,粘在补配位置。

此鼎全部补配焊接完成后,用电磨及各种锉,将补配的足及其他焊接处凸起的锡坨打磨平。用粗细砂纸将补配铜皮内外抹上的原子灰打磨平。

(三)做旧、封护

用乙醇和虫胶漆溶液调和砂绿、群青、钛白、黑烟子等各种矿物颜料,采取涂、抹、点、弹等方式在铜器表面做出需要的锈色,与附近的真锈基本一致。

在保护环境中与水分、氧气隔绝,防止各种锈蚀蔓延,使器物处于稳定状态,用浓度为1%—3%的B-72丙酮溶液封护处理。

四、结语

济源市出土的战国蟠螭纹青铜鼎破碎严重,经过对此鼎合金成分和锈蚀物的检测分析,在遵循最小干预和可逆性原则下,[3]将传统修复技艺与现代科学技术相结合,经过清洗、矫形、焊接、补配、打磨、做旧、封护等,对铜鼎进行了修复。(图3)在修复过程中积累了大量的数据和信息,为研究铜鼎打下了坚实的基础。

---

[1] 马清林,苏伯民. 中国文物分析鉴别与科学保护[M]. 北京:科学出版社,2001.

[2] 赵振茂. 青铜器的修复技术[M]. 北京:紫禁城出版社,1988.

[3] 李震,贾文忠. 青铜器修复与鉴定[M]. 北京:文物出版社,2012.

河南博物院藏明代释迦牟尼画像的保护与修复

李耀华
河南博物院

摘要：河南博物院藏有一件明代释迦牟尼画像，由于历史上长期饱受烟熏火炙、油渍水浸等侵扰，文物材质酥脆，存在水渍、污渍、霉斑、烟熏、老化、酸化、絮化等不同程度的病害。本文针对这类宗教题材绘画藏品的保护修复方法和理念进行相关探讨，以期寻求比较科学稳妥的保护措施。

关键词：宗教；画像；图腾；保护修复

一、基本信息

2018年7月，河南博物院工作人员在清理库房剔除品过程中，于多年尘封的木箱底层挑拣出一件破损严重的释迦牟尼画像图轴，因没有相关详细档案记载，暂未对其进行鉴定定级，便作为一般的文物参考资料予以保存。但从裱件背部的旧签可知该件书画作品应为我院早期藏品。该佛像画芯纵183厘米，横83.3厘米。经考证，作者为明代东吴虎丘香严寺僧人明慧。佛像等宗教书画文物作为历史信息的载体，承载着当时有关社会、历史、民族、艺术等发展和演变的信息，尤其是对研究明清时期的宗教绘画具有重要的参考价值。鉴于文物破损情况，亟须对其进行抢救性保护修复，我们希望通过一系列科学性保护修复处理，使其价值得以体现，以期适应文物长期收藏和陈列展览、研究之需。

二、文物病害调查与评估

由于该释迦牟尼画像画轴在收藏前长期被供养人用于堂前参拜，画像难免饱受烟熏火炙之害，造成裱件整体变色，折痕遍布。镶料为藏蓝色棉布布料，覆背采用早期英国进口棉布，棉布未进行托纸加工处理，直接采用稠浆糊进行覆背，用糊较厚，厚薄不一，极不利于书画的保存。佛像虽经装裱，但是装裱不规范，所用材料质量不高，时间久远，加之保管不善，裱件上存在大量霉斑，裱件残破、脱落、局部空壳，有多次不当修复的痕迹。裱件天头断裂，布边脱失，文物表面有大量的水渍、折痕、变色和少量的污渍、断裂、残缺、烟熏、微生物及动物损害、老化、酸化、晕色、字迹模糊等病害。文物自清理之前，长期存放在剔除品的杂物箱内，没有必需的温湿度检测与控制系统及防霉措施，由此产生的干湿度变化对文物造成了较严重的侵蚀与伤害。由于文物保存环境简陋等种种不利因素的存在，对现有纸质文物造成了较大的影响，若不及时进行保护修复，随着时间的推移，将会进一步损毁，造成不可弥补的损失。

综上所述，参照WW/T 0026-2010《馆藏纸质文物病害分类与图示》的要求进行了病害调查和病害评估。经评估，文物处于濒危状态，若不及时进行保护修复，必将加速该书画藏品的恶化趋势。

三、保护修复工作目标和原则

根据文物破损及病害情况，拟定文物保护修复工作目标是实施保护修复的前提，是决定采取何种技术、处理手段的指导性原则。通过前期对文物破损及病害的调研及评估，我们认为该佛像画轴经过保护修复后，文物病害问题应得到妥善改善；文物原貌得以保持，佛像所涵盖的历史信息得以最大限度保存；加强与现代科技的结合，借助现代科技检测研究手段，对书画纸张老化原因进行科学的分析，用科学研究的结果指导修复保护工作，加强文物保护科学研究。以传统方法为主，采用书画修复的传统工艺和现代文物保护的成熟技术，进行清理、清洗、修复、装裱、加固等；优先使用传统工艺技术和材料，所有新材料和新工艺都必须经过前期试验和研究，以对文物最无害的工艺技术用于保护修复，并做好详细的档案记录。选用的保护材料耐老化性强，对文物无害，同时具有不污染环境，对人体无害，价格适中的特点。文物保护修复所用的材料应具有可逆性。

四、技术路线及关键操作步骤

（一）技术路线

根据文物保护修复原则和国内外常见纸质文物保护修复方法，结合文物保存现状的调查和评估以及确立的保护修复工作目标，技术路线设计如下：首先对文物消毒灭菌，做好霉菌防治处理。文物修复前进行信息采集，留取原始信息；对文物病害进行综合分析，利用现代科学仪器对文物进行无损分析检测，根据检测数据及病害评估结果制定具体保护修复方案。修复过程中对酸化画芯采用传统的物理方法进行脱酸；对有污点和微生物等病害的文物使用酒精涂擦，避免使用化学药品；使用固色剂对书画的墨色、颜料进行加固；采用传统工艺处理，最大限度保留原裱件的裱材、装裱形式和工艺进行修复装裱。缝制画套，配置无酸囊匣。对库房进行一次整体杀虫防霉处理，消除虫霉的隐患。遵照WW/T 0027《馆藏纸质文物保护修复档案记录规范》的要求，真实、详细、完整地做好档案记录工作。按照科学、规范化要求，建立科学档案，为今后的保护、研究工作提供完整数据。

（二）保护修复的关键操作步骤

1. 消毒

文物中发现有大量的微生物损害，为防止霉菌交叉感染其他文物，我们进行了相应的消毒灭菌处理。消毒灭菌方法选用真空充氮熏蒸法，该方法是成熟技术，广泛用于纸质文物，效果较好且对文物无危害。

2. 脱酸与清洗相结合

经现场检查，判定文物部分有不同程度的酸化现象，需进行脱酸处理。在清洗前进行墨色水溶性检测，对晕色跑墨的地方实施固色处理，画芯底部及表面加衬，控制水温及清洗时间、清洗次数，做好相关防护工作。脱酸方法采用传统的物理方法，使酸性物质溶解到水中，用常温蒸馏水或纯净水冲洗干净，冲洗后用酸度仪检测，使脱酸后的纸张pH值达到7.0以上。本次洗脱酸采用洗画池＋净水系统＋电热水器结合，其优点是水质好、污水易处理、水温稳定、易操作。局部水渍、污渍和少量微生物等病害严重处，清洗前将写印色料溶解之处采用合理浓度的胶矾水或豆浆水进行加固处理，然后采取传统与科学的清洗方法予以去除。画芯上的水渍是书画最常见的病害之一，视质地的坚实及完整状况，采用传统清洗法，用温水浸泡清洗数遍可去除黄污水印，浸渍时间应视病害程度而定，但不宜浸渍太久。污渍和微生物损害等处理方法是用棉签蘸取酒精涂擦，再用蒸馏水或纯净水多次冲洗干净，以pH试纸测试，达到中性为准，再用吸水纸吸取水分后阴干并压平。

3. 移案

清洗完毕后将水用毛巾吸干，用木棍将画芯卷起，顺势将画芯紧贴在高清书画修复台上。本次修复改变在传统的大漆案子上进行操作带来的不利影响，放置在新型书画修复拷贝台上进行。该设备可一边倾斜、灯光可控等，便于后续的揭背、上浆、托芯、上距条、上胶矾水或豆浆、补洞及垫条。充分利用文保科技装备带来的便利。

4. 揭背布和托芯纸

与传统书画的装裱方式不同的是该画轴没有采用传统纸张覆背的方式，而是用棉布进行直接覆背，棉布未加工直接刷稠浆糊，棉布与画芯之间仅有一层托芯纸。进行"揭"的操作时，只能从裱件四周向中间一点点小心揭除。棉布揭除后，先在画芯空白处找出易揭之处，根据托芯纸与画芯结合的情况，采用揭、搓、捻等手法顺着一个方向进行，避免将画心揭"花"、揭"透"，直至将托芯纸张全部去除。

5. 修补残洞

书画上损害残缺的部位，应进行修补。修补时尽量选用与书画质地相同的旧纸，颜色应比原来稍浅。因无法寻觅与画芯纸张一样的修补用纸，只能挑选与原画芯纸张相近的新纸进行染色加工。修补时将旧纸边缘用刀剃刮成斜坡，然后用毛笔在斜坡面上浆，将补料对准破洞贴住，使粘补的接口平缓。用棕刷或手指将补料粘牢，待干后刮掉多余部分。对于细小的破洞和极细的裂缝，无法刮口，则剪成小块或细条贴在破洞和裂缝处，同样需注意与原画芯纸质薄厚基本统一。粘补残缺主要采用碎补、整补、挖补、镶补的方法。具体用何种粘补方法，应视画芯残损程度而定。因该画像在绘制时大量上胶矾，致使画像纸张存在严重粉碎性掉渣脱落。在修补残破时先在画芯上补出大块缺失部位后进行托芯，然后在拖芯纸上进行隐补，缩短了画芯在浆水中的停留时间，减少了遭朽纸张遇水泥化及颜料跑色的风险。待背部补纸干透后打磨补纸边缘，这样有利于减少粘贴重合处的厚度，为后期收卷减少摩擦，利于卷轴画的长久保护。

6. 全色

经过修补后，为了达到书画的完整统一，须对残缺处进行补色，亦称"全色"。全色包括全色和接笔，持毛笔以色墨填补残缺处，即为全色；对于画意缺失处可适当接笔，以恢复画面的完整性和协调性。传统的做法是通体施胶矾水，以便于全色的操作性。考虑到胶矾水后期可能会对纸张产生危害，只在书画正面需全色部分（系修补材料处）涂一定比例的豆浆水。作品全色的过程，均采用传统水溶性中国墨、国画颜料，用毛笔调色而全之。

五、设计装裱款式并配料装裱

根据宗教题材作品特色设计装裱款式，借鉴唐卡艺术的装饰特点，同时考虑到装裱材料的规格限制，决定以藏青色与佛教黄两色惊燕裱为主，在画芯四周逐次加镶枣红和靛蓝色距条予以装饰，体现佛教题材作品的庄重典雅之美。根据材料的尺寸规格，采用挖镶形式；惊燕头部花型剪成菩提宝塔形，切合佛教题材；角绊（搭杆）剪成云头纹，签条染制成古铜色，古色古香；裱件边缘采用转边处理，工艺尽量考究。裱件镶好后根据本地天干气躁的气候特点择机覆背上墙挣平。包首废肩采用加衬的方法处理，增加废肩牢固度，增强裱件平整度。因为是独自操作，包首上好后，利用高清透台的透光性，可以清晰地看到覆背纸与包首的宽窄，极易把控压缝距离，并采用坐覆的方式进行覆背。裱件上墙一月后下墙施蜡砑光，蜡采用川白蜡，施蜡前仔细检查褙纸是否有颗粒，有则剔除，以免伤画。砑光时第一遍先轻轻地过一遍，其目的是将没有看到的微小沙粒压碎，第二遍用力压，最后镶缝处多砑几遍。砑光后剔除废边，准备配置天地杆。因作品修复前断裂严重，地杆型号选用略大型号的旧杉木杆，更有利于保护画作。配以黑檀轴头，增加作品的稳重感。裱件彻底完工后，根据裱件尺寸缝制棉布画袋，画袋内衬为藤黄色，外面环扣宋锦，稳重高雅。为了便于收藏保管，配置了无酸囊匣，囊匣内衬黄色绒，外面为金色宋锦。总之，旧裱书画的修复装裱，是一项技术难度大的工作，在装裱技术的选择、装裱材料的使用上一定要格外慎重。对特别重要的书画，应选用质量上乘的传统装裱材料施以良工精做。

本幅作品的保护修复本着治病延年的目的进行操作，在装裱款式上结合作品内容进行综合设计，以期达到收藏与展示的最佳效果。文物经过保护修复后，病害问题得到彻底改善。文物保护修复所用的材料具有可逆性，保持了文物原貌，最大限度地保存了历史信息。以传统方法为主，注重与现代科技的结合。借助现代科技检测研究手段，对书画纸张老化原因进行科学的分析，用科学研究的结果指导修复保护工作。采用书画修复的传统工艺和现代文物保护的成熟技术，优先使用了传统工艺技术和材料，所有新材料和新工艺都必须经过前期试验和研究，选用的保护材料耐老化性强，对文物无害，同时具有不污染环境、对人体无害、价格适中的特点，并做好详细的档案记录。通过系统全面的清洗、修复、加固等技术处理，减缓了书画纸张的老化速度，画面达到平整、清晰、色彩稳定、画芯强度增强之目的，能够展现出中国书画艺术的传统美感，使佛教题材的绘画艺术内涵得到充分彰显。经保护修复后，不但使书画达到正常的pH值，而且在色差、柔软度、强度等方面基本恢复最初的生化指标，确保书画能够悬挂，满足外出展览和收藏的需要，同时也可以提供陈列展览和研究之用。

求是唯实，一代宗师
——《荆三林文集》推介

王星光　张　帆
郑州大学历史学院

摘要：荆三林先生一生著述等身，在诸多学术领域均有建树。《荆三林文集》一书汇集了荆先生在考古与博物馆学、科技史、社会史、文化遗产与旅游等领域的部分研究成果，为我们了解荆先生学术贡献、学习其学术思想和治史方法提供了重要参考。先生否定"中华文化外来说"，力求建立中国文化之自信，长期耕耘于博物馆学与考古学，对其在中国的建立发展做出突出贡献，并在中国生产工具史与佛教石窟艺术史等领域开创先河，独树一帜，增强了我国科技史研究的国际影响力，晚年钩沉，推动中原历史文化研究和旅游事业发展。荆先生以解决国家民族发展中的时代难题为研究旨趣，他与时俱进的探索精神，求是唯实的学术品格和突出的学术成就，是留给后人的宝贵财富。

关键词：荆三林文集；考古学；博物馆学；生产工具史

　　荆三林教授是我国著名考古学、博物馆学、生产工具史学家，曾任中国科学技术史学会、中国自然科学博物馆协会、中国人类学会、河南省博物馆学会、中国农业历史学会理事或顾问，美国西部矿业与工业博物馆特邀馆员。其一生出版著述10余部，发表论文300余篇，学术成果卓著，曾荣获中英科学奖金。荆先生是博物馆学和生产工具史学的重要开拓者，在诸多学术领域提出过许多精辟独到的见解，对今天的学术研究仍有很大指导作用。但由于其著作多凌乱分布各处，且有散佚，对研究其学术思想造成不便。深感于此，笔者带领硕士和博士研究生历经六载，整理编纂的《荆三林文集》（以下简称《文集》）由中州古籍出版社于2019年10月出版，以略表对这位仁者和良师的敬意。

　　《文集》收录60多篇文章，共计60多万字。扉页部分包括荆先生生前留影及其笔迹，正文分为四编：第一编为考古学与博物馆学研究，第二编为科技史研究，第三编为中国历史研究，第四编为旅游与文化遗产类方面的论著，附录部分为按照年份排列的荆先生论著目录，以便全面了解荆先生的学术成果。现将《文集》各编所载文章内容作一简介。

一、考古学与博物馆学研究

本编共收录 30 篇文章，大致涵盖以下五个方面的内容。

其一是对安特生等学者"中华文化西来说"的质疑与反驳。

中国史前文化的源流问题是中国史前考古研究中的重大课题，在 20 世纪 20 年代，它突出地表现为仰韶文化的来源问题，因为仰韶文化渊源的确定，乃是解开中国文明起源问题许多纽结的关键。[1] 1921 年，瑞典学者安特生及其助手在河南境内仰韶村进行地质勘探时发现了众多石器和彩陶，疑为一处新石器时代遗址，遂对其进行考古发掘，定名为仰韶文化。随后在河南、甘青等地区对彩陶文化进行广泛调查。安特生结合英国考古学家郝伯森（R.L.Hobson）和德国考古学家施密特（H.Schmidt）的意见先后发表系列论著。其根据在中国发现的史前彩陶分布状况，通过比较西亚与欧洲等地的彩陶推断出仰韶文化可能来自中亚细亚，由新疆、甘肃等西北地区向东南发展至中原地区。这一论断为当时中外学界奉为圭臬，国内外著名学者也多附和，几成定论，长期影响着史前文化的研究。

当时中国考古学界依旧处于蹒跚学步的状态，对史前文化遗址的发掘和探索尚在起步阶段，以致此论甚嚣尘上，民族虚无主义充斥学界，虽有部分学者对此观点质疑，[2] 但只能从局部驳斥，无法提供有力证据，撼动其论点之根本。在这样的学术背景下，荆先生数次到安氏发掘出彩陶的河南荥阳秦王寨遗址进行实地考察，写就《从秦王寨出土着色陶器上对安特生及阿恩之质疑》一文，对安特生与阿恩之学说的研究方法提出几点批评：（一）秦王寨地层关系已混乱，不能仅靠地质判断遗物的时代；（二）各地区有不同地理环境和时代关系，仅靠比较国外遗物不可作为遗物时代判断之证据；（三）安特生只对陶器的纹饰进行比较，而忽略了彩陶的质地、形态、制作工艺等其他因素。荆先生据上述几点初步认为"彩陶外来说"为错误的论断。荆先生已经敏锐地观察到安氏在进行发掘时没有考虑到秦王寨文化层堆积的不平行性和复杂性，其遗迹遗物已经打破关系，且安氏与仰韶对比的安诺、特里波列、苏萨等遗址本身的年代并不确定，存在混乱，仅靠对比中外彩陶纹饰本身得出的结论是不可靠的。[3] 这些批评是十分中肯合理的，可谓国内较早质疑批评安氏学说的有力声音。

为了探索中华文化的源头，荆先生曾到豫北、山东、山西、陕西、甘肃、新疆等多地进行史前遗址的考察，在掌握原始材料的基础上写出《安特生彩陶分布说之矛盾》，对安氏等学说进行系统深入的批评。该文剖析了安氏等学说与中国各史前遗址年代排列、古人骨比较结果、中国历史系统、各地彩陶分布实况、中国器物进化系统五大方面的矛盾，进而否定"中华文化西来"的合理性，论证出中原为中华文化源头，中原古文化往西北发展至甘肃乃至中亚细亚地区，进而影响西方。此文的发表撼动了被奉为金科玉律的安氏学说,使中外学界不得不重新思考此问题,以探求中华文化来源之真相。借此他呼吁中国学者不可盲目崇外,要有文化自信,自主判断,冀求精准史料,创立真实信史。荆先生提出的中华民族及文化源于本土且以黄河中下游中原地区为中国文化摇篮的观点被罗香林先生所编《高中本国史》采用,仰韶文化源于本土的结论也在裴李岗文化、磁山文化和齐家文化的发现后得以证实。荆先生能够根据有限的材料从安氏学说的内在逻辑矛盾出发对其解构,对于我们否定"中华文化西来说",正确认识中国史前文化的源流和发展序列意义重大。

其二是对东北先史文化的考古探究。

自清末始,关于中国东北先史居民的种族问题为中外学界所注意,且聚讼纷如,莫衷一是。究竟东北先史居民为何种族、其与汉族的祖先是何关系等问题仍旧没有廓清。而此编收录的《东北古代民族体质人类学的比较研究》(原写于1950年)一文通过爬梳文献,得出在东北先史活动的民族除汉族外为两个系统:北狄(猃狁—匈奴)系和东夷(肃慎、挹娄、扶余)的结论。并利用当时近50年的考古与人类学之发现,逐一考察了札赉诺尔、沙锅屯、赤峰红山后、貔子窝、延吉小营子、西团山子、抚顺、旅顺、大连、锦州、乌尔顺等地区的先史人类遗骨,这些先史人类遗骨广泛分布在整个东北地区,确保了研究数据的普遍性。该文将上述地区先史人骨与华北史前人骨、现代华北人骨、甘肃河南晚石器时代人骨进行综合对比,经过对其骨骼数据的分析比较,得出"东北地区先史人类遗骨皆与仰韶先史人类及华北先史人类遗骨相似,与现代华北人相同"的结论。故而荆先生进一步认为东北古代各民族皆与汉族存在同源的可能,且东北南部先史居民老家可能在华北及中原地区,东北古代人类与朝鲜古人类在种族体质上也为一个系统。此文参考中外近百篇论文著作,旁征博引,结合文献分析,并综合运用考古学、人类体质学等多学科理论对此问题进行全方位的考察,其结论也为后来学界所证实。该研究曾得到谢在善和王在民先生的回应,两位先生就此致函荆先生,根据自己的相关研究提出建议,并对其在东北先史考古研究的成果表示肯定和赞赏。

《长春近郊伊通河流域史前文化遗迹调查报告》[4]是荆先生研究东北先史文化的又一力作。荆先生于1950年9月在长春近郊伊通河流域偶然发现史前人类活动遗迹,遂对其进行田野考察。该文根据对调查所获石器和陶器等器物的类型学比较与地层关系分析,得出杨家沟遗址、庙山遗址、西岸高地文化时期(包括刁家山遗址等众多遗址)分别为旧石器时代末期、新石器时代初期、新石器时代中期与末期的文化的结论。他认为可能与札赉诺尔、龙江、林西等地文化同属一系,且没有直接受到黄河文化影响。而王雅周先生对此提出"河东西两岸遗址大体属于同一时期""受战国文化影响"等不同观点。[5]针对王先生的争论,《对"在长春伊通河畔田野考古调查"一些问题的商榷》一文坚持了原有观点,明确提出这一整体文化不只是存在同时共存的横向联系,还有自旧石器或中石器到新石器时代末期的竖向发展关系。这一论述厘清了该区域史前文化发展的脉络。

其三为中原地区历史物质遗存的考察研究。

荆先生情系中原，对故乡河南荥阳的历史文化遗存研究成果颇丰。首先是对敖仓故址地望的考证。敖仓为秦汉著名粮仓，在秦汉历史进程中影响甚巨，但因行政区划不断变化的缘故，各史书关于敖仓故址记载莫衷一是，敖仓故址的真相扑朔迷离，《文集》收录的《敖仓故址考》《敖仓故址再考》两文澄清了这一问题。早在1935年，荆先生曾两次到荥阳地区考察敖仓故址，走访当地居民，参观该地出土的陶器、瓦砾，初步确定敖仓故址在当时的广武县治西北二十里的三皇山上，即程庄和陈庄之间。并对故址进行初步的分区探察，对其界限进行大致勾勒。新中国成立后，荆先生再次对故址进行考察，依据传世文献、数次勘察之收获和走访当地群众的结果，进一步确定敖仓在今荥阳市西北的马沟村和牛口峪一带，纠正了《水经注》等史书对敖仓故址记载的舛误。

其次是对荥阳故城址沿革的梳理考证以及荥阳冶铸遗址年代的断定。《荥阳故城址沿革考》一文认为，战国时期，由于处于东西水陆交通中心，并拥有特殊的战略地位以及鸿沟交通水利工程的建设，荥阳很快兴起，并成为"国际"工商业大都会。秦为完成兼并东方诸国之战略，特建城广武、营造敖仓，并设三川郡，郡治荥阳，将荥阳作为控制中原的重要据点，荥阳的政治军事地位得以加强。西汉前中期，荥阳仍为河南郡重要的经济城市，后因荥泽缩小进而影响鸿沟交通运输之功用等系列原因，导致西汉晚期城市渐入没落。而《论冶铸遗址的年代》一文认为，荥阳冶铸遗址是荥阳故城发展的重要一环，除了以该遗址出土的文物和史迹论断其年代外，尤其注重冶铁工业与荥阳故城发展的关系，从而断定其作坊时间为战国至魏晋时期，对"古荥冶铸遗址是西汉中晚期至东汉时期"[6]的观点进行了修正。荆先生曾与游寿、陈怀德先生共同实地考察数次，结合历史发展实际，统筹全面考虑得出上述观点，这种将手工业作坊发展状况与城市兴衰演变相联系的研究方法值得肯定和借鉴。

再者为对荥阳汉代纪信冢及其有关历史物质遗存的考察。《汉纪信冢及其有关历史物质遗存》一文，通过论述纪信这位舍命救主的汉代忠臣事迹及其人物形象神化的过程、由唐至今纪公庙的沿革史、纪公庙碑碣残存及唐《纪信碑》的考古记录、纪信死节时楚汉战局及有关史迹、周苛和枞公事迹及其墓庙祭祀等问题，增进了人们对中原传统礼俗文化的认识。

《河南巩县石窟寺北魏伎乐浮雕初步调查研究》一文是荆先生对在巩县石窟寺调查时发现的一套浮雕伎乐图的研究成果。该文考证出作为帝王礼佛图一部分的伎乐图应在北魏太和、景明年间创建；对图中出现的乐工以及箫、笛、觱、觱篥、羯鼓、腰鼓、答腊鼓、担鼓、琵琶、阮咸、筝、箜篌、铜钹等乐器也进行辨识和考证，并通过比对文献得出图中所奏音乐均为礼佛所奏，其中西一窟为西凉部乐、东一窟为疏勒部乐、东二窟为龟兹部乐的结论。该文依据新发现之考古资料描绘了北魏的音乐状况，且文中加入了25幅伎乐浮雕的照片，丰富了北魏至隋唐音乐史的内容。在乐器图像研究尚处于萌芽阶段时，[7]该文是最早运用考古资料开展音乐研究的重要成果，为我国古代音乐及音乐考古研究开辟了新的路径。

其四为山东地区佛教考古研究。

1954年9月荆先生对济南近郊的历山、玉函山、佛慧山、千佛山进行了为期50多天的调查，写就《济南近郊北魏隋唐造像》一文。该文对历山黄石崖、龙洞的北魏、东魏造像，玉函山、千佛山、佛慧山的隋代、唐代及以后的造像进行考察并记录，根据佛像情况、碑刻铭文和《历城县志》记载，对佛像的雕造技术、营造规模和造像者身份进行了不同朝代特点上的归纳。王献唐先生曾对此文提出两个关联性问题：一是济南近郊造像于济南由远及近的原因如何，二是其是否以朗公谷（柳埠）为中心发展而来。[8]《关于济南近郊北魏隋唐造像的补充意见》一文则是就上述两个问题的回答，荆先生认为齐州在不同政治局势下的发展、佛教信仰的普遍化以及经济条件的差异性等是造成元魏至隋初造像由远及近、隋中叶由近及远的原因；且柳埠主要在盛唐阶段（618—685年）为一中心。王献唐先生对此也做了回应，[9]两位先生的讨论对于厘清济南近郊佛像的建造体系意义重大。

1956年3月荆先生与张鹤云先生又对济南市神通寺遗址进行考察，《神通寺史迹初步调查记略》是对此次考察的记录。此次考察先后调查了四门塔、唐代千佛崖、断碑残碣灵鹫山造像及九塔寺等，并根据调查结果纠正了《历城县志》上的几点错误。《神通寺龙虎塔的造型与年代》一文根据龙虎塔整体形制、砖砌斗拱的形式以及斗拱比例大小、雕刻艺术、塔身题字等方面断定其为金代所建。而王思礼先生对龙虎塔有不同意见，曾与荆先生做过探讨。[10]荆先生对山东地区佛教考古研究以及与诸位先生的探讨直接提高了学界对山东佛教发展和佛像建造的认识，推动了该地的文物保护与开发。在此基础上，荆先生后又考察河北、山西等石窟，写就《中国石窟雕刻艺术史》[11]一书。该书是系统研究石窟造像史的著作，开创了石窟造像艺术研究的先河，[12]填补了我国对石窟雕刻艺术史研究的空白。

其五为对博物馆建设的指导与考古学知识的普及。

20世纪30年代，我国博物馆学理论研究尚处于萌芽时期。1935年荆先生在河南博物馆搜集研究部人文部民俗组任研究员，其经过调查研究预备建立民俗博物馆，并发表《民俗博物馆在现代中国之重要性》一文借以呼吁。[13]该文首先说明了民俗博物馆的材料基础是建立在人民与社会的生活、风俗习惯上，其功用在于展现一地方一县一省一国乃至全球的人民生活之状况，并大致将其组织形式分为管理部、陈列部、搜集部和研究部。又进一步强调民俗博物馆于当时中国之重要性，其寓教于乐的功能能够有效推动民众文化知识的普及，重塑民族精神，从而达到强国之目的。同年，中国博物馆协会于北平成立，并创办《中国博物馆协会会报》以便推进博物馆学理论研究和加强馆际交流。荆先生由徐旭生、顾颉刚先生介绍加入该协会，并在会报发表《地方博物馆之目的与组织》。该文针对当时中国大多博物馆只是被当作古物保存机关的弊端，鲜明提出博物馆作为一种重要的社会文化教育机关，目的在于输入和输出文化，扶翼社会教育，并非单纯的保管文物。

另外，1941年正当国民政府教育部令各地筹建科学馆时，荆先生写就《科学博物馆之功用及其组织——对政府的一个建议》一文。该文首先简要回顾英法美德等西方自然科学博物馆建设的历史，肯定了科学博物馆在欧美国家发展科学、传播科学的教育宣传功用，倡议政府要充分发挥我国科学博物馆教育、宣传、研究的功能，利用其来普及科学知识，培养科学人才，使得我国得天独厚的自然环境条件能够达到"物尽其用，地尽其利"。其次该文例举伦敦科学馆、大英博物馆、震旦博物院、华西大学医牙科等博物馆的物品分类、搜集制造、保管研究和物品陈列的诸多方法及其部门组织以供未来建设参考之用。荆先生作为国内最早倡导建立自然科学博物馆的先驱之一，他借鉴西方博物馆学理论，广泛参考欧美、日本博物馆成功经验，开展中国博物馆事业建设的探索，为科学博物馆在全国各地的筹办提供了理论支撑和指导建议。该文的发表得到当时教育部、中国博物馆协会和"中华科学教育基金委员会"的重视，1942年6月教育部聘请荆先生在国立社会教育学院筹办博物馆系（后与图书馆系合并，改为图书博物馆系），荆先生邀请顾颉刚和卫聚贤先生来院授课，由此揭开了中国博物馆教育史的第一页，[14]为中国博物馆学成为一门独立的学科奠定了必要的学术基础。[15]正是荆先生等老一辈学者对西方和东方博物馆学理论的探索，"对现代博物馆这一新兴事物在中国的扎根和发展起到关键作用"[16]。

值得指出的是，荆先生对于博物馆学理论实践的探索随着时代发展而不断深入。1941年9月，荆先生将在河南和西安两个民众教育馆馆长培训班上所用讲稿《博物馆学大纲》[17]出版，在对此书不断补充和修改的基础上形成博物馆学讲义，在国立社会教育学院、西北大学、厦门大学、郑州大学教学中先后使用，1982年还被文化部编写的《博物馆工作概论》[18]所引用。后该书吸收了现代科技成果，增添物理考古、计算机考古等新内容，发展为《博物馆基础理论及实用科学技术》[19]这一具有鲜明特色的博物馆学专著。

荆先生是最早在大学开设《考古学通论》课程并自编讲义的教授，其编写的《考古学通论》讲义先后被印刷多次，并作为1955年全国交流教材出版。本编收录的两篇《考古知识讲座》正是荆先生1943年在国立社会教育学院授课时的讲稿。时值抗日战争时期，考古学作为一门新兴学科，国人对其产生诸多误解，更对特殊时期考古活动存在的必要性和重要性产生质疑。荆先生认为考古学是利用人类以往活动有关的遗物，去了解宇宙间一切进化现象与进化法则的基本科学，考古学的发展能够支配学术发展，进而支配人类思想。他认为外国人在中国做史前考古产生了许多错误，减弱了国人文化自信力，呼吁考古界不能盲从于外人，要敢于突破窠臼，拥有自主判断。尤其在抗战时期，更要发挥考古学功用，革新思想，改革风气，发扬中国优秀文化，创立自己的考古学，建立文化自信心。他指出："中国是五千年的文明古国，遍地皆有各地的各种文化遗迹，尤其精神文明极端发达的中国，处处需要考古学繁荣阐扬。这就是说，要发扬中国文化需要考古学，要整理中国文化需要考古学，要创造和建设中国的和世界的文化，更需要考古学……在战时需要考古学，到建国的时候更需要考古学。"荆先生在抗战的艰苦岁月提出的"为发扬中国文化而考古""为中国民族之一切而考古"的主张，体现了他满腔的爱国热情，对鼓舞国人尤其是知识界树立民族自信和文化自信，凝聚全民抗战力量，具有重要的时代意义，也对推动考古知识的普及和考古学在中国的发展具有深远的影响。

二、科技史研究

荆先生苦心孤诣，早在1948年就开始收集有关生产工具史的资料，并于1955年出版《中国生产工具发达简史》[20]，标志着中国生产工具史学科的诞生。在此基础上，他重新修订并出版《中国生产工具发展史》[21]一书，以此为教材在郑州大学历史系开设相关课程，并率先在我国招收生产工具史专业研究生，[22]新华社专门做了通讯报道。[23]该书有以下三个特点：其一对生产工具史发展阶段进行科学划分。该书在马克思主义唯物史观的指导下，以生产工具在生产上的实际作用并结合人在生产中的现实地位，将中国生产工具发展史划分为手工操作工具生产时代、半机械化生产时代和机械化生产时代三个阶段；其二涵盖范围广博全面，涉及从史前到民国时期的农耕机具、渔猎畜牧业工具、手工业工具、缫丝纺织工具、冶金工具、土木工程工具、交通工具等；其三采用多学科交叉的研究方法，综合运用力学、机械工程、天文历数、文化自然、考古学、人类学等学科知识对生产工具的产生发展、种类性能、结构变革等方面进行考察，既展现出生产工具发展的各个时代特征，又表现出工具在历史发展上所起的重大作用和中国古代劳动人民在生产工具上的革新和创造。荆先生探赜索隐，钩沉致远，提出我国生产工具发展在种类、形式、质量、结构等方面表现出不平衡状态，并从历史、自然、政治、社会、交通、经济、文化诸多因素剖析发展不平衡状态形成的原因，阐释了不平衡状态消除、转化、新生及促进历史进步的过程，学界对此好评如潮。[24]他的《11—19世纪中国在牵引钩上的发明创造与农机的改进》一文，运用力学原理剖析了宋元时期在生产工具方面的两项重大发明创造：一为"耕盘与犁分开，以绳索连系牛轭，组合构造软套，装备成一个独立的动力机械"；二为"动力机与工作机的连接装置，即'中置勾环'"，尤其是明清在此基础上创造出S形挂钩。这两项发明极大改变了古代农具的形制和功能，进一步提高了农机效能，有力推动了农业和交通工具的发展，促进了生产力的不断进步。

荆先生提出的《中国生产工具史丛书》编纂计划在1988年第五届国际中国科学技术史会议上引起国际学界高度重视，67名外籍学者纷纷向荆先生投递名片短简，包括李约瑟在内的众多学者与之建立学术联系，日本学者中辻武等科技史专家特地拜访荆先生以增进学术交流。[25]荆先生关于生产工具史的系列研究独树一帜，开辟了科技史研究的新方向，扩大了我国科技史研究的国际影响力。

三、历史研究

此编收录的文章包括四个研究主题。其一为社会史研究。20世纪30年代中国史学界发生社会史大论战，中国古代社会性质和中国古代是否存在母系社会成为当时的学术热点。《"易"之名义及其源流》和《易经时代中国社会情况之讨论》两文对《易经》的源流及其时代作一追溯和探讨。前文借用郑玄对"易"即简易、变易、不易的解释和其字本义为日月和蜥蜴的两种说法来说明《易经》命名的本意："在万变之中含不变，不变中含万变，以说明宇宙中之生生化化，新陈代谢之强。"并通过追溯《易经》的源流认为其超于殷周之际至春秋时代又确与孔子发生关系，经过战国以后至汉代儒者不断增添形成现代之《易经》。后者对郭沫若先生《中国古代社会研究》和王伯平先生《易经时代中国社会之结构》两文中的部分观点进行商榷。荆先生认为《易经》为殷周之前记载周民族东渐时期社会史的作品，易经时代是以渔猎和畜牧为经济主体、一夫多妻制的奴隶制社会，而非郭沫若先生所说的属原始社会，并对此时代的政治组织、经济、法律、家庭、祭祀、艺术等方面情况逐一探析。该文观点深刻犀利，在当时产生了重大影响。后来，郭沫若先生在《中国古代社会研究》中改变了对易经时代社会性质属原始社会的原有观点。[26] 荆先生发表此文时只有17岁，虽然当时尚属青葱少年，但他不囿于成说，以少年之豪气挑战权威，其求真唯实的精神着实令人钦佩。他的独到见解受到关伯益、徐旭生等史学前辈的赞赏和热诚鼓励。

另外《中国古代社会中心是女系乎？男系乎？》一文，提出远古无母系中心社会说。针对钟道铭《中国古代氏族社会之研究》和任远荣《中国古代母系社会之考证》等考证中国古代母系社会的文章，他大胆提出质疑。他认为古有母系社会说赖以支撑的周秦神话不可作为研究史前社会的资料，而出土的殷墟古物及甲骨文中也丝毫没有记载以母系为中心的痕迹，并逐一对母系中心社会说的支撑理由即姓氏以女子为基准、同姓不媾、兄终弟及婚、先妣专祭等进行批驳。对此李逸生先生认为荆先生对中国古史研究具有相当根底，古无母系中心社会说更是"为石破天惊发前人之未发"。[27]

其二为抗战时期民族学的研究。1939年3月，国民政府召开国民教育会议，要求各学校的历史课程以民族问题为中心，因而关于此问题的研究泉涌而出。然而论者多从中华民族历代的混合和文化沟通方面加以探讨。荆先生的《中华民族之史的结构》和《改造中国民族性应以改造风气为中心论》两文则鲜明提出中华民族多元一体、同族同祖同源的观点，指出汉、满、蒙、回、藏、苗、越、傣等各民族有着相近的血统关系，其民族起源无不与"夏"字相关，即同为夏民族；又从人种分类、古代姓氏、语言体系等角度证明中国现在各民族为同一祖先，中华民族及文化皆为一体，凡中国民族皆优秀，有力批判了张君俊《中国民族之改造》[28]一书中南人优于北人的观点，并提出要以改造风气为中心改造中国民族性。两文突出了中华民族自古以来命运联结的紧密性，对全民团结抗战、共抵外侮起到了推动作用。荆先生以深沉饱满的爱国热情进行学术研究，展现出一代学人以民族兴亡为己任的家国情怀。

其三为殷商起源研究。《试论殷商源流》一文从传世文献、甲骨文、西周遗物中的《格伯殷铭》《大盂鼎铭》等考证出殷之起源与潋水有关，其发源于太华山之阳的洛河和丹江流域，逐渐向河南中东部发展，至成汤时到达今江苏徐州、山东曹县一带，最终西指灭夏。该文考察了上述广大区域的新石器时代遗址，指出这些遗址多为龙山文化，普遍具有商代早期的文化特征，基本与古文献记载中夏、殷文化发展情况吻合。该文同时提到"盘庚迁殷"即把殷的都城从一地迁移至另一地,纠正了"盘庚将其都城迁移至一个叫'殷'的地方"的说法;并考证了与商族关系密切的奄族,认为"奄"的地望在河南郾城县境,而非曲阜,与之相近的"鲁"则在河南鲁山境内。关于商族的起源,学说众多,始无定论,[29]先生提出的商族起源于陕西说丰富了商族起源的观点。此文考证翔实,所用传世文献与考古材料相互印证,为学界所重视。值得指出的是此文是荆先生在1971年所写《河南郾城台王与文化物质遗存调查研究——附论殷商源流》的基础上完善而成,适逢其被下放郾城"劳改"期间。先生在极其恶劣的条件下依旧坚持学术研究,"羊吃羊的草,我探我的宝",其磨而不磷、涅而不缁的精神,令后学感佩。

其四为寺院经济研究。《〈唐昭成寺僧朗谷果园庄地亩幢〉所表现的晚唐寺院经济情况》[30]对河南荥阳桃花峪发现的《昭成寺僧朗谷果园庄地亩幢》进行拓摹整理,纠正了《河阴县志·金石考》中的几处错误。该文认为此幢记录了昭成寺在唐代宗广德二年至唐德宗贞元二十一年共41年间以宗教诱骗和强制购买为手段的土地兼并过程,并将昭成寺置于唐代云谲波诡的政治环境与佛寺经济兴衰浮沉的大背景中考察,具体剖析了一个寺院兼并土地的过程,所用资料说明两税法前后寺院土地兼并在手法及形式上的不同,为我们研究两税法实施前后寺院土地所有制的性质提供了重要参考。[31]该文被学界广泛参考引用。[32]

四、旅游与文化遗产类研究

"旅游文化问题既是旅游问题又是文化问题,在普遍意义上说,文化是本质性的,旅游表现为现象。"[33]旅游的本质是游览文化,挖掘旅游业蕴藏的历史文化资源可为景区的规划设计提供借鉴,也有助于提升景区文化底蕴和内涵,增强其内在吸引力。荆先生晚年仍旧精神矍铄,踔厉奋发,将学术研究和旅游业相结合,开展一系列探索。此编主要收录荆先生对河南境内诸多风景名胜区考察研究的成果和对景区规划建设的建议。

荆先生对浮戏山景区开发可谓有开拓之功。1984—1988年间,已至古稀之年的荆先生亲自前往荥阳、巩义、新密等地对浮戏山区进行实地考察。他跋山涉林,栉风沐雨,对其一草一木、一泉一石进行详细调查,并结合文献研究写就一系列关于浮戏山的考论文章,揭示出浮戏山丰厚的文化内涵,为浮戏山的旅游开发指引了方向。为了增强浮戏山景区的影响力,充分挖掘浮戏山的旅游资源,他曾邀请中国军事科学院、南开大学旅游学系的专家到浮戏山进行考察调研,[34]并专门请冯友兰先生题写"浮戏山环翠峪""环翠山庄"标牌立于风景区内。[35] 1987年12月27日,浮戏山被河南省人民政府批准为首批省级风景名胜区,[36]当荆先生听闻此消息后激动地写道:"我是如何的欢喜,又如何的兴奋啊!"1988年元月荥阳旅游局成立"浮戏山环翠峪史迹名胜管理处",聘请荆先生为顾问。趁此契缘,荆先生辑录此前关于浮戏山的文章,编写为《浮戏山丛考》[37]一书,广为印发宣传。本编所录多源于该书。

其中《浮戏山地理考》《浮戏山历史考》《浮戏山史迹考》三文对浮戏山地理沿革、历史地理、峰峦景观、瀑布池潭、天然洞穴等进行介绍,通过探寻禹迹将浮戏山历史追溯至夏商时期,且讲述了东汉张道陵与北魏寇谦之曾修道于此而造就浮戏山为道教和"新天师道"发祥地的称号,并逐一考察了宋元明清时期的城堡和作为抗日战争时期中原解放区中心的革命史迹。《浮戏山祠庙考》《鬼谷考》和《浮戏山杂考》三文对浮戏山区的众多祠庙、鬼谷地望以及"王莽赶刘秀"等传说进行考证,并对桃花峪古代银矿遗址进行详细考察,探讨了该遗址的年代以及古代探矿、采矿与炼银技术。《嫦娥与浮戏山》和《徐达与浮戏山》阐述了神话人物嫦娥、明将徐达与浮戏山的渊源和历史联系。《浮戏山长城遗迹——魏乎?郑韩乎?》对浮戏山长城遗迹为魏长城的说法提出质疑,并考证出其为郑韩长城。《〈明太祖实录〉徐达所收浮戏山诸寨遗址考》对《明太祖实录》中记载的诸山寨和发现的宋元古城堡遗址群进行考察研究。

荆先生认为在浮戏山发现的古城堡群为一套完整的军事建筑工程,是十分难得的历史实物标本,且浮戏山为汜水源头,自然景观优美,故于1987年前后先后草拟《浮戏山古城堡群的发现及建立"中国军事建筑工程历史博物馆"倡议书》和《倡议建立汜源公园》两份倡议书,倡议在浮戏山建立"中国军事建筑工程历史博物馆"和汜源公园,以供游客参观和休憩。荆先生对浮戏山军事古城堡群的发现与研究引起了国防科工委兵器研究所的关注,该部门将"浮戏山系军事古城堡群"列为1987年考察项目之一。[38]

除了上述对景区史迹的考证,荆先生还对景区开发提出许多切实可行的建议和设计方案。《河南密县尖山乡神仙洞历史溯源》一文是神仙洞动工开发之际荆先生对密县尖山乡全乡干部讲话时的讲稿,它与《浮戏山神仙洞景区的古今传说及观光路线》相辅相成,重点介绍了与浮戏山神仙洞有关的历史记载与神话传说,对神仙洞中的神仙形象进行描绘,并对该景区的建设与观光路线的规划提出了意见。荆先生在研究中原地区历史文化遗产的同时,十分重视河南旅游资源的开发规划,关注贫困山区人民的生活改善和当地的经济发展,体现了一位学者经世致用的治学态度和关注民生的仁者情怀。时任荥阳市旅游局局长的司振华曾赞叹:"为使浮戏山区的旅游景点早日招揽游客,富裕山区人民,近四年来,荆老不避炎夏酷暑和冰雪严寒,披荆斩棘,攀山越涧,呕心沥血,考究史料,足迹无处不至,实为吾辈楷模。"

黄河和黄帝文化是中华民族的根和魂,与黄帝文化构成中原地区两张标识性名片,对推动中原文化研究和经济发展至关重要。作为黄河流域的腹地,黄河中下游的交界处,郑州以其悠久的历史、灿烂的文化,在黄河文明中居于中心地位,黄河也为郑州文明的孕育和发展提供了丰厚的滋养。新中国建立后,郑州大力开发利用黄河水利资源,造福于广大市民。[39] 1981年3月20日郑州市政府将邙山提灌站定名为"郑州市黄河游览区",开始了游览区的规划和建设。在游览区筹建之初,"开发智力,组织专家、教授、学者讨论是建设游览区的先决条件"[40]。同年7月,黄河游览区聘请荆先生为历史文物考察组顾问,荆先生不顾盛夏酷暑,带领师生在广武山头四处考察调研达一个暑假,后将其考察成果编写为《黄河游览区史话》[41]一书,对游览区内广武山之岳山、鸿沟、济水史迹及山川名胜加以测绘,梳理出该区域从上古至明清的历史线索:从洪水茫茫，经夏禹疏浚河川，使"荥陂既潴"，豫州建立；历经殷商桑林祷雨、仲丁迁敖；春秋晋楚争霸，战国秦汉开凿鸿沟，营建荥阳；楚汉相争时汉霸二王对峙于此；至唐东京昭成寺营建僧朗谷果庄园；明清耸翠岳山成为荥泽八景之一。节录于此书的《黄河游览区黄河河道的变迁》一文介绍了元代前黄河故道概貌和宋以后黄河南徙的情形，厘清了黄河与唐代河阴、清代御坝、嘉应观的历史联系。为骆驼岭景区矗立大禹塑像彰显其至伟功绩以及汉霸二王城、岳山寺、五龙峰等景区景点的开发提供了历史依据。"历史文化资源往往在旅游吸引物中起着核心作用，是旅游业在竞争中是否能够得以发展、继续成长中不可替代的组成部分。"[42] 荆先生对黄河游览区历史文化资源的深度挖掘，增加了游览区的历史底蕴，对游览区的开发和持续发展提供了史实依据。如今黄河游览区游客摩肩接踵，络绎不绝，成为黄河干流上的一颗璀璨明珠，这其中凝聚了荆先生等老一辈开拓者付出的心血。

1990年7月16日首次黄帝文化研讨会在河南密县（今新密市）召开，来自社会各界专家学者荟萃一堂，荆先生在会上作了题为《黄帝文化及倡建黄帝文化学会的旨趣》的学术报告。该文指出：黄帝的事迹和形象随着中国的历史发展变化而发展变化，黄帝文化源于中土，是华夏民族所共有的正统文化，在时间上与中国历史共同演进，在空间上推动世界文化发展。并肯定了黄帝文化的科学内涵，指出黄帝创制的主要理论根据《易经》和八卦是原始自然辩证法和二进制发明的肇始。在此基础上提出黄帝文化研究会的使命旨在阐发黄帝文化的精神和物质文明，研究其遗存，探寻其规律，鉴别其真伪，汲取其精华；树起中原黄帝文化的中心地位，发挥黄帝文化在凝聚海内外华人的民族和文化认同，促进民族团结和祖国早日统一的重要作用。荆先生在30年前发出的殷切呼唤，至今仍然掷地有声，真切感人。

五、结语

通观《文集》收录的60余篇文章，其衔华佩实，斐然成章。其论证之严谨、思想之深邃、叙事之生动、学问之博妙，足见其卓荦的学识和丰厚的学养，也可窥见荆先生涉猎领域之广阔，博学而多识。他在考古学、体质人类学、博物馆学、科技史、民族学、地理学、旅游学等学科均有建树，亦能体会荆先生研究学问之旨趣：结合国家的发展和时代的需要，做时代之学问，解决时代发展之难题。帝国主义列强侵略中国时期，他突破桎梏，较早对"中国文化西来说"进行批判以建立中国文化之自信，并对发展薄弱的考古学和博物馆学进行早期的理论建设和知识普及来激发民智，增强信心；提出"中华民族一元论"来激励全民族团结抗战；新中国成立后荆先生躬耕笃行，将学术研究与家乡建设相结合，对中原古代物质文化资源进行详尽的调查研究，不顾年迈身体攀山越岭，对旅游景区实地勘察，精心规划，为发展旅游事业做出了贡献。从其著作中，我们能够感受到荆先生深沉的家国情愫，体会到他竭力把握时代脉搏，以民族兴亡为己任的责任担当。

荆先生的学问既渊博又精深，这得益于他求真唯实的学术品格、严肃认真的治学方法和精益求精的严谨态度。[43] 荆先生在治学上非常注重实地考察和文献的结合，其研究是建立在扎实的史料基础之上，其推论才能切实可信。其勇于拓新，提出诸多精湛独到的见解，并开创了生产工具史学科，为科技史研究开辟了一个崭新的领域。功崇惟志，业广惟勤，其一生于史学界耕耘不止，即使处于病榻依旧心念由其发起并产生重大国际影响的"中国生产工具史"丛书计划。荆先生丰硕的学术成果、严谨求实的优良学风、潜心敬业的学术风范、卓尔不凡的学术造诣，于后人是一笔巨大财富，值得我们学习弘扬，踵事增华。

---

[1][3] 陈星灿. 中国史前考古学史研究 1895—1949 [M]. 北京：生活·读书·新知三联书店，1997.

[2] 李济先生 1926 年对西阴村史前遗址进行发掘，认为西阴村最接近安特生所分六期中的仰韶期，比较中外彩陶制作工艺发现中亚及近东的出品鲜有优于仰韶，故认为无十分可靠证据断定中国彩陶发源于西方。(李济. 西阴村史前的遗存[M]//李济文集卷一. 上海：上海人民出版社，2006.) 梁思永先生将西阴村出土彩陶与中国境内其他地区及日本、印度支那、俄罗斯、土耳其斯坦等境外出土彩陶作对比，得出中国新石器时代彩陶的发祥地及其与亚诺报告中所载彩陶间明显关系的真实意义不易解决的结论。(梁思永. 山西西阴村史前遗址的新石器时代的陶器 [M]//小屯龙山与仰韶. 北京：商务印书馆，2015.)

[4] 该文在发表前曾收录在《东北史前考古论丛》(第一集)，1951 年印本，吉林大学图书馆藏。该书收录荆先生关于东北史前考古的五篇文章。

[5] 王雅周. 在长春伊通河畔田野考古调查[J]. 文物参考资料，1956 (11).

[6] 郑州市博物馆. 郑州古荥镇汉代冶铁遗址发掘简报[J]. 文物，1978 (2).

[7] 方建军. 中国古代乐器概论（远古—汉代）[M]. 西安：陕西人民出版社，1996.

[8]《文物参考资料》编委在发表此文前曾征求山东文物管理委员会的意见，山东方面均由王献唐先生代表回应。参见李勇慧. 王献唐著述考[M]. 济南：山东教育出版社，2014.

[9] 山东文物管理委员会. 论历城四门塔的年代兼答荆三林先生[J]. 文物参考资料，1956 (3).

[10] 王思礼. 也谈龙虎塔[J]. 文物参考资料，1958 (11).

[11] 荆三林. 中国石窟雕刻艺术史[M]. 北京：人民美术出版社，1987.

[12] 李岩红，荆三林.《中国石窟雕刻艺术史》出版[J]. 郑州大学学报（哲学社会科学版），1989 (6).

[13] 荆三林. 河南博物馆事业发展的历史[M]//李淑萍，宋伯胤选注. 博物馆历史文选. 西安：陕西人民出版社，2000.

[14] 荆三林. 揭开中国博物馆教育史的第一页[M]//苏州大学社会教育学院武汉校友编. 峥嵘岁月第1集. 苏州大学社会教育学院武汉校友会，1987.

[15] 李慧竹. 博物馆学体系初探[M]. 济南：山东大学出版社，2016.

[16] 朱懿. 我国高校博物馆学课程结构演变及成因分析[C]//复旦大学博物馆. 文化遗产研究集刊（第8辑），2017.

[17] 荆三林. 博物馆学大纲[M].. 西安：中国文化服务社陕西分社，1941.

[18] 该书以 1961 年《博物馆工作概论》(初稿) 为基础重新编写为 1982 年《博物馆工作概论》(征求意见稿)，后经傅振伦先生审定，更书名为《中国博物馆学概论》(北京：文物出版社，1985)。

[19] 荆三林，李元河. 博物馆基础理论与实用技术[M]. 开封：河南大学出版社，1990.

[20] 荆三林. 中国生产工具发达简史 [M]. 济南：山东人民出版社，1956.

[21] 荆三林. 中国生产工具发展史[M]. 北京：中国展望出版社，1986.

[22] 笔者的硕士论文《中国传统耕犁的发生、发展及演变》由荆师指导，后被连载在《农业考古》1989 年和 1990 年第 1、2 期。

[23] 老教授开出新课——中国生产工具史[N]. 新华社新闻稿，1979-9-10.

[24] 该书出版书讯在《农业考古》(1986 年第 2 期)、《郑州大学学报》(1986 年第 6 期)、《史学月刊》(1987 年第 2 期) 等重要期刊刊登，范楚玉先生写文章在《中国科技史史料》(1987 年第 2 期) 作专门介绍。

[25] 夏麦陵. 第五届国际中国科学技术史会议介绍荆三林教授及其《中国生产工具史丛书》[J]. 农业考古，1988 (2).

[26] 郭沫若主编. 中国史稿第1册[M]. 北京：人民出版社，1976.

[27] 李逸生，荆三林. 中国社会史划分阶段之基本问题[J]. 学术评论月报，1940（1）.

[28] 张君俊. 中国民族之改造[M]. 上海：中华书局，1935.

[29] 自古至今主要有陕西说、东方说、河北说、冀豫鲁说、东北说、山西说6种观点。张国硕. 文明起源与夏商周文明研究[M]. 北京：线装书局，2006.

[30] 何兹全主编. 五十年来汉唐佛教寺院经济研究1934-1984[M]. 北京：北京师范大学出版社，1986.

[31] 白文固. 20世纪寺院经济研究状况述评[M]//曹中建主编，中国社会科学院世界宗教研究所. 中国宗教研究年鉴1999-2000. 北京：宗教文化出版社，2001.

[32] 李德龙. 敦煌文献与佛教研究[M]. 北京：中央民族大学出版社，2010；赵云旗. 唐代土地买卖研究[M]. 北京：中国财政经济出版社，2002；游彪. 宋代寺院经济史稿[M]. 保定：河北大学出版社，2003；谢重光. 中古佛教僧官制度和社会生活[M]. 北京：商务印书馆，2009；杨志银. 宗教经济的起源和规律研究[M]. 北京：宗教文化出版社，2017；葛金芳. 中国近世农村经济制度史论[M]. 北京：商务印书馆，2013.

[33] 张文. 旅游与文化[M]. 北京：旅游教育出版社，2001.

[34] 张凌云，李天元，甘朝有. 浮戏山旅游资源开发初探地域研究与开发[J]. 地域研究与开发，1988（4）.

[35] 蔡仲德. 冯友兰先生年谱初编《三松堂全集》附录[M]. 郑州：河南人民出版社，2000.

[36] 我省确定首批风景名胜区[N]. 河南日报，1987-12-27.

[37] 荆三林. 浮戏山丛考[M]. 浮戏山环翠峪史迹名胜管理处，1988.

[38] 郑州年鉴编辑部. 郑州年鉴1988[M]. 1988.

[39] 王星光，李秋芳. 郑州与黄河文明[M]. 郑州：河南人民出版社，2008.

[40] 王仁民. 在建设中的黄河游览区[M]. 郑州：河南人民出版社，1985.

[41] 黄河游览区史话—附史迹考证五篇[M]. 黄河游览区考古组，1985.

[42] 黄英宽. 历史文化资源对于旅游开发的意义及影响[J]. 旅游纵览（下半月），2017（1）.

[43] 荆先生即使在《风穴寺文史荟萃》一书的序言亦对风穴寺进行详致考证。麻天祥. 汝州风穴寺考——兼论荆三林先生对风穴寺研究的贡献[J]. 哈尔滨工业大学学报(社会科学版)，2019（6）.

《河南博物院院刊》征稿启事

为适应文博事业发展的新内容、新趋势和新要求，提升文博学术研究水平，搭建学习交流的平台，推动河南文博事业的创新发展，河南博物院集结出版《河南博物院院刊》，每年两期。刊物栏目如下：

1. 考古探索（考古资料及相关理论方法研究）
2. 博物馆学（博物馆学理论方法与实践探索研究）
3. 展览评议（以国内外原创性展览为主要研究对象）
4. 文物品鉴（馆藏及考古出土文物研究）
5. 史学发微（历史文化研究）
6. 院史专题（河南博物院早期历史研究）
7. 文化遗产与保护（物质、非物质文化遗产的保护研究）
8. 艺文园地（艺术史、艺术作品等方面研究）
9. 书刊评价（考古文博类图书推介）

现将投稿要求和具体格式启事如下：

1. 投稿文章，敬请提供电子文本，提供文章的关键词、中文摘要及作者简介（工作单位、职称、主要研究方向、邮政编码、联系方式等）。投稿时请标明"投稿《河南博物院院刊》"。

2. 来稿要求文字精练、标题准确、层次清晰、观点鲜明、图文并茂。引文核对准确，注释一律放在文末并注明出处，注释的格式参照国际标准；图片请提供600dpi以上的清晰大图，图表请注明名称、来源。

3. 自收稿之日起，编辑部将在3个月内给作者答复来稿处理意见，如在此期限内未收到采用通知，作者可另行处理稿件并告知我刊。稿件恕不退还，请自留底稿。

4. 凡向本刊投稿，稿件录用后即视为授权本刊，并包括本刊关联的出版物、网站及其他合作出版物和网站。

5. 在不改变原意的前提下，本刊有权对来稿进行必要的文字处理。

6. 所有稿件应为作者独创，不得侵犯他人著作权或其他权利，如有侵权，由稿件署名人负责。

7. 本刊已许可中国知网以数字化方式复制、汇编、发行、信息网络传播本刊全文。本刊支付的稿酬已包含中国知网著作权使用费，所有署名作者向本刊提交文章发表之行为视为同意上述声明。如有异议，请在投稿时说明，本刊将按作者说明处理。

通讯地址：河南省郑州市农业路8号河南博物院研究部　　邮编：450002
电话：0371-63511064　　电子信箱：hnbwyyk@163.com

《河南博物院院刊》编辑部